中国少数民族设计全集

The Design Collection of Chinese Ethnic Minorities

普米族

中国少数民族设计全集编纂委员会 编

图书在版编目（CIP）数据

中国少数民族设计全集．普米族／中国少数民族设计全集编纂委员会编；熊建新，胡春涛，蔡克中著．—太原：山西人民出版社，2019.9

ISBN 978-7-203-10915-0

Ⅰ．①中⋯　Ⅱ．①中⋯　②熊⋯　③胡⋯　④蔡⋯　Ⅲ．①普米族 – 民族文化 – 研究 – 中国　Ⅳ．① K28

中国版本图书馆 CIP 数据核字（2019）第 149449 号

中国少数民族设计全集．普米族

编　　者：	中国少数民族设计全集编纂委员会
著　　者：	熊建新　胡春涛　蔡克中
责任编辑：	孙宇欣
复　　审：	武　静
终　　审：	阎卫斌
装帧设计：	谢　成

出 版 者：	山西人民出版社　人民美术出版社
地　　址：	太原市建设南路 21 号
邮　　编：	030012
发行营销：	0351 – 4922220　4955996　4956039　4922127（传真）
天猫官网：	https://sxrmcbs.tmall.com　电话：0351 – 4922159
E — mail：	sxskcb@163.com　发行部
	sxskcb@126.com　总编室
网　　址：	www.sxskcb.com

经 销 者：	山西出版传媒集团·山西人民出版社
承 印 者：	山西出版传媒集团·山西新华印业有限公司
开　　本：	889mm×1194mm　1/16
印　　张：	18.25
字　　数：	230 千字
印　　数：	1—1 000 册
版　　次：	2019 年 9 月　第 1 版
印　　次：	2019 年 9 月　第 1 次印刷
书　　号：	ISBN 978-7-203-10915-0
定　　价：	270.00 元

如有印装质量问题请与本社联系调换

中国少数民族设计全集编纂委员会

总 主 编　（按年龄排序）
　　　　　　　张夫也　王立端　戴晋明　廖　军　王　琥　李豫闽　过伟敏　顾　平
　　　　　　　王　强　李　岗
执行主编　王　琥
编务统筹　张明山

中国少数民族设计全集编辑工作委员会

主　　任　刘伟冬
编　　委　（排名不分先后）
　　　　　　　王　琥　王　峰　王　强　王立端　王浩滢　白　波　过伟敏　许　星
　　　　　　　许边疆　李　岗　李　丽　李豫闽　成光虎　肖　飞　余　强　汪传跃
　　　　　　　罗　力　杨明朗　陈　述　陈见东　邱　珂　胡万明　顾　平　郑　静
　　　　　　　郭立忠　姬　莹　张夫也　张泽国　张明山　张秋平　张耀引　梁盛平
　　　　　　　樊　进　谢　玮　熊　伟　熊　微　熊建新　蔡克中　葛　芳　鞠　斐
　　　　　　　魏　洁　廖　军　戴晋明

中国少数民族设计全集出版工作委员会

主　　任　胡彦威　周　伟
执行主任　姚　军　欧京海
编务统筹　阎卫斌　周小龙
编　　辑　（排名不分先后）
　　　　　　　王新斐　史美珍　冯　昭　冯灵芝　吉　昊　吕绘元　刘小玲　任秀芳
　　　　　　　孙　琳　孙宇欣　李广洁　李建业　李　靖　员荣亮　张小芳　张志杰
　　　　　　　张书剑　何赵云　陈俞江　吴春华　武　静　周小龙　柳承旭　郝文霞
　　　　　　　赵　玉　赵晓丽　席　青　秦继华　高　雷　郭向南　阎卫斌　崔人杰
　　　　　　　傅晓红　蔡咏卉　翟丽娟　樊　中　薛正存　魏　红　魏美荣
整体设计　谢　成

中国少数民族设计全集·普米族

本册著者 　熊建新　　胡春涛　　蔡克中
参与编写 　齐瑞文　　熊　枫　　黎文勤　　郭林森　　贾庭伟
　　　　　　　张宛楠　　刘训槟　　符　沙　　蔡　轩　　沈开婧
　　　　　　　贺雪岚　　杜　蕊　　谢　涛

求同存异　和合共荣

刘伟冬

中华民族，是一个由56个民族组成的大家庭。在漫长的文明发展史中，汉族和各少数民族都为中华文明的繁荣发展贡献了自己的聪明才智。纵观中华文明史，其实就是一部各族群之间"求同存异，和合共荣"的文化演进史。

从根子上讲，4000年前的"中国"，仅指北方中原地区，居住在这里的相传是上古时期黄帝部落和炎帝部落的后裔，故而自称"炎黄子孙"。其时的"中国"，不过是黄河中下游（西起陇山，东至泰山）区域。在千年发展与民族融合之后，尤其是晋末"衣冠南渡"，南迁的中原汉族与南方百越民族彻底融合，来自北方的鲜卑等民族融入汉族，使汉族前所未有地壮大发展，逐渐形成后来疆域辽阔、人口众多、物产繁盛、文化昌明的中华民族的主体族群。特别值得强调的是，自从作为一个民族整体之后，中华民族就从未中断过自己的民族发展史——这在世界历史上是硕果仅存、独一无二的。

中华民族具备兼容并蓄、虚心好学的民族天性。仅以设计学范畴的事例讲：在数千年文明发展历史中，中华民族在不断向外输出优秀的文明成果（如烧造之陶瓷砖瓦、营造之榫卯斗拱、织造之丝绸刺绣、锻造之"失蜡"分模等），影响全人类的日

常生活与生产方式的同时，也不断地吸纳域外各民族的优秀文明成果，如汉魏之印度佛教和西域音乐、隋唐之西亚服饰和家具、宋元之东洋印染和漆艺、明清之西洋机器与建筑……在中华民族内部，这样的文化交流更是从未停止过，而且是风生水起、枝繁叶茂，愈发流畅、深入，中华民族各族群之间"求同存异，和合共荣"的文化大演进，共同创造了中华民族极为灿烂辉煌的造物文明历史。仍以设计学范畴为例：原本是匈奴人发明的单足绳圈，被晋代的汉族人设计成铁质双镫；最早是鲜卑人原创的毡毯卷边，被晋代的汉族人改造成"高桥马鞍"，这宗中国式马具设计案例，被誉为"13世纪中国传入欧洲的最重要文化成果"（李约瑟语）。再如，西域（今新疆地区）是全世界最早的皮靴生产地，哈尼族为主的红河地区出现了全世界最早的梯田。再如，全世界最早的"干栏式建筑"和全世界最早的稻米人工育种、栽培，均起源于长江中下游的百越地区；全世界最早的竹藤编结器物起源于闽越地区……由中华民族共同创造、发明，后来又影响了全人类文明进程的优秀造物设计案例很多，不胜枚举。几千年中华民族的文明史，就是各种文化多元融合、共同发展的最好例证。不了解中华民族内部各族群的文明交流史，就无法真正理解中国文化史，也不能理解为什么中华民族总是能在逆境中成长强大。甚至可以说，能否完整地理解中华民族的文化史，是检验每一个当代中国知识分子（特别是文史哲专业的学者）文化立场的"试金石"。

　　随着改革开放的逐渐深入，各民族地区的经济与社会状态已发生了天翻地覆的变化。令人遗憾和担心的是，由于各地区政策执行力度不平衡，保护措施不得力，少数民族的文化特性正在逐步衰退，有些地区的少数民族文化特征甚至已经消失殆尽，仅仅存在于徒具形式，充满口号、标语的民族文化村旅游景点中。有学者预言，再不加快整理抢救工作，中国的少数民族可能在物质形态和文化内涵的特征上，若干年后将不复存在。

从少数民族地区反映古代中国社会某些面貌的文化遗存看，这些少数民族之所以一直与汉族地区差距巨大，存在多方面的原因，其中历代汉族统治者对少数民族的歧视政策是主要原因。此外这些地区本身就处于偏僻荒地，不是沙漠就是山区，自然条件远不及汉族聚集地区，社会发展水平滞后。20世纪50年代，有相当比例的少数民族在当时仍处于原始农耕社会或奴隶制社会，不要说通电、通水、通汽车，不少人一辈子连铁器长什么样都没见过。部分少数民族聚集地的各种自然条件也较差，缺肥少水，基本生活来源，一靠老天爷恩赐的"望天收"农作物；二靠家庭手工作坊制作些竹藤编结物和土织、土陶等土特产来换取粮食；三靠养猪、兔、羊和鸡、鸭、鹅等家禽来换取日用品，如灯油、农具、衣物和油盐酱醋等；四靠为土司、头人和大户们出卖劳力（社会底层奴隶身份），年老即被抛弃。中华人民共和国成立后，党和政府在这些地区实行社会主义改造，打倒以土司、巫师和头人为首的剥削阶级，将土地和生产资料一律收归集体所有，解放了全体少数民族民众，使他们历史上第一次有了自由劳作和生活的权利。

中华人民共和国成立之初，党和政府就高度关注民族事务问题，为如何保护、关心各少数民族制定了一系列方针、政策，也为当代中国社会处理民族问题、保护民族文化树立了光辉典范。中央人民政府政务院于20世纪50年代初发布了《关于民族事务的几项决定》，为新中国民族政策奠定了最初的思想基础，其主要内容是：一、各大行政区军政委员会（人民政府）须指导各有关

求同存异　和合共荣

省、市、行署人民政府认真推行民族区域自治及民族民主联合政府的政策和制度，并随时向政务院报告推行经验，请示者须事前向政务院请示。二、各大行政区军政委员会（人民政府）须指导各有关省、市、行署人民政府认真并有计划地实行政务院在1950年颁发的《培养少数民族干部试行方案》，并将该项工作进行情况定期加以检查，每半年向政务院报告一次。中央民族学院及西北、西南、中南各军政委员会和新疆省人民政府的民族学院，必须依计划实行，并向政务院报告。三、政务院于1951年下半年适当时间将同时召开有关少数民族的卫生、教育及贸易三个专业会议，责成政务院文教委员会、中财委指导中央卫生部、教育部、贸易部开始筹备，并责成中央民族事务委员会协助进行。有关部门如农业部、文化部也须派人参加。四、责成中央人民政府各委、部、会、院、署、行注意建立有关民族事务的业务。五、在政务院文教委员会内设民族语言文字研究指导委员会，指导和组织少数民族语言文字的研究工作，帮助尚无文字的民族创立文字，帮助文字不完备的民族逐渐充实其文字。六、扩大中央民族事务委员会委员名额，责成中央民族事务委员会提出补充名单的建议，并于1951年下半年召开中央民族事务委员会扩大会议，检查与总结关于推行民族区域自治及民族民主联合政府的经验。

20世纪50年代，中央人民政府和政务院，曾多次组织"中央慰问团""土改工作队"和"普查工作队"等，花费大量人力和物力，深入各少数民族地区，进行了大量较为翔实的社会历史调查。50年代这轮由政府统筹、由中央民委组织行政领导和人类学、社会学专家学者以及民族同志组成工作队与考察队的少数民族大考察活动，1953年正式启动，1956年结束（个别地区延期至1958年才结束）。直接成果之一，就是为1956年国务院公布的55

个少数民族的正式定名和划分，提供了可靠的依据。

从当时考察的资料看，各少数民族的社会发展水平参差不齐，不少民族呈现类似汉族曾经历过的各种历史发展状况，为我们今天考察、了解并研究过去的历史以及各学术分支问题，提供了绝好的活体范本。比如以"设计发生学"研究为例，以山寨（村落）为主的初级社会组织形态，原始手工业在农耕环境中的地位，原始造物的手工技艺与设备、工具等，都是我们极感兴趣的研究对象。

在西北、西南和东北各少数民族聚集地区，有些古时流传下来的本民族手工造物技术，迄今仍保存良好。其吸收了汉族和其他兄弟民族的技术长处之后演变出来的各时段手工造物技术，则印证了各民族互相融合、取长补短的史实。更有些原始手工艺，特别具有艺术和历史研究价值。以维吾尔族人为例，本世纪初，笔者在新疆喀什城艾格孜艾日克老街看到几样手工艺绝活：其一是整条街的维吾尔族乐器店，除了热瓦普、曼陀林和冬不拉等少数维吾尔族知名乐器外，全是些笔者叫不上名来却似曾相识的弹拨乐器和拉弦乐器，于是从心里认可了"西域古乐成就了中国传统民乐"这句话所言不谬。其二是亲眼所见一个拖着鼻涕的不到10岁的维吾尔族小男孩，拿着电砂轮在铜壶上信手飞快地刻着精美细腻的图案，一不要底稿，二没有图纸，真是佩服得五体投地，也相信了"汉族人长于热铸，西域人长于冷锻"这个说法。其三是在喀什近郊著名的大巴扎"金器一条街"上看见近百家金店生意红火，家家门前毡毯上都围坐着一群金店伙计和顾客，正在热烈讨论、共同设计着花样繁多的未来金饰嫁妆，感受到了"中国传统样式的金银首饰工艺，最富有创意的设计和最先进的工艺制作，原来在维吾尔族人手里"这句大实话。还有，笔者

在云南景洪县城集市上，曾亲眼见过景颇族老乡用古老的"焖烧法"烧出的红彤彤的土陶——跟笔者一知半解的仰韶彩陶的烧制工艺几乎一模一样。还有，笔者在大西北甘陕宁各省亲眼所见的回族、保安族、裕固族和东乡族老乡巧手做出的那些花样繁多、样式复杂的面塑造型，真是个个精妙绝伦。这方面的事例实在太多了。

50年代的少数民族地区社会大普查，以及半个多世纪以来社会各界对其丰富而珍贵的考察、研究，意义深远，价值极为重大。这些地区客观上保存的较为完整的、与数千年前中国原始社会最初形态近似的许多社会特征，为我们研究社会的最初形态形成和当时的经济、文化、政治的基本状况以及"设计发生学"的相关课题，提供了珍贵的类型学"活化石"范本，价值非凡。改革开放以来，这些少数民族地区也获得了前所未有的巨大发展，人民生活日新月异；但与此同时，少数民族地区的民族性在不可避免地愈发衰减、退化，甚至消失。如果我们再不采取保护措施，若干年后，各少数民族的许多宝贵民族文化遗产将无法挽救地彻底消亡，这部分同属于全人类精神财富和中华民族集体智慧的宝藏，我们将再也看不到了。

在"设计发生学"问题上，我们一向秉持文化多元论的观点，认为人类文明是全世界人民共同创造的，各国家、地区、民族均做出过大小不一、形态各异的贡献；同理，中华民族的灿烂文明是中国的各族人民共同创造的，每个民族都对中华传统文化做出过贡献，也都应当得到尊敬和肯定。中国的各少数民族在中华文明漫长的演化过程中，都曾经以自己独特而充满智慧的文明成果，补充、完善甚至改良着中华文明。比如，古代西域的龟兹古国各民族创造或引自西亚的弹拨乐器和拉弦乐器以及音律、曲

式，彻底改造了中国古代音乐，新创作出代表中国古乐精髓的江南丝竹；南疆的维吾尔族和北疆的哈萨克、塔塔尔、塔吉克等族首创了制革术，并引进古波斯革皮书籍装帧术和制靴术、制毡术、毛衣编结术；海南岛的黎族率先种植棉花并纺织棉布，传入内地后棉织业逐渐形成中国古代手工行业的"天下第一营生"……保护少数民族的民族文化特性，就是保护我们的历史遗产，就是传承我们的文明。我们应进一步发扬文化兼容的优良传统，把振兴中华的百年民族复兴梦，逐步落实为将大中华建设成为中国各民族共同拥有的美好家园。

由上千名来自全国各高等艺术院校的教授、研究生组成的55支团队参与编撰的《中国少数民族设计全集》（55卷），正是有识之士基于对各少数民族的民族文化特性正在快速衰减、消亡的严重现实问题的深切忧虑而进行的抢救、发掘、整理中国少数民族文化遗产的重要文化工程。经过两年精心筹划，六年努力写作，在国家出版基金管理部门的支持下，在山西人民出版社和人民美术出版社的策划和组织下，目前《中国少数民族设计全集》的书稿编撰工作已基本完成，即将付梓。在长达八年的漫长过程中，全国兄弟院校各团队涌现出的各种可歌可泣的事迹经常感动着笔者，并不时鞭策着全体作者克服千难万险，一路向前。有的分卷作者身患绝症仍不眠不休地忘我工作，有的分卷作者遭遇各种意外仍坚持工作。特别是，很多民族同志公而忘私、不计较个人得失，有人不惜将自己赚钱的企业关张歇业，全身心地投入各自所负责分卷的繁重编撰工作中；有人义无反顾地将自己珍藏多年的本民族实物、资料和研究成果无偿提供给相关分卷作者。大家万众一心，克服各种复杂得难以想象的困难，以确保这部凝聚了众人八年心血的巨著，能按计划如期完成。借此机会，笔者谨

代表本丛书编委会全体成员,向领导、编辑和作者们表示衷心的感谢!

作为一项文化创举,笔者深信《中国少数民族设计全集》必将在未来岁月的长期检验中,愈发显现其非凡的、独特的文化价值。

2017年夏季于南京

前言

一、普米族传统造物历史概述

普米族的族源为古代氐羌族，自称为"普日米""拍米""普英米"等，其主要聚居于怒江傈僳族自治州的兰坪县和丽江市的宁蒗、玉龙、永胜以及迪庆藏族自治州的维西县等地，云南的云县、洱源、凤庆、香格里拉和四川省凉山彝族自治州的木里、盐源，以及甘孜藏族自治州的九龙等地也有少数分布。普米族聚居的滇西北地区地形地貌复杂，气候严寒且变化较大，高山终年积雪，植被茂盛，动物种类繁多，地下矿产资源也很丰富。

普米族的传统手工业大都以家庭为单位进行生产，传授的方式基本上是家庭相承、师徒相授，使用的工具较为原始，产量低，主要用于满足家庭成员的需要。这种以农耕为基础的小农经济形式决定了其传统手工业没有完全从农业中脱离出来。随着与外界交流的逐渐增多，普米族也发展起了商业贸易，最初是物物交易，后来发展起马帮，但有相当一部分仍然属于自产自销性质。

普米族发展起来的传统手工业有纺织、皮革加工、铁器制造、木器制作、竹器编织、酿酒、榨油、制陶等。纺织主要有麻纺和毛纺。皮革制品有羊皮褂、皮口袋、皮缰绳、马鞍、皮衣、皮褥子等。铁匠能打制镰刀、砍刀、斧头、马掌、锄头等器具。木匠建造木楞房，制作桌凳、木床、橱柜、碗勺、犁架、背板等用具，有的还能制作马鞍、弩弓、四弦琴等较精细的物件。竹器编织应用非常广泛，有筛子、簸箕、背箩、囤箩、篾柜、篮筐、篾桌、篾床、篾凳、针线盒、饭盒、菜盒等。另外，普米族在酿酒、榨油、制糖、

做豆腐等方面也有独特的一套方法。

从设计学的角度来看，普米族手工传统体现了多元的造物观念与价值。普米族人利用了自然的材料，很大程度上保留了材料本身的材质、造型以及色彩，体现了很强的"本色"造物观念；除少量的一些还在使用外，其他的基本上脱离了实用功能，成为生产、生活历史的展示品，仅属于标签式的存在。

普米族的传统手工艺要形成产业性的规模尚需时日，如宁蒗普米族漆器，是普米族的传统工艺品，尤其漆碗、漆杯、漆盒远近闻名，漆器多以黑色为底，配以红白图案，小巧玲珑自成一体，体现了原汁原味的民间漆器工艺风格，只是囿于制作规模有限，这种高人力消耗、低产出的生产模式在市场经济体制下缺乏竞争力。如何在保留传统工艺、技术、特色的基础上促进产业性的发展，仍然是一个值得探讨的问题。

二、普米族生活方式与传统造物设计

在传统衣着方式与服饰设计方面，首先，由于居住环境的差异，宁蒗、兰坪和凉山等地表现出相互区别的地域风格。其次，性别、年龄、婚姻以及经济状况的差异也在服饰和各种装饰方面有所体现：女性服饰多样，男性服饰较为单一；年满13岁的男孩、女孩举行过成丁礼以后才改穿成人服装，之前没有差异，老年男女服饰服装一般选用蓝、黑色布料，色彩不鲜艳；未婚女子和已婚女子在头饰上有所区分；头饰中金银首饰的多寡、精致程度是家庭经济水平的一种体现。

普米族服饰是彰显其民族性的重要表征，服饰设计款式结构、首饰配饰、颜色纹案都有一定的意义，也是折射普米族历史与文化的一面镜子，普米族百褶裙上绣的红色彩线被喻为祖先迁徙的路径，形象而含蓄地承载着普米族历史迁徙、社会发展的轨迹。这种

设计突出地表现了普米族崇敬祖先、追求民族认同的强大心理，也强烈地表达了对故地的怀念。白色百褶裙以及白羊皮披肩彰显了这个民族尚白的审美观念，而且也被赋予祖先崇拜、图腾观念的内涵。

普米族通常聚族而居，村落多分布于依山傍水、背风向阳的半山缓坡地带，四周分布有山林、山泉、草坪、水塘等，各户为独立的四合院落，户与户之间适当留有距离。这种环境和布局满足了生产生活所需要的自然资源，也有利于保持卫生、保证安全以及共享人力资源。

普米族建筑设计与自然环境相融合，具有浓郁的民族风格，其建筑类型分为民居和宗教性建筑。民居类型中最具特色的是木楞房和土掌房。木楞房四壁全用圆木以串枋和扣榫方法横向堆垒，整体性强，可以防寒；屋顶为硬山石板挑檐，可以防风。整幢房子无一钉子，拆建方便快捷。土掌房主要是居住在金沙江沿岸一带的普米族人建筑形式，平顶，用圆木做支架，四壁夯土墙，顶置屋梁，铺小圆木、树枝，最后用白泥夯平。土掌房有较好的隔热性能和防火性能，可以自然地调节昼夜温差，冬暖夏凉，是适应干热的河谷地带气候的产物。普米族的宗教建筑主要因信仰的不同分为山神庙、本主庙和藏传佛教寺庙等，但在建筑形式上，山神庙和本主庙仍沿用了土掌房和木楞房的方式来建造，而宁蒗、永胜等地的普米族藏传佛教寺庙则受到藏族佛教建筑的影响。

在传统饮食方式与餐饮具设计及食材加工、菜式设计、烹饪工艺等方面也充满了浓郁的民族特色。普米族的主食有玉米、小麦、青稞、荞麦、大米、燕麦等。用烤、蒸、煮、炒等烹饪方法可以将这些粮食做成糌粑面、干饭、馒头、饼、炒面、糕等。肉食主要以猪、牛、羊肉为主。除了吃新鲜的外，还可以腌制加工成猪膘肉和

腊肉，其中加工猪膘肉的方法较为独特。副食主要有土豆、豌豆、蚕豆等农作物，有栽种的蔬菜如洋白菜、青菜、白菜、萝卜、四季豆、土豆、西红柿等，还有木耳、香菇、松茸、鸡枞、蕨菜等野生食材。富有普米族特色的菜式有红烧琵琶肉、生肉汤、酸腌鱼、米灌肠、蔓菁香腿、醉鸡、野胡椒扣羊肉、肉片炒菁蕨等。烹饪方法有炒、煮、蒸、烤、腌制、生食等，注重自然本味，保持食材的鲜味、野味。

普米族使用的餐饮用具有木盆、木碗、木勺、糌粑盒、盐茶袋、酥油茶桶、茶罐等；饮具和水器有酒坛、牛角杯、牛皮酒囊以及水桶、水槽等；厨具有铜吊锅、木甑、铁三脚、木臼、石臼、石磨、脚碓、菜板等。这些器具的制作材料有木、漆、布、竹、芦苇、陶土、牛角、牛皮、铜、铁、石等，除糌粑漆盒、铜制品和铁制品的工艺较为精致和复杂外，其余多为"本色"设计，即就地取材，制作简单，造型简洁，少修饰，具有天然之美，但功能性强。

普米族传统的出行方式为徒步或骑马，相应的用具制作与设计方面也有独特之处。徒步携带或搬运货物，随身背挎的用具有牛皮口袋等，是用牛皮裁剪后缝制而成，携带方便，经久耐用；挑具有竹篓、竹篮和背箩等，主要用竹编织，配以牛皮绳。骡马是重要的陆上交通工具，马配有马鞍、鞍垫和马辔，结构较复杂，如马鞍主体部分为鞍板和鞍鞒，鞍板分左右，大小一致，鞍鞒分前后，前窄后宽。这些部件组装后，打磨抛光，然后蒙上牛皮，最后还要配上捎绳、鞍腰子、马镫、马鞴、肚带、马铃、马头镜等。实用与装饰相结合，设计合理得当。

木筏、独木舟是居住在泸沽湖畔的普米人使用的水上交通工具。木筏就地取材，现扎现用；独木舟形似猪食槽，用整块树木挖制而成。皮囊筏流行于木里冲天河畔，是用羊皮缝合成囊，充气后

再将多个皮囊与木棒捆缚而成。普米族木桥以伸臂桥最有特色，先在两岸搭起两个木垒子，然后将层层叠压的圆木逐渐向河心延伸，最后形成桥，木垒子的空隙处堆压石头即可。这些用具的设计和交通设施的建造都是普米族适应环境与改造环境的结果，凝结了普米族实用、结实、美观的造物观念与智慧。

在普米族文娱、休闲方式、日常杂具设计与制作工艺等方面，特色包括乐器、体育用具、烟具以及雕塑、绘画工艺等。乐器有笛子、葫芦笙、口弦、四弦琴等管弦乐器和牛皮鼓、铜锣、铜钹、铜铙、响铃等打击乐器，用于歌舞娱乐、宗教道场或宗教舞蹈伴奏，也用于婚丧。普米族的民间体育运动主要有荡秋千、甩石头、打靶、跳绳、赛马、摔跤、斗狗等，相关的体育用品有秋千架、投石索、靶子、绳索等，因地制宜，因材造物。烟具多为铜、铁、金、石、竹等材料制作，结构小巧，造型多变，品种繁多，工艺技巧也不尽相同。雕塑和绘画工艺主要服务于宗教仪式，是宗教活动的一部分，如面塑、泥偶、木雕和酥油花等，这些宗教偶像具有很强的超现实性，质朴古奥、粗犷率真，散发出浓郁的民间气息，是普米族信仰的物化形式。普米族也有木牌画、纸牌画、卷轴画等绘画，受彝族、藏族同类绘画形式影响比较大。

三、普米族生产方式与传统造物设计

普米族保留了传统农耕方式，一般以个体小家庭为单位进行农业生产，能熟练掌握犁地、耙地、薅草、施肥轮作、间种等生产工序，其农具的设计与其农耕方式及实用功能相适应，一般用铁和木配合制作而成，具有传统、质朴的特点。

普米族常用的生产工具有犁、钉耙、锄头、镰刀、砍刀、斧头等。犁的结构相对复杂，由铧、犁架、扶舵及犁箭组成。铧为铁质或用坚硬青杠木制成的，犁架、扶舵、犁箭三个部件构成一个稳

定的三角形。一般采用二牛抬杠式犁地，即犁地时在犁辕的前面架一长木杠，使两头牛并排拉，然后一人扶杠，一人平土或撒种。钉耙有木质和铁质两种，木质钉耙用于扒集干松毛制作厩肥，铁钉耙用于挖集厩肥。锄头有板锄和条锄之分，用于挖地、锄草。镰刀用于收割庄稼、清除杂草等。砍刀，分木柄砍刀和铁柄砍刀。铁柄砍刀通体铁质，用于打柴或清除田地边的灌木杂枝。木柄砍刀用于清除杂草、砍竹剖篾等。斧头，为铁质木柄，比较锋利，用于砍伐木料。各类农具种类繁多，是为不同农事活动及用途而设计的，具有实用性和可操作性。

在传统编织与工具设计方面，普米族也有突出的表现。麻纺、毛纺、竹编、草编等都是普米族传统编织形式。麻纺工艺复杂，需要经过沤麻、剥麻、晒干、绩麻、纺麻、漂白、理经上机等多道工序，这一过程中用到的工具有纺车和织机。手工制成的麻布呈条幅状，厚密结实，纹饰丰富，用途广泛，除制作服装、丧葬用品外，还可制作各类袋子、毯子、披风等，其中镶嵌丝线的麻布腰带做工精细，图案精美，两端饰以七彩缨子，是妇女服饰中不可缺少的装饰品。毛纺原料有牦牛毛、毛羊毛和山羊毛，可用于腰带、毯子、马料袋、披毡、茶口袋和毡子等的制作，毛纺需要经过撕毛、纺纱、合股、分经、织布等工序，所用到的工具有纺轮、原始腰机等。

编织竹器是普米族的传统手艺，原材料主要是麻、竹、藤条等。可编织成篾盒、篮子、筛子、酥油盒、箩筐、簸箕等。其中篾盒又叫作"笃笆"，是普米族民族工艺品的代表，被视为丰足、幸福、吉祥和安定的象征。草编最为实用，有如草帽、小首饰等纯用草编制的，有如锅盖、箩筐、篮子、箱子等竹、草合编的，还有如草席、草帘子等麻、草合编的。

在普米族传统木作造型与工具设计方面，包括木楞房、麦架等大木作，家具等小木作，以及农具、生活用具等杂什木作，无不体现了以素为美的造物观念。建造木楞房的材料为松木或杉木，以圆木为材料，以串枋和扣榫的方式搭建起四面墙体，然后再架起檩条，铺上木片瓦，压上石块，在墙体圆木间的缝隙抹上牛粪或泥，以避寒风。麦架是另一种富有普米族特色的建筑形式，用榫卯结构的方式搭建而成。小木作有条桌、方桌、长桌、储粮柜、碗柜、枕头柜、木箱、矮凳等家具，均利用榫卯来连接，没有太多的雕饰，用料经济，质朴实用。杂什木作有曲辕犁架、耙、连枷、锄柄、脚碓、磨槽、马鞍、油槽、纺车、织布机、独木风箱等，此外也加工木水槽、木桶、木碗等。木匠所用的工具，主要是铁斧、锛锄、锯、铁凿、推子、槽刨、尺子、墨斗等。

普米族金属锻造工艺与工具设计主要体现在铁器和金银器制作方面。普米族的铁匠能打制剪刀、砍刀、镰刀、斧头、马掌、铁铧、锄头、钉耙、饭勺、钉子等生活器具，有的甚至能够打制枪管，自制猎枪。锻铁的原料为旧铁器，锻造工具主要有铁锤、铁钳、铁砧等，附属的工具如火炉、冷却水盆、风箱、木炭等。刀具类的铁器采用锻造的方法打制，而另一些铁器如铁铧等则采用浇铸的方式制作。叠丝是普米族金银首饰制作比较独特的工艺，即将金银拉成极细的丝，然后盘绕、叠压成所需要的造型。这种技法灵活，能运用镂空、穿插、堆塑、粘连等手法塑造形式精微、造型多样的器物。除此以外，通常还用到浇铸、切削、展延、摇揲、焊接、套联、抛光、镶嵌、鎏金等金银技术。

普米族传统类食品加工、食材造型、工具设计与日常生活息息相关，包括榨油、制糖、麦面米粉加工、腌制品以及豆制品加工等。榨油的原料为野生青刺果、核桃仁、麻籽、瓜子、菜籽等，工

序包括炒籽、碾粉、蒸粉、踩粉、入榨、出榨、接油等。榨油机是木制，靠撞楔挤压粉饼的原理工作。制糖用的是玉米、麦子，将玉米碾磨浸泡，并按照5∶1的比例加入粉碎的麦芽子，熬制成糖。石臼是用于家庭砸、捣、研磨粮食的器具，手碓和脚碓是大型粉碎粮食的工具，而水磨是一种效率较高的粮食加工用具，它借用了自然力。普米族常腌制猪膘肉、排骨、猪心、牛舌等，所用调料有盐、花椒、大蒜、生姜，有时还加上酥油和蜂蜜。住在泸沽湖畔的普米族嗜酸腌鱼，其味道独特。普米族还种植少量的黄豆，多用来制作豆腐，先将磨好的豆浆煮沸，滤掉豆渣，点入适量的石膏就成豆腐。

　　普米族继承了优良的酿造工艺传统，相应的工具设计方面也有特别之处。苏里玛是普米族最具民族特色的黄酒，其酿造工艺的特点是不用蒸馏，制作原料有小麦、大麦、青稞、玉米等，将粮食煮熟冷却后按比例拌入自制酒曲，放入大坛密封发酵，半个月后倒入山泉水，并再次密封，三天后就可以开封取酒。蒸煮谷物的火候、酒曲分量、发酵温度的掌握都极考验酿酒人的经验与技艺。苏里玛酒度数低，醇美香甜，营养丰富，既能解渴，又能提神。酿制苏里玛酒比较关键的是酒曲，先将小黄芩、丹皮、草乌等药物研成粉末，再拌入少许青稞面、荞面、玉米面、小麦面或稗子面等，制成药团，然后经过发酵、烘干等工序后方制作完成。普米族饮料制作也充分利用了本地自然物产，将熟透的野葡萄、黑防风果、五味子果、野草莓等野生果实捣碎，加入适量的水，滤去果渣即成果汁。这种果汁不但解渴，营养丰富，还有药用价值。普米族饮料还有酥油茶、猪油茶、盐茶、清烧茶、核桃仁茶、白瓜子仁茶、雪茶等，口味多样。酥油茶是日常饮品，一般家庭都备有用牛奶制成的块状酥油，烧开茶水后，将适量的酥油、核桃仁、麻籽油、花生仁、盐

放进酥油茶桶内，再倒入茶水，用搅拌器上下搅拌，即可做成酥油茶。

普米族在皮作工艺与工具设计方面有比较成熟的传统。不去毛的皮革加工比较简单，将牛羊皮剥下来以后，先挂在屋檐下阴干，将阴干后的皮子在温水中泡两天，然后把皮子搭在粗木杆上，利用刮刀将皮子鞣软即可；去毛的皮革加工，需先将浸泡后的皮毛卷起来，放在比较温热的地方发酵两三天，最后用刮刀将毛刮下来。除了水浸法外，也可以采用灰水脱毛法、石灰水浸法、米汤鞣制法等。普米族的皮革制品有羊皮褂子、熊皮箭包、弹药袋、牛皮口袋、笼头、缰绳、鞍垫、皮药壶、皮绳等。羊皮褂子是用绵羊或山羊皮缝制而成的衣服，一般有无袖的开襟皮褂和披肩皮褂两种。普米族羊皮披肩不进行过多的修饰，质朴且实用。生活中使用的铺盖也有用羊皮制作而成的，是抵御严寒的最佳用品。

四、普米族礼俗宗教与传统造物设计

普米族传统诸神造像设计，是自然崇拜、祖先崇拜观念的体现。自然诸神造像有山神和土地神，一般被供奉于山神庙内。家神造像有宗巴拉，是财神、灶神、火神的象征，供奉于火塘正上方，没有固定形象。在宁蒗一带，宗巴拉的形象是由莲花、花蕾、莲叶、火焰、象形文字、日月、吉祥八宝、灰鼠、白海螺、海水等组合而成；在兰坪的普米族家里，一般用摆放于祭台上的四方木架子或条石来象征宗巴拉。普米族还信奉女始祖神巴丁喇木，认为她能保佑普米族妇女繁育及谷物繁殖多产，这种信仰主要流行于云南宁蒗和四川盐源、木里等地，在木里县屋角区一山腰的岩洞里有一尊天然的钟乳石，被当作巴丁喇木女神的化身。除了具象的山神像外，普米族宗教造像设计更具抽象性、象征性特点。

普米族传统神职祭司用具包括法器和法衣，这些器具的设计

具有浓郁的宗教神秘气息，是为了满足宗教仪式功能而设计、制作的。普米族韩规、释毕使用的法器有德帝（箭旗）、宫咚（吹奏乐器）、缯（大鼓）、责布窿（手鼓）、欣冉（形如鹰爪）、玎零（法铃）、丘组拉（巫棒）、芎、海螺号、牛角号、铜锣、铜铙等等。由于是为宗教服务，所以法器的形制、材料、制作方法以及功能不同于一般日常生活用器，如丘组拉上雕刻有日月山川等自然形象与鬼神图案，供韩规模印面偶形象。韩规的法衣为麻布或绸缎质料的长衫，裤子没有特别的要求，足蹬长筒靴。法帽有三种：惹鞍、弄克热吉和韩规读都，不同场合佩戴不同法帽。韩规教服饰体现了特定宗教的内涵，是普米族服饰中重要的一部分，特殊的服装设计、服装样式以及装饰符号被赋予了不同于日常生活服饰的功能和使用方式，宗教的特质也大大拓展和丰富了服饰本身的意义。

普米族传统婚丧形式比较烦琐，相关的器物设计与仪式设定都围绕着特定的礼仪主题进行。普米族婚礼仪式包括说亲、定亲、接亲、进"尼贡"、祭祖先、跳锅庄等。说亲和定亲都要由男方准备猪膘肉、苏里玛酒等普米族特色食物，定亲时还要举行祭锅庄（宗巴拉）仪式，新娘接至新郎家，要穿过一个寓意吉祥的"神门"(尼贡)，进屋后要在火塘下方叩拜祖先，然后由长辈给新娘新郎戴上用羊毛或红线搓成的项链，再在额头上敷上一小块酥油，最后围着篝火跳舞。普米族婚礼喜庆祥和，婚礼中的器物及相关仪式都富含祝福之意，如尼贡、羊毛项链、敷于新娘新郎额头上的酥油以及祭祖、吟唱、舞蹈等都寄寓了对新人的美好祝愿。

丧葬则不同，表达的是生者的哀思与悲痛，意在通过宗教仪式超度亡灵。普米族丧葬仪式包括土葬和火葬。兰坪地区实行土葬，仪式包括净身、纳棺、出殡、下葬、建碑等，一些相关的器物设计与制作受到汉族影响，如建墓碑、立石人、石狮等，雕刻工艺精

湛。宁蒗地区与纳西族、彝族杂居的普米族实行火葬，仪式包括净身、装殓、出殡、火化、给羊子等。丧礼由韩规主持，所用法器有铜铃、皮鼓、牛角号、锣、镲、钹等。还有烧酒、镰刀、松明火、竹弓箭、竹长矛、松明枝等作为辅助道具。给羊子仪式最为隆重，属于二次葬礼。

传统节庆仪式与器物设计是一个民族历史文化积淀下来的结果。普米族传统节庆一般以家族内部活动为中心，庆祝方式一般包括祭祀、祝愿、宴饮和娱乐等，寄寓了人们的朴素愿望。如生产性节日主要有尝新节、尝酒节等，以庆祝丰收，先要祭灶神与祖先后才开始庆祝。尝酒节宴饮时以饭团喂狗，这与普米族的神话传说相关，表示对狗给普米族人送来五谷种的谢意。吾昔节为普米族的新年，节前要打扫卫生、准备食物、沐浴，还要修整火塘、神台及宗巴拉等，节日当天要祭锅庄，分享食物，相互拜年，各家还要前往罐罐山祭祖。宁蒗彝族自治县普米族在新年的早上还要为年满13岁的男孩、女孩举行成丁礼，包括穿裤子礼、穿裙子礼等。在农历五月初五端午节，普米族人用珍贵物品、鲜花和食物装点宗巴拉神台，并采集菖蒲插在房门周围及神坛上，或将菖蒲叶缠在腰间和头顶，寓意消灾除病，这一天的饮食丰富，尽情娱乐。

普米族传统祭祀及其器物设计体现了原始宗教信仰的观念。家室祭祀包括祭祖、祭财神等；大型的村寨公祭有祭天、祭山神、祭龙潭等。这些祭祀仪式一般由韩规主持，事前要准备面偶、木牌画等道具以及鸡、牛、羊等祭品，因用途不同，道具、祭品和所念经文、舞蹈动作等都有所差异。仪式用品设计具有浓厚的象征性，如祭财神仪式除了要用巫棒模印出面偶外，还要用湿面团捏塑象征财神的着衣面偶；祭天仪式前要搭建三层祭台，第一层供奉象征自然神的木牌画，第二层供奉用巫棒模印出来的面偶，第三层供奉动物

牺牲以及青稞、玉米等粮食；祭山神要用竹篾编一具马鹿形偶像，另削12块圆形木牌，每块木牌代表一个月份，在木牌上用红、黄、绿、白、黑5种颜色表现每月的气候特征图；祭龙潭也要搭一座高祭台和6座小祭台，象征着龙神的水晶宫，祭台前各立一根竿，竿的顶部各悬挂7个用9片鹦鹉毛（或箐鸡毛）和麻线扎制而成的六角形斗架。除了家祭和公祭外，普米族还有一些标志性的宗教圣地与祭祀场所，如罐罐山、梭塔。

普米族传统祭祀及其器物设计提供了超功利性意象创造的观念，富有浪漫主义色彩与神秘性。

目录

第一章　普米族传统建筑
普米族四合院　002
普米族山神庙　012
普米族麦架　016

第二章　普米族传统服饰
兰坪普米族女服　022
宁蒗普米族女服　028
四川凉山普米族女服　032
普米族男服　036
普米族白羊皮褂　041
普米族韩规服饰　046
普米族发（头）饰　049
普米族嵌珊瑚珠银耳坠　053
普米族宝石项链　057
普米族镀金扭丝银镯　062

第三章　普米族传统餐饮
普米族酒坛　068
普米族木盆　075
普米族酥油茶桶　078
普米族草编锅盖　084
普米族盛碗篮子　088
普米族铁三脚　092
普米族腊排骨　097
普米族红烧琵琶肉　101

第四章　普米族传统生活用具

  普米族枕头柜　106
  普米族储粮柜　112
  普米族矮方桌　117
  普米族四弦琴　122
  普米族剔骨刀　128
  普米族羊毛剪　132
  普米族马辔　137
  普米族火药枪　143
  普米族弹药袋　148
  普米族竹管烟锅　151
  普米族背水桶　156
  普米族竹编捕蜂器　162
  普米族铜锁　167
  普米族篾盒　173
  普米族竹篓　178
  普米族熊皮箭包　182

第五章　普米族传统生产工具

  普米族木犁　188
  普米族纺车　194
  普米族石臼　201
  普米族木肩板　206

第六章　普米族传统民俗和宗教造像

  普米族成丁礼　210
  普米族丧葬仪式　214

普米族韩规经　219
普米族丘组拉　225
普米族大鼓"缯"　230
普米族铜钹　236
普米族雕花龙形铜号　240
普米族土地神、山神石雕像　245
兰坪普米族墓葬石雕　251
普米族宗巴拉神像　256

第一章 普米族传统建筑

普米族四合院

图一 普米族四合院主图

普米族的村落多分布于半山缓坡地带，以血缘的亲疏关系各自聚族而居。一个村寨一般有二三十户，有的只有两三户。村寨依山就势，一般坐落于靠山面坝、背风向阳的缓坡上，明天启年间《滇志》卷三十中所载"住山腰，以板覆屋"就是普米族居住习俗的写照。

普米族房屋多为一、二层井干式纯木结构，四面墙用圆木堆垒而成，顶部用木板覆盖，当地人称这样的房子为木楞房、木垒子。建造的方法与程序是：冬天伐料，材料选直径为15~30厘米的松树，断成4~6米的料件，再把料件砍削成六棱柱体风干后运回家。又于山间选择粗直少枝的杉树断成1.6米的筒料，循其纹理，撕成厚3厘米的薄片做屋顶盖板。再就是备下长约4米的椽条和7米的檩条各20来件，准备就绪后，进入房体建造阶段。方法是在六棱料两端锯出卡榫，每轮4根往上堆垛。各层之间用木片画出结合部的弯曲形状，再按所画曲线在上一根木料上砍出两件木料的吻槽，利用堆垛后的压力使上下两件木料吻接紧密，没有缝隙。一间木屋堆垛20层左右。堆垛到10层或11层时，从第二轮处适当位置锯出1.3米宽、1.5米高的口子，嵌入方料，作为门框。从门框上一轮开始，在适当位置锯出母榫，安放7~9根楼楞，楼楞以上一般有9~10轮，可再开一道楼门。然后进行屋架建造，方法是取走廊和屋体进深总长的二分之一，于屋体两侧山墙各立一根骑柱，用来支撑大梁。架好梁，用椽条连接中柱梁和前后檐柱梁，再按杉板长度把檩条横拴在椽子上，然后盖上房板，房板坡度为"三分水"。板上覆压石头以防风，一间木屋即告建成。这种房子不仅就近取用木料，备好料后建造起来也快捷，搬迁时按编号拆装也很方便，至今仍在寒冷地区普米族村寨中流行。

四合院是普米族最富有民族风格的建筑形式。居住在坝区的普米族建筑多仿白族"三坊一照壁"（正房一坊，左右厢房二层，正房一般朝南，面对照壁）的院落形式，而居住在山区的普米族则多建造四合院布局的木楞房。四合院一般有院门，正房是院落的主要建筑，一般呈长方形。正房门窗均雕花，四角立有大柱，花岗石盘垫柱。中央竖一根方柱，叫"擎天柱"（普米语为"三玛娃"），有祖先神灵护佑的意思。以中柱为依托，在屋内中间高两米处建一个半楼，空出火塘上方，并留两块能滑动的木板瓦以利排烟、采光。堂屋是全家活动的中心，其功能包括宗教祭祀和接待客人，在靠门右侧中央设置火塘，火塘立有锅庄石或神龛。火塘两侧有卧铺，男左女右。围绕着火塘，是普米族人日常起居、祭祀、待客的重要空间。堂屋之外有附属建筑，一般在左、右、后三方建有侧室，主要功能为贮藏物品。正房左、右为厢房，也各三间，高度与正房同，地基矮于正房50厘米，门窗与正房同。正房前方为畜圈，也为三间，下2.4米，上2.2米。整个四合院占地666.7平方米。除经堂有装饰彩绘外，其他房屋均用原木叠置，且部分采用木构架组合，不施油漆，整幢房子从墙壁到屋面，用材质地相同。

普米族四合院是普米族建筑的经典案例，整体建筑风格粗犷、古朴，反映出普米族为适应山区寒冷的自然条件而因地制宜取材建屋的创造性设计智慧，是当地自然条件、社会形态、经济水平、民族习俗、宗教信仰等因素综合后形成的结晶。它具有多重的价值：首先，普米族的四合院具有很强的实用价值，满足了以父系为纽带联结起来的三四代人大家庭的居住生活的需要；其次，它作为物质文化的重要部分显现出丰富的文化内涵；再次，作为艺术系统的一部分，其艺术价值也是不可忽视的。除此以外，普米族的四合院在建筑历史上、旅游开发中都具有很重要的价值。

由于可就地取材、经济适用、施工简便，普米族近年来新建民居中，仍有许多是传统的木楞房。但木楞房存在耗用木材过多、木板瓦易漏雨、室内光线过暗等缺点，如何在保持传统木楞房的建筑特色，不丧失其文化价值、艺术价值，不破坏人居与自然关系的基础上进行更具有实用性的设计改革，仍然是今天的一个可进行深入探讨的课题。

图片来源
图一、图十八　胡春涛　摄影
图二　符沙、贺雪岚　制图
图三、图五、图七至图九、图十一、图十二、图十四、图十六　符沙　制图
图四、图六、图十、图十三、图十五、图十七　蔡轩　制图

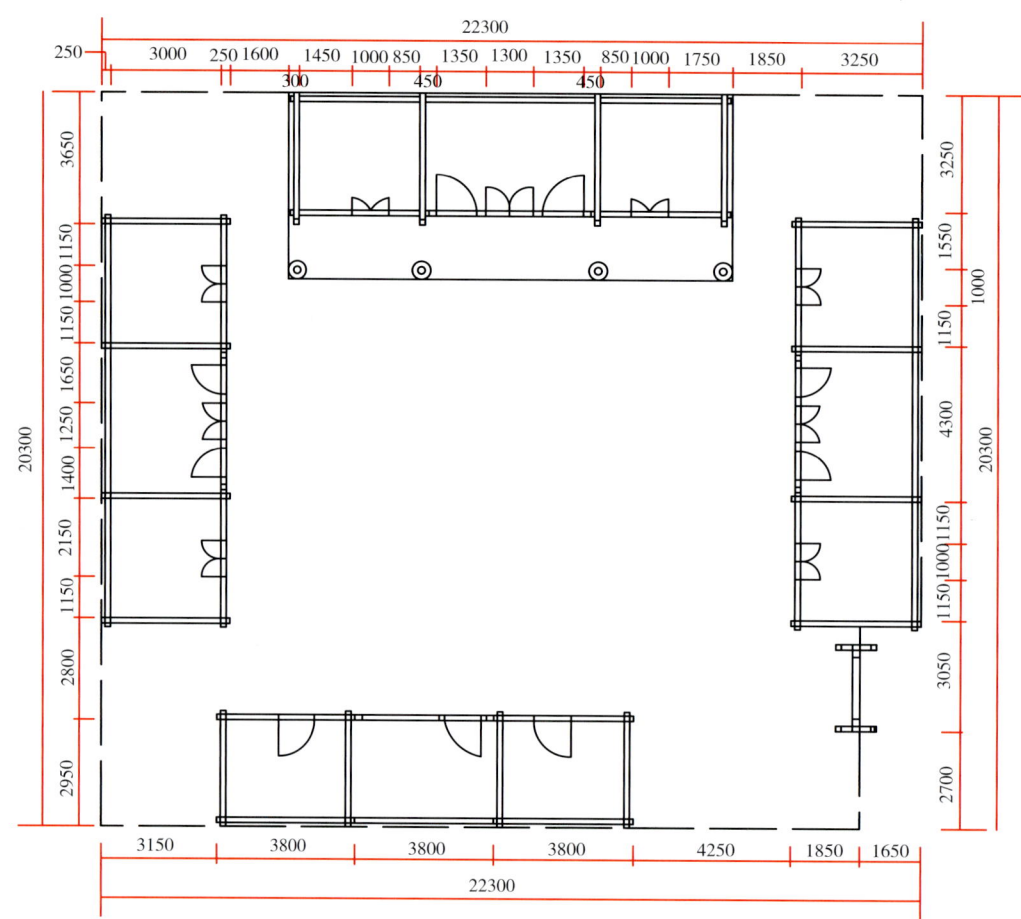

图二　普米族四合院平面布局图（单位：mm）

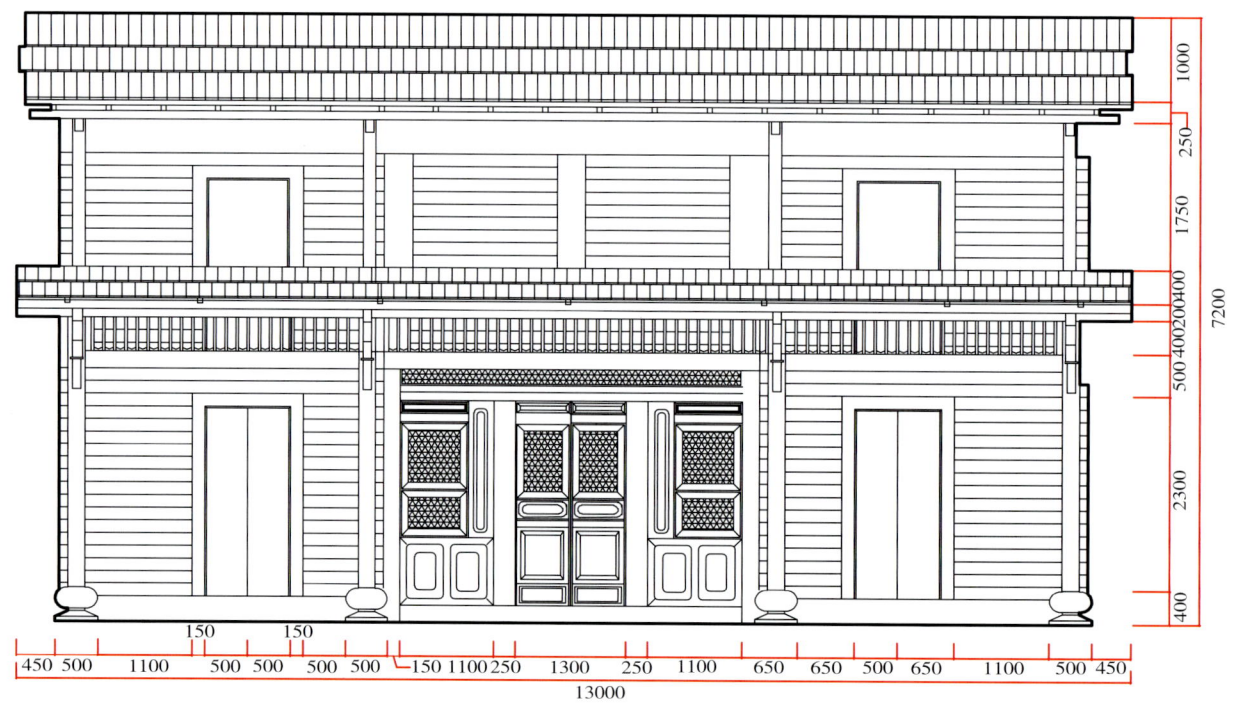

图三　普米族四合院正房立面、尺寸图（单位：mm）

图四　普米族四合院正房正面效果图

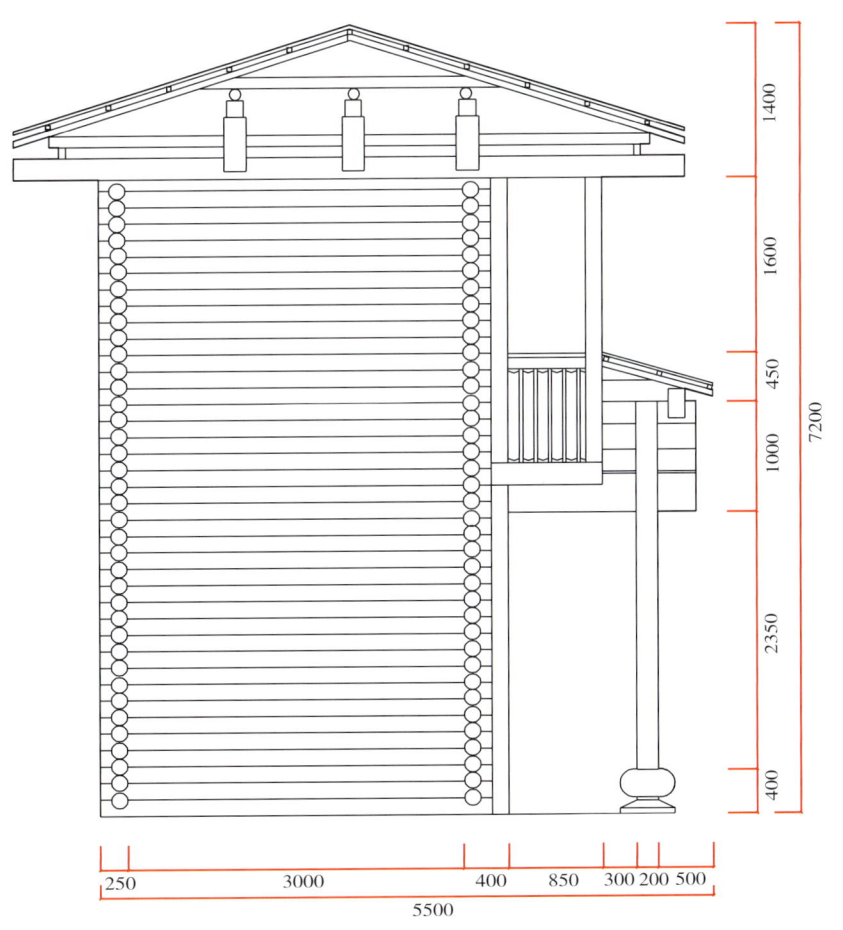

图五　普米族四合院正房侧视、尺寸图（单位：mm）

图六 普米族四合院正房视角图

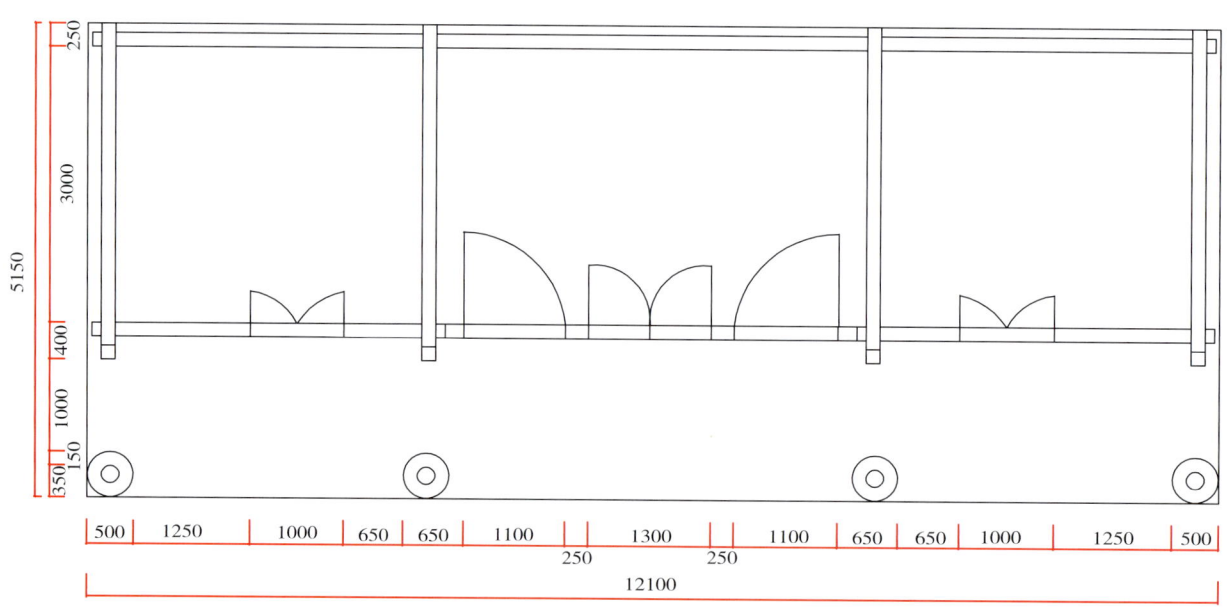

图七 普米族四合院正房一楼平面、尺寸图（单位：mm）

图八 普米族四合院左右厢房立面、尺寸图（单位：mm）

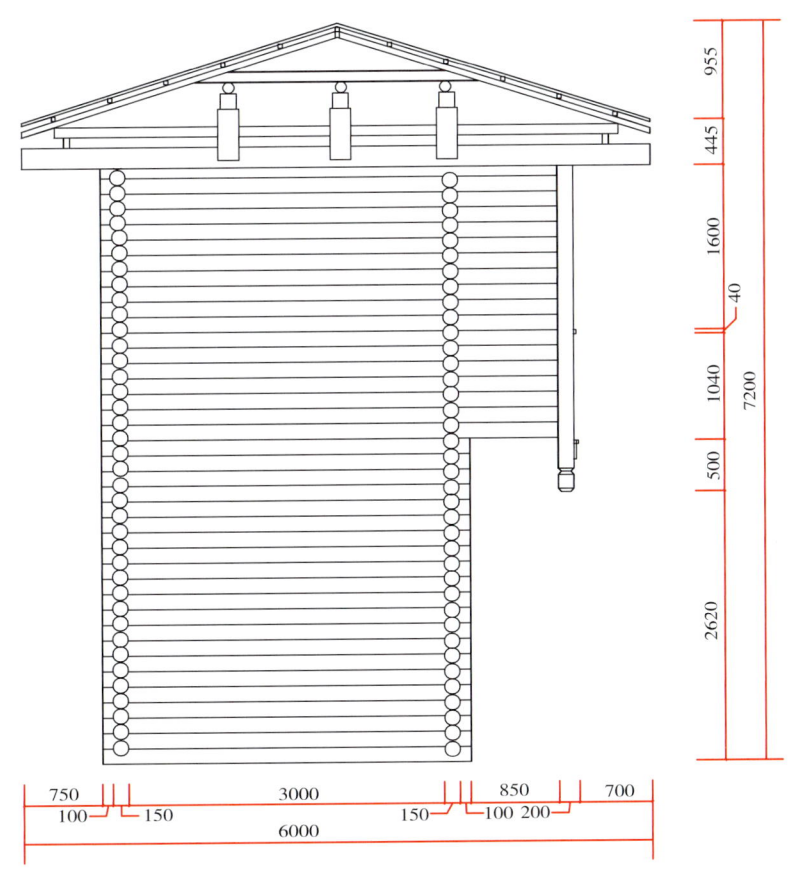

图九 普米族四合院左右厢房侧视、尺寸图（单位：mm）

第一章 普米族传统建筑

图十　普米族四合院左右厢房效果图

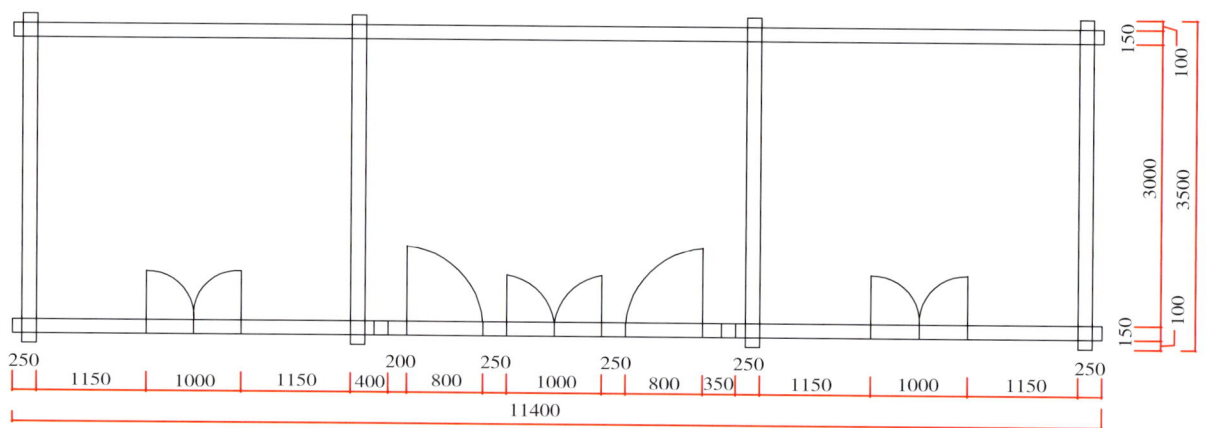

图十一　普米族四合院左右厢房一楼平面、尺寸图（单位：mm）

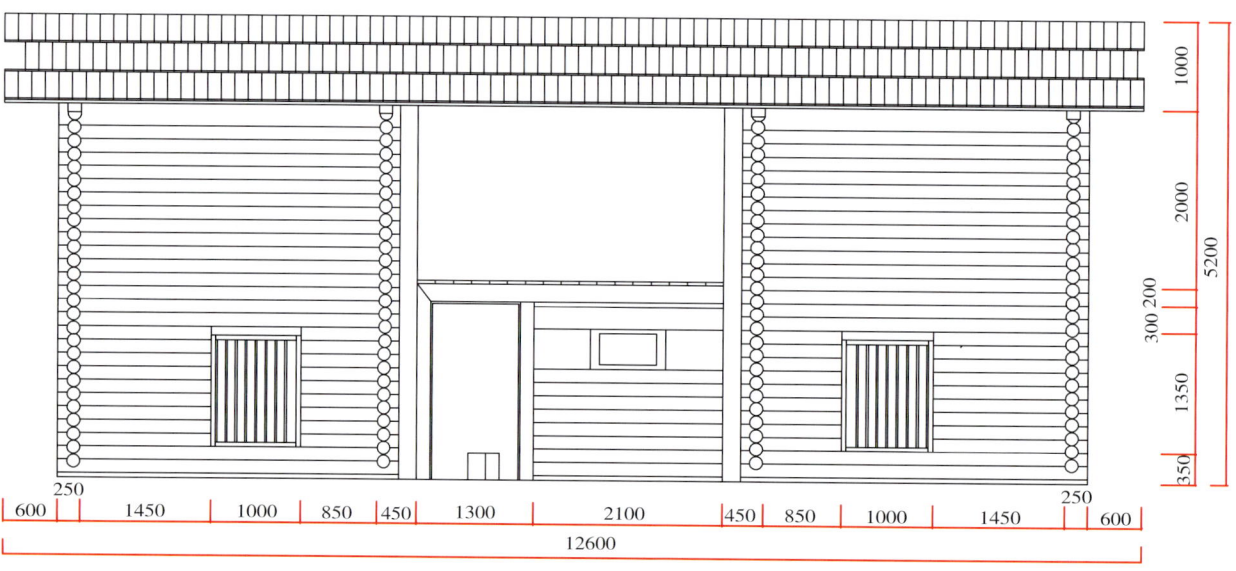

图十二　普米族四合院门楼立面、尺寸图（单位：mm）

图十三 普米族四合院门楼正面效果图

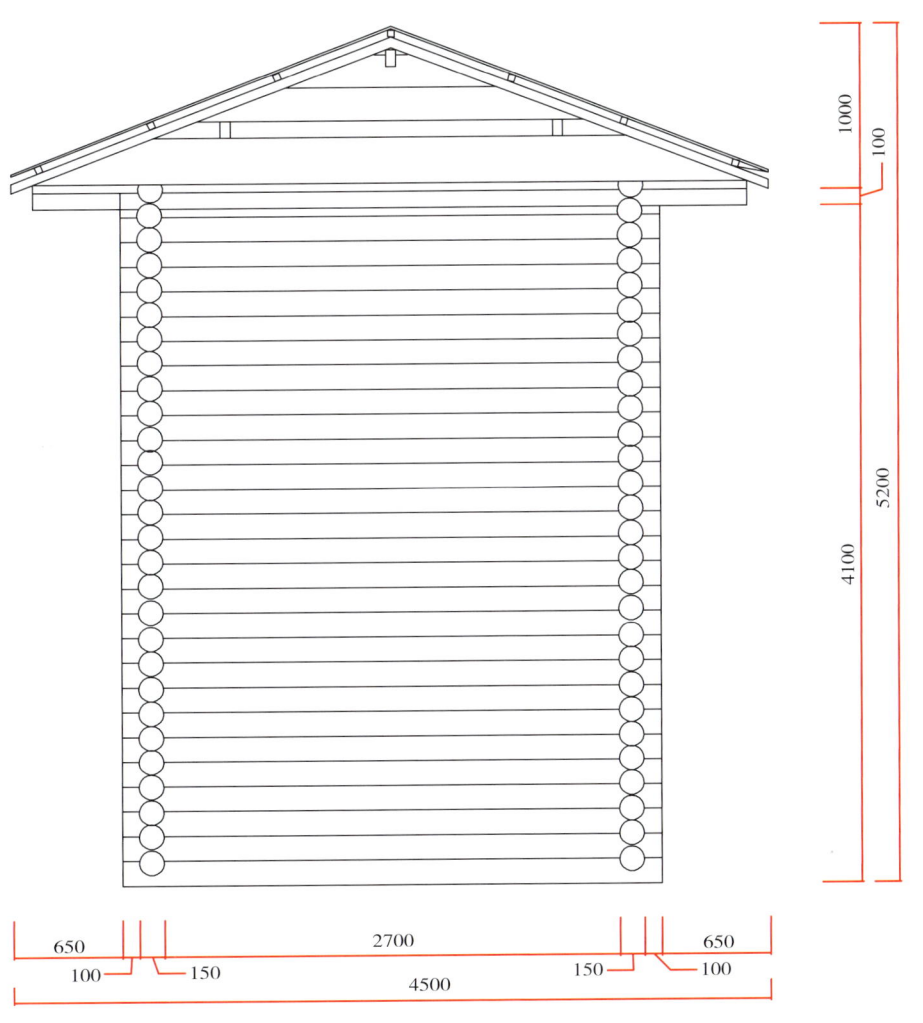

图十四 普米族四合院门楼侧视、尺寸图（单位：mm）

图十五　普米族四合院门楼视角图

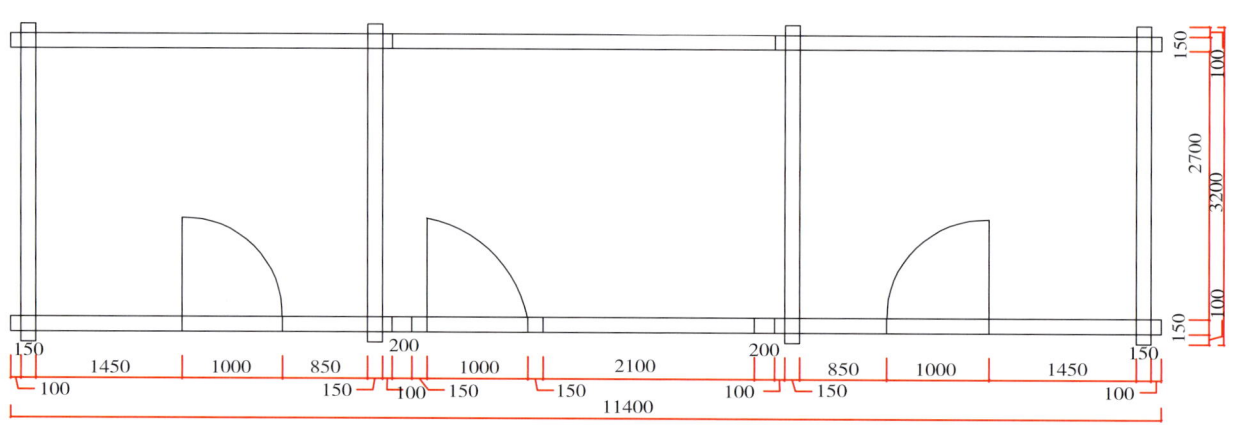

图十六　普米族四合院门楼一楼平面、尺寸图（单位：mm）

图十七　普米族四合院大门效果示意图

图十八　正在搭建的普米族木楞房

普米族山神庙

图一　普米族山神庙主图

普米族人的精神世界中充满了对自然界万物的敬畏与崇奉，凡遇婚、丧、嫁、娶等重要场合，都会举行祭祀仪式，以祈祷自然神灵的佑护，常见的山神、水神、灶神以及家神等都是普米族人精神世界中最为常见的神祇。祭祀山神是其中一项重要的活动，一年之中要举行好几次，兰坪地区的普米族一般选在二月或八月的巳日或辰日祭祀山神。祭山神普米语称"日怎波"，其规模有以户为单位的，也有以族或村为单位的。

山神是村寨的保护神，每个寨子都有自己的山神，通常以村寨附近一棵树为山神树，山神树一经确定就有其神圣性，此树以及所在的山林禁止砍伐和放牧。

祭山神的活动形式多样，仪式中山神的象征物以及祭祀方法不一，具有浓郁的原始宗教的性质。有的直接将村寨的山神树认定为山神的代表；有的在选定的树下建神龛，立条石作为山神形象，或者浮雕山神像来祭祀；还有一种则是在树旁建专门的山神庙予以祭祀。

山神庙是普米族供奉山神并举行祭祀山神活动的庙宇，山神庙遍及多数普米族地区。一般选择在村寨边的山上，附近生长有大树的地方建造山神庙。建造方法是垒上一间土墙房，顶上盖木板，在山神庙内部中央竖一条石作为山神形象，也有在庙内塑有男女二山神像。本案例的山神庙样式选自兰坪地区，采用的仍然是普米族传统的木楞房的建造方式，但建筑结构、建造规模都不如民居建筑。山神庙坐西向东，建造点选择在一块崖壁下，以天然的崖壁当作山神庙的墙壁，只以木材构建了其他三面，左右两侧的墙壁用六棱料分两组垒起，东面以两扇木板隔出一个敞开式的入口，未安装门板。房顶坡度为"三分水"，与一般的木楞房最后在房顶压上石块不一样的是，这座山神庙在房顶上覆盖的是一层瓦。山神庙内部空间装饰比较简单，在正前方中央有一方形神台，用条石堆砌而成，神台上放置山神石雕像，像前摆放有盛酒的器具。神台的下方地面上有简易的香炉，应该是祭拜仪式中焚香之处。普米族民间认为山神掌管山上的一切动植物，祭山神可以保佑众人进山安全无事和庄稼丰收。

普米族的山神庙是以原始宗教为依托的建筑形式，与普米族的民居建筑相比，山神庙体积小、结构简单、造型水平低、没有统一的形制和要求，但这类建筑是普米族建筑的延伸，它一方面和民居建筑保持了一定的联系，如建造材料、建造方式、建造结构与建筑格局上；另一方面它又区别于一般的建筑，主要因为其宗教性，使其具有很强的神秘性和神圣不可侵犯性。由于附加在建筑上一种原始宗教观念，传达了人类对于自然的敬畏与感激之情，也正是这种情感，限制了人们对于自然的行为、习惯，对风俗也起着一定的影响作用。

图片来源
　图一、图七　胡春涛　摄影
　图二至图六　蔡克中　制图

图二　普米族山神庙局部效果图1

图三　普米族山神庙局部效果图2

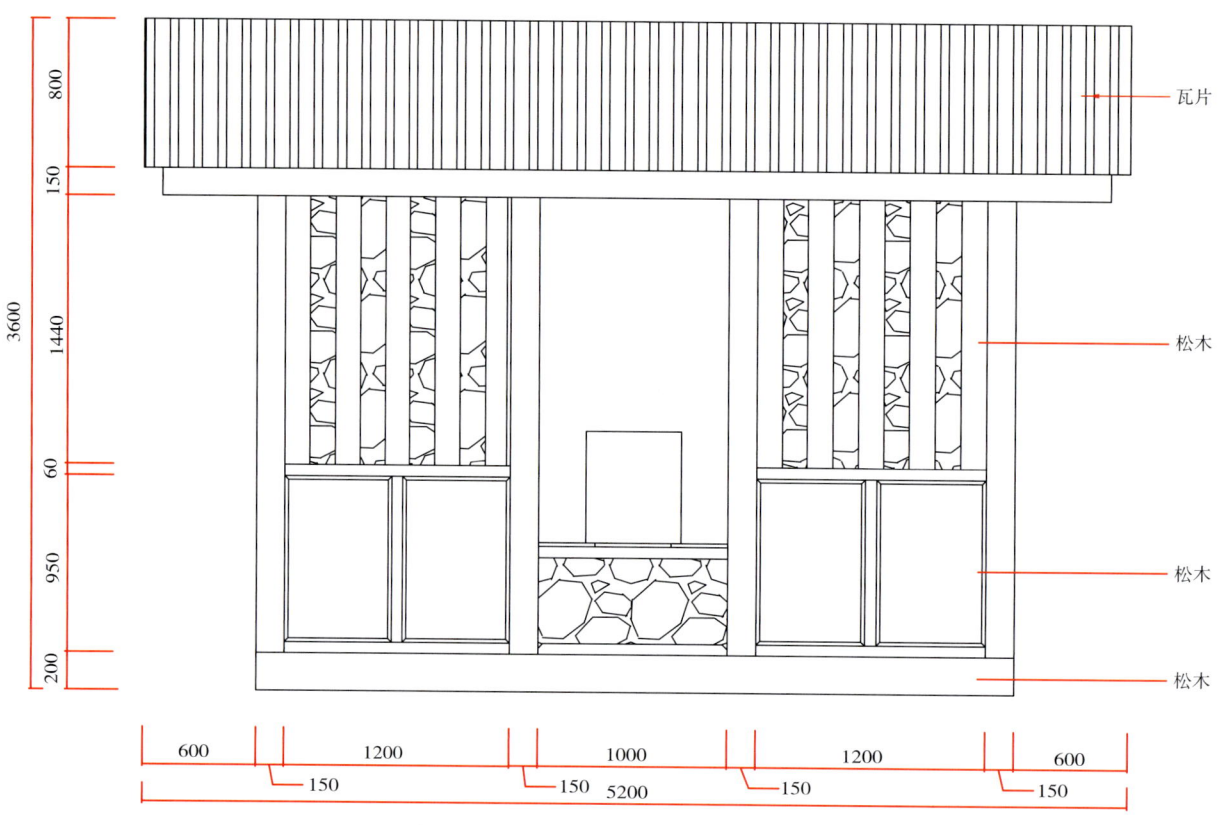

图四 普米族山神庙立面、尺寸图（单位：mm）

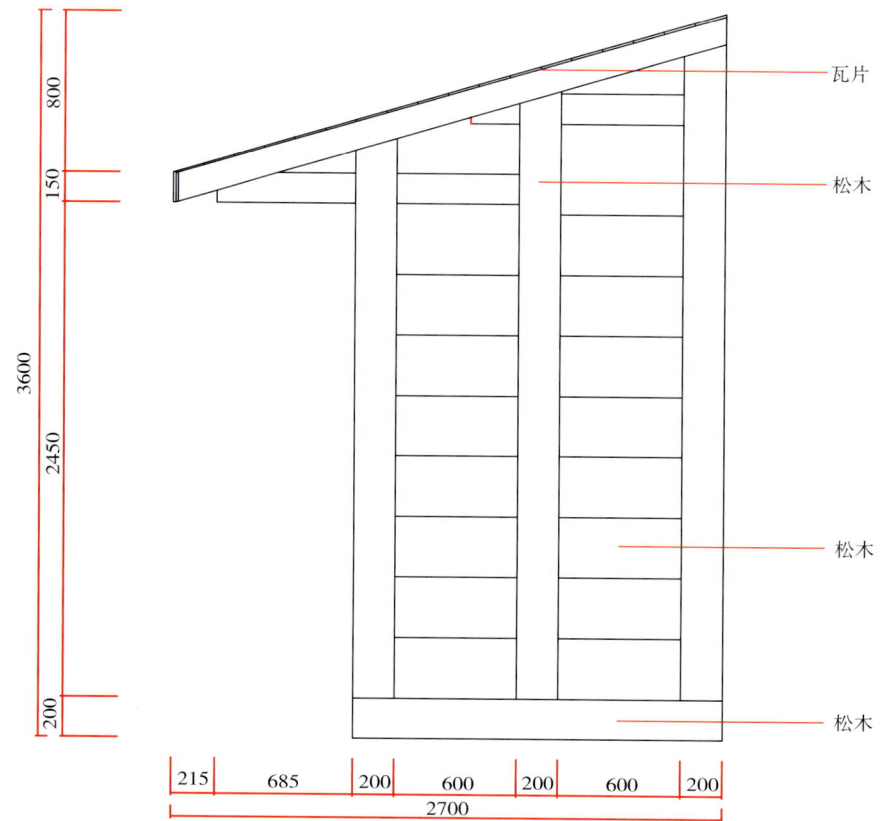

图五 普米族山神庙侧视、尺寸图（单位：mm）

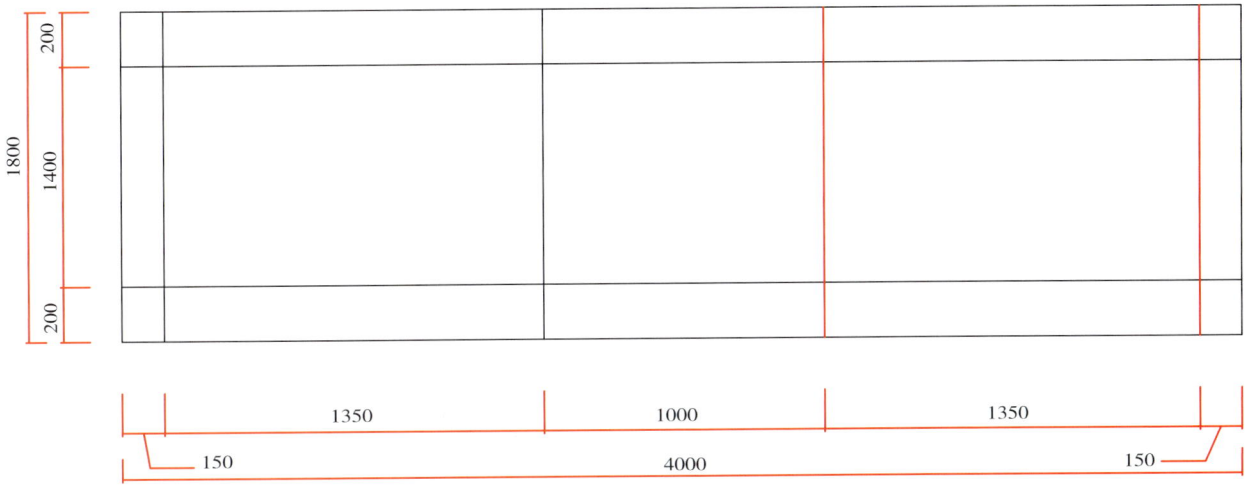

图六　普米族山神庙平面、尺寸图（单位：mm）

图七　普米族山神庙内祭坛上的神像

普米族麦架

图一　普米族麦架主图

麦架是用来挂麦捆的建筑形式，富有独特的普米族特色。这种建筑形式因区域不同可分作两种：

第一种见于兰坪、维西、玉龙三地的普米族地区，其具体建筑方法是将六大片统一砍有孔洞的松木分成两组，每组三片，中间拉开1.7米左右的距离，分别栽在住宅旁挖平好的麦场上，并把削去皮的细松长木条横穿其孔洞内，形成长条形的表格式的两面后，顶上架好过梁和椽子，用竹篾捆扎好，盖上三层木板。

第二种见于宁蒗、永胜两县的普米族地区。其具体建筑方法是将四大片统一砍有孔洞的松木片，作为四方形的顶点，分别栽在挖平好的麦场上，并把削去皮的细松长木条横穿其内，形成一个四方形的大格架，顶上架设好过梁横椽，用竹篾捆扎好后盖上四层木板。

麦架的搭建位置也是有讲究的，一般建在住宅旁向阳通风处；另外，麦架建在后门，不能放在前门，因为打麦子时尘土多易引发呼吸道的疾病。

普米族散居于原始森林之中，其麦架的建构适合于本民族居住高寒山区和半山区的特点。每年秋季收割小麦、燕麦时，人们用马把麦捆驮运到麦架下，往上挂起来。这项工作需要两个人合作，一个人站在麦架上从上往下挂麦子，另一人在麦架下往上递麦子。挂满麦子的麦架，不仅透风透光，而且防潮防热，便于脱粒加工。除晾晒稗子、青稞、小麦、玉米等农作物外，家种的四季豆、蔓菁、青菜之类的蔬菜，也可以一串串地挂于麦架之上，干后收藏起来作为一年的蔬菜。

普米族民居中，家家有麦架是一大特色，麦架的设计与建造是农耕社会人们劳动智慧的直接体现。普米族人采用了本地方便获取的木材，充分利用了材质的特征，通过木材的立、搭、穿、架等方式，巧妙地建立起一个稳固的结构组织，具有比较强的技艺特征与工艺价值；麦架承载了普米族人劳动的成果，极大限度地展现了劳动果实，充实、抚慰、满足了其某种心理的需求；而且麦架的使用，充分利用了自然的阳光、空气，节省了空间，具有功能主义的价值；同时在麦架的制作以及造型上体现了民间造物的质朴之美，材质的本原特质、质朴的艺术风格和以物寄情的方式无不体现了民间造物的特点。

图片来源
图一　胡春涛　摄影
图二至图四　蔡轩　制图
图五至图八　符沙　制图

图二　普米族麦架效果图

图三　普米族麦架使用方式图

图四 普米族麦架使用情境图

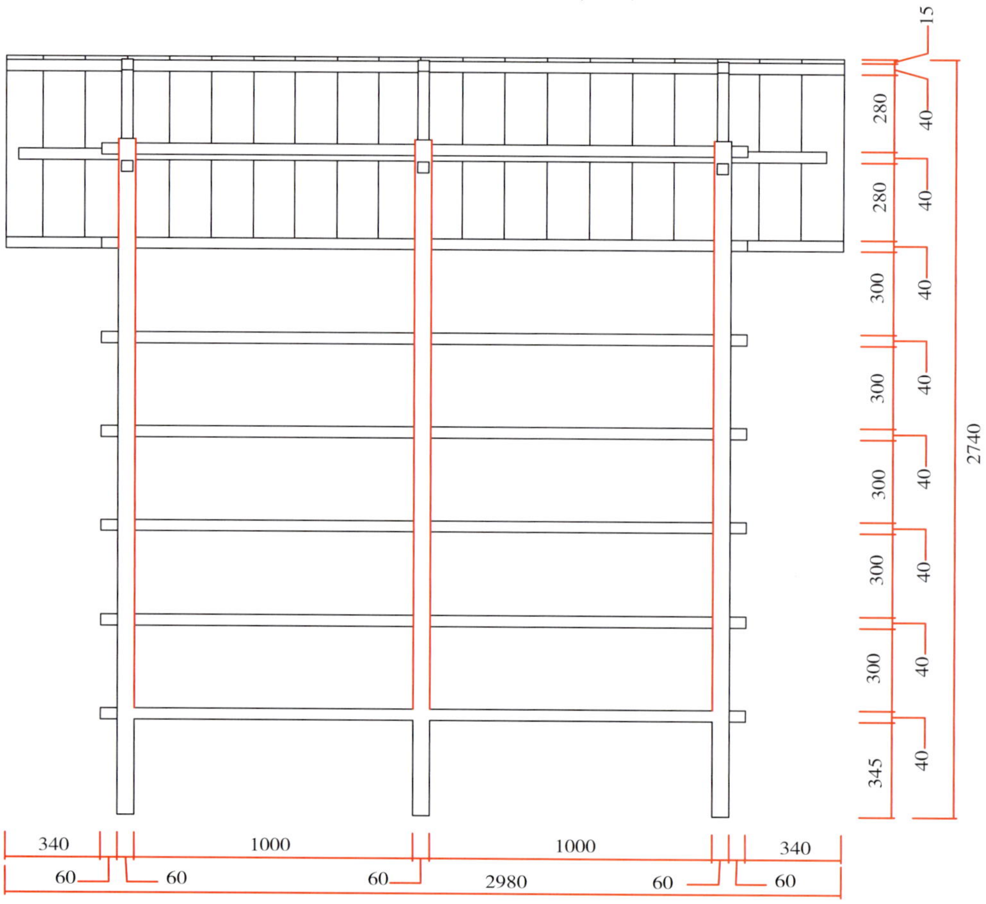

图五 普米族麦架立面、尺寸图（单位：mm）

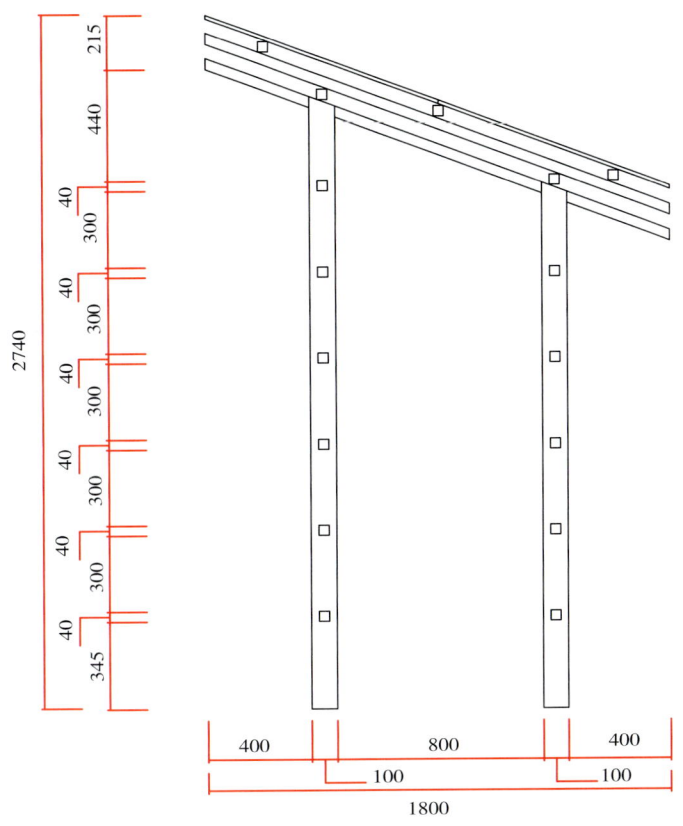

图六　普米族麦架侧视、尺寸图（单位：mm）

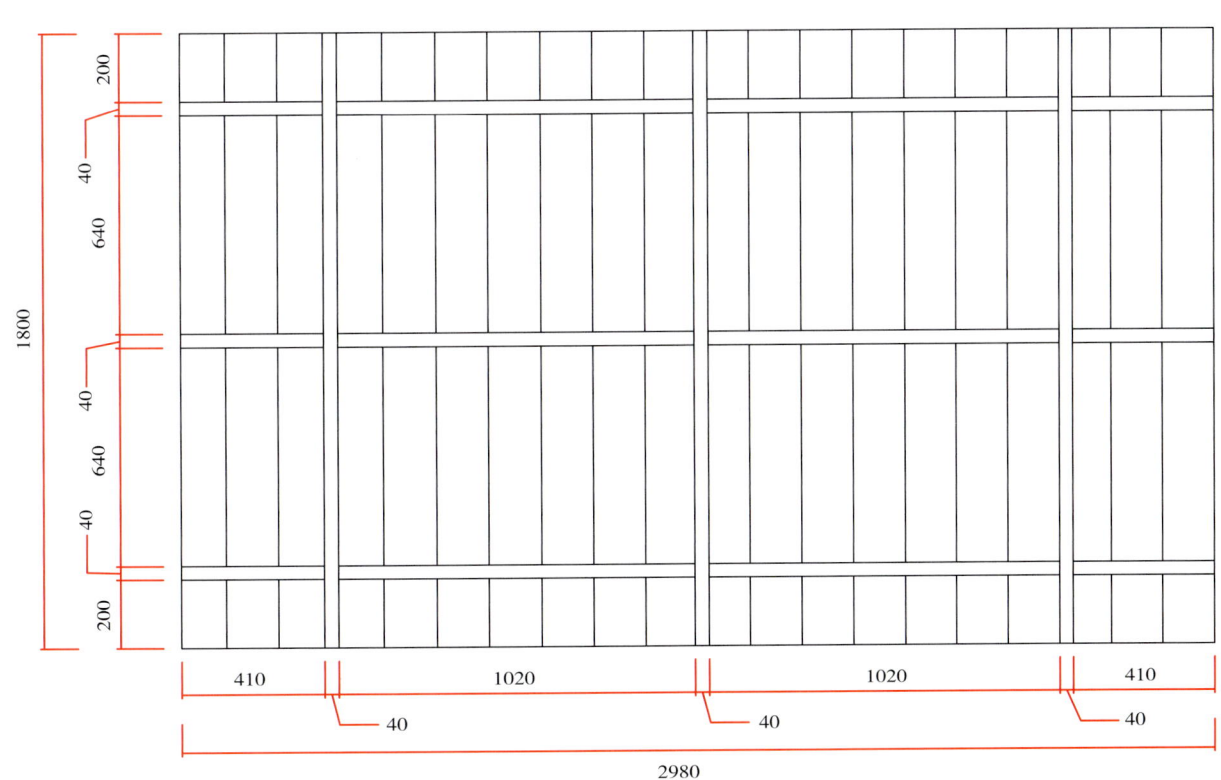

图七　普米族麦架俯视、尺寸图（单位：mm）

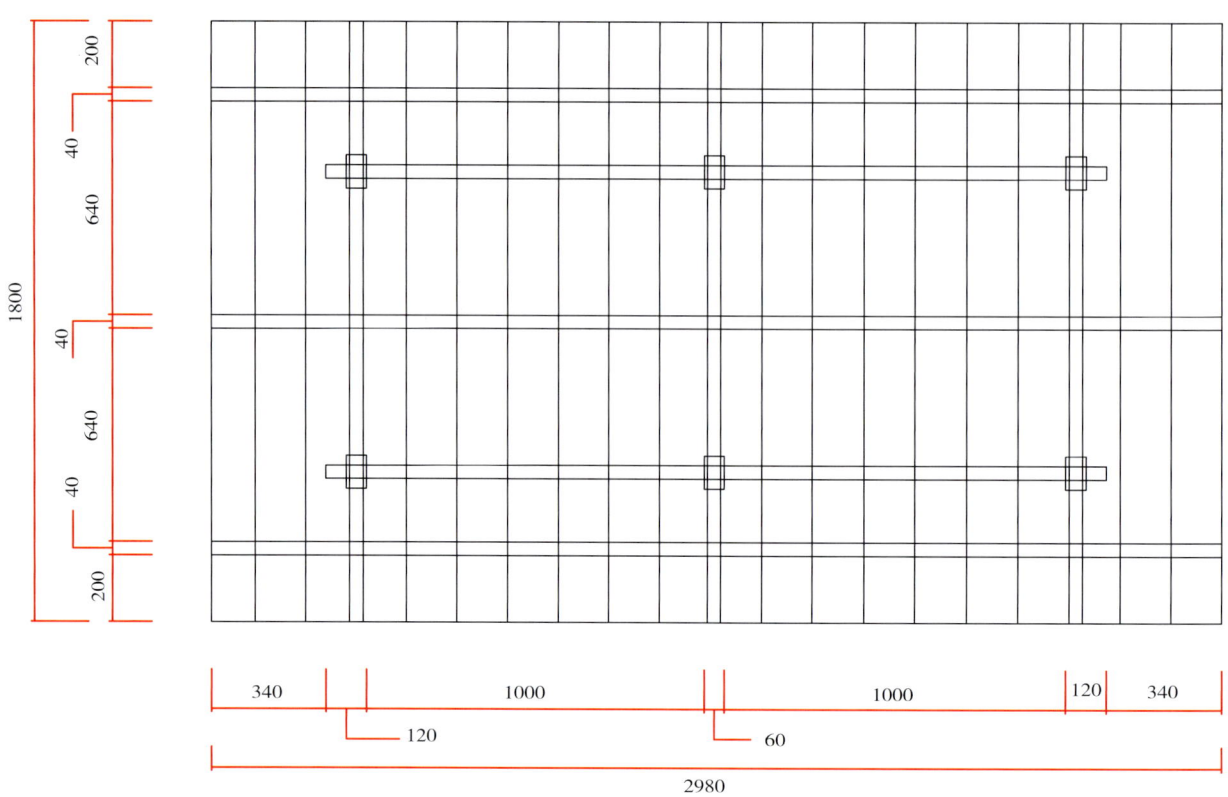

图八 普米族麦架平面、尺寸图(单位:mm)

第二章 普米族传统服饰

兰坪普米族女服

图一　兰坪普米族女服主图

兰坪普米族女服指云南省兰坪县一带，也包括维西县等地的普米族妇女服饰。由于云南约一半的普米族人聚居于兰坪，故兰坪服饰具有相当的代表性。兰坪、维西一带普米族妇女服饰的基本款式为上身穿大襟短衣，外套坎肩，下着长裤，一般腰系绣花围裙。

兰坪普米族未婚女性的服饰受白族影响较大，头戴蓝色或白色方布帕。衣服式样与白族也有相似之处，里穿右衽镶边大襟长衣，立领，领口装饰有银须。所穿大襟上衣颜色一般为青、蓝、黑、白色，外套红、紫色绣花缀银扣坎肩，当地称作领褂。领褂过去多用毛质红色氆氇制成，后来以红色或紫色灯芯绒为多，其款式为右衽、无领、无袖、有扣，后摆长于前摆。

兰坪普米族女性下身穿深色长裤，腰系深色围裙，围裙围腰的外缘绣有花饰，下侧

图二 兰坪普米族女服平展线描图

以花卉纹饰为主附以几何图案，两侧边缘绣花纹饰基本上是几何形。围腰外束腰带，腰带用羊毛织成，两端有图案或长条图纹，其色彩鲜艳，做工考究，腰带末梢还有大红色线做的长穗，系时穗垂在左前腰下，像挂着花串。

兰坪女性服装款式古朴，有的也披白色的长款羊皮。兰坪普米族已婚与未婚女性服饰的主要区别在头饰上。已婚妇女头上包黑色头帕，其他的衣、褂、裤、围腰等，婚否无太大差别。

老年妇女服饰为包黑色包头，穿蓝色或白色对襟上衣，蓝中式长裤，外套暗红色领褂，系腰带，为穿着方便以及遮掩自己变得瘦小的身材，衣服的后摆和围腰做得很长。

色彩以耐脏的深色如蓝、红、黑、紫等色为主，通常项间戴珠串，手戴银镯等少量首饰，脚穿黑布鞋。

兰坪普米族女服在上衣、坎肩、长裤、围裙的款式方面与白族女服保持了比较深层的联系，但相比较而言兰坪普米族女性服装整体更显素朴与沉着，主要的色彩为红、黑、蓝，整体偏深，局部有刺绣装饰，但并不占视觉的主体，只是起偶尔调节服装色彩的作用；白族女性的服装整体凸现清丽明快的风格，在色彩上喜以白色为主色调搭配衣裳，服饰装饰多样，在袖口、领口，尤其是在围裙上的工艺与图案纹饰方面卓有成效。兰坪普米族女服展现了民族文化之间的独立与交融，为研究普米族的民族色彩观以及与其他民族之间的关系提供了形象的材料,为进一步探讨民族艺术的多样性提供了例证。

图片来源

图一　刘正,杨源.中国织绣服饰全集·6·少数民族服饰卷·下.天津:天津人民美术出版社,2005年.第369页

图二、图四至图八、图十　齐瑞文　制图

图三　刘训槟　制图

图九　蔡轩、贺雪岚　制图

图三　兰坪普米族女服平展尺寸与色彩分析图(单位:cm)

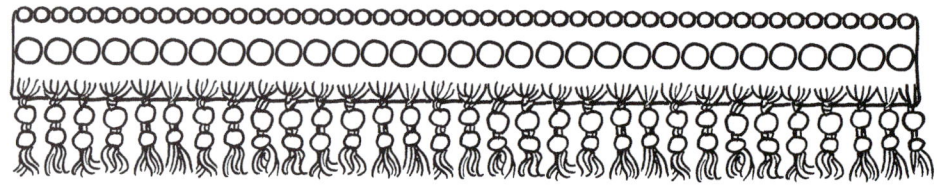

图四　兰坪普米族女服·银须衣领线描图

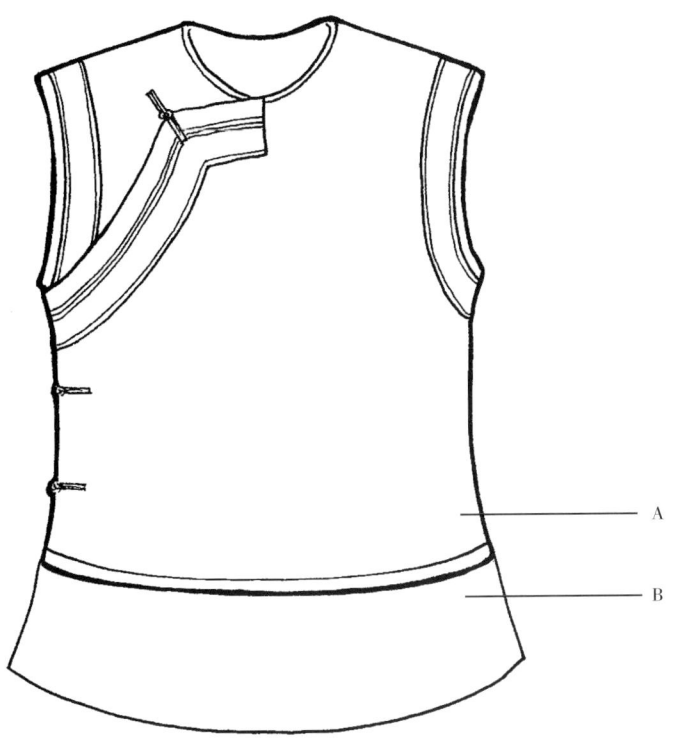

图五 兰坪普米族女服·领褂线描图（A为领褂前摆B为领褂后摆）

图六 兰坪普米族女服·氆氇腰带线描图

图七 兰坪普米族女服·围裙平展线描图

图八　兰坪普米族女服·围裙镶边绣花细节图

图九　兰坪普米族老年妇女服装效果图

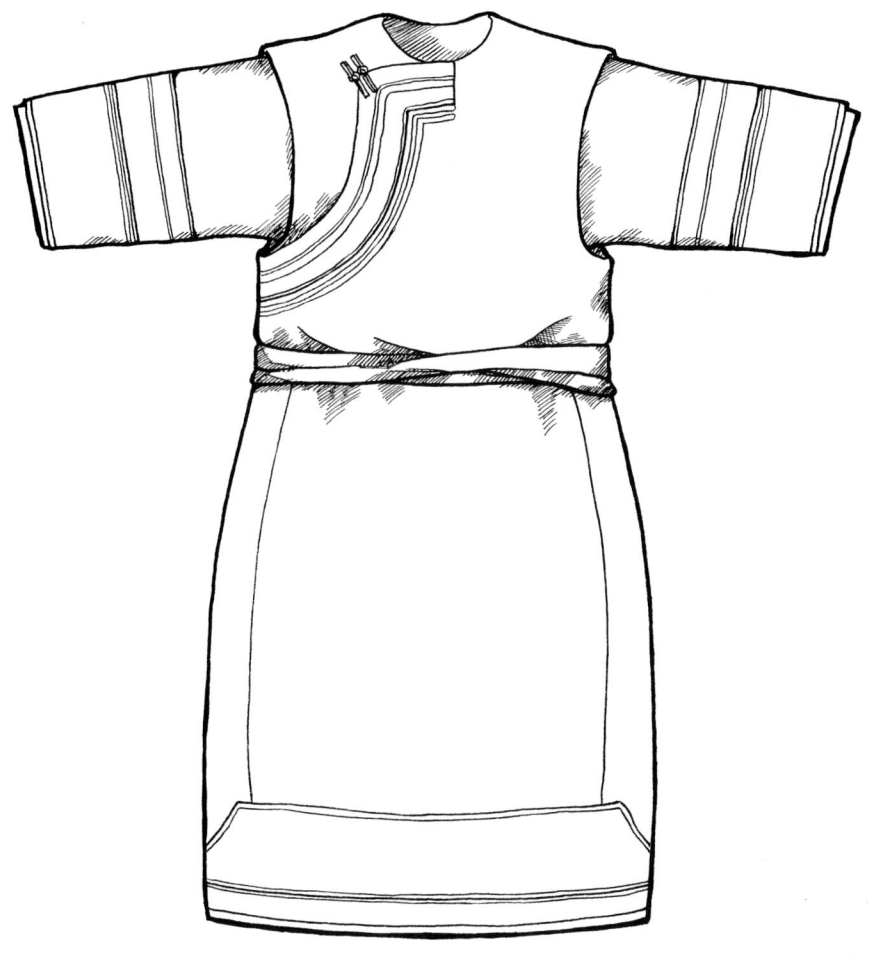

图十　兰坪普米族老年妇女服装平展图

宁蒗普米族女服

图一　宁蒗普米族女服主图

　　宁蒗女服是指云南省宁蒗县一带，也包括永胜县及丽江市的部分普米族妇女穿着的服饰。宁蒗妇女无论婚否均着右衽高领镶边大襟衣，其色彩多为黄、红等鲜艳色，也有黑色与麻布的本白色。襟衣为立领、右衽、长袖，很少装饰有花纹图案，只在衣领、襟缘处镶贴有银缎边，纽扣为与缎边相同的布盘结而成。整个大襟衣的款式简洁朴实。宁蒗地区普米族女性也喜欢在大襟衣外披一张洁白的羊皮于背部。有的普米族女性则穿羊皮坎肩，羊皮坎肩与开襟皮褂、披肩皮褂一样是以山羊皮或绵羊皮制作而成的，其款式为琵琶襟、无领、无袖、有扣，在领口、袖口、坎肩的外缘露出洁白的羊毛，具有很强的装饰性。相比白羊皮褂，普米族妇女所穿羊皮坎肩更讲究绣花等装饰工艺，花样繁多，绣工讲究，深受妇女们喜爱。

　　与兰坪普米族女性下身穿长裤不同的是，宁蒗普米族女性下身着百褶裙。百褶裙为彝族、布依族、苗族、侗族等民族女性常穿的一种裙子，在云南、四川、贵州等地流行。普米族的百褶裙比较长，多用自纺的麻线或毛线织成的面料制作而成，皱褶显得宽而松散，不像苗族、布依族、侗族的那样均匀、紧凑；彝族的百褶裙多由两三种色彩不同的裙幅拼接而成，与之相比普米族的百褶裙裙身多由单一颜色的布制成，线条流畅，简洁明快。宁蒗地区普米族妇女的百褶裙多用白色、蓝色面料制成，裙子很长，一般均从腰部拖至脚面，外出劳动时，她们常将裙子从左面提起，披在腰间。与其他民族还有一点不同的是，普米族的百褶裙中部绣有一红色彩线，称为"纳珠"，据说这是普米族祖先从北方南迁的路线。

普米族妇女腰部一般要缠长达十余米的氆氇腰带，腰带以红、绿、黄、蓝色线织成，为普米族自染自织的工艺品，分麻织和毛织两种，材料分别为山麻和细羊毛，两端织有花纹图案，多为蝴蝶、铜壶、剪刀等变形的纹饰，腰带末梢常用毛线做成穗子，系时将穗垂在前腰下。日常生活中腰带系于长衫之外，能使上身所穿大襟衣紧贴身体而不致于空荡，既起到保暖的作用，又能塑造身体的形态，使身材富有曲线美，而且编织精美的腰带也可作为信物赠送给恋人，是用以表达爱恋情感的珍贵物品。

佩戴上项链、耳环、手镯、戒指等装饰的普米族女性，其服饰更显丰富，具有很强的视觉效果。普米族女性是天生的色彩搭配能手，整体服饰及配饰古朴而素雅。在宁蒗普米族的服饰中也有淡黄色的上衣配湖蓝色的百褶长裙、腰系红色毛呢腰带的服饰，红、黄、蓝三原色相搭配，充分显示了普米族人对色彩力度对比美的运用。节日时上衣换成红色，配白色长裙，则更显出喜气与活力。

图片来源
图一　胡春涛　摄影
图二　齐瑞文　制图
图三　刘训槟　制图
图四至图九　金双瑞　制图

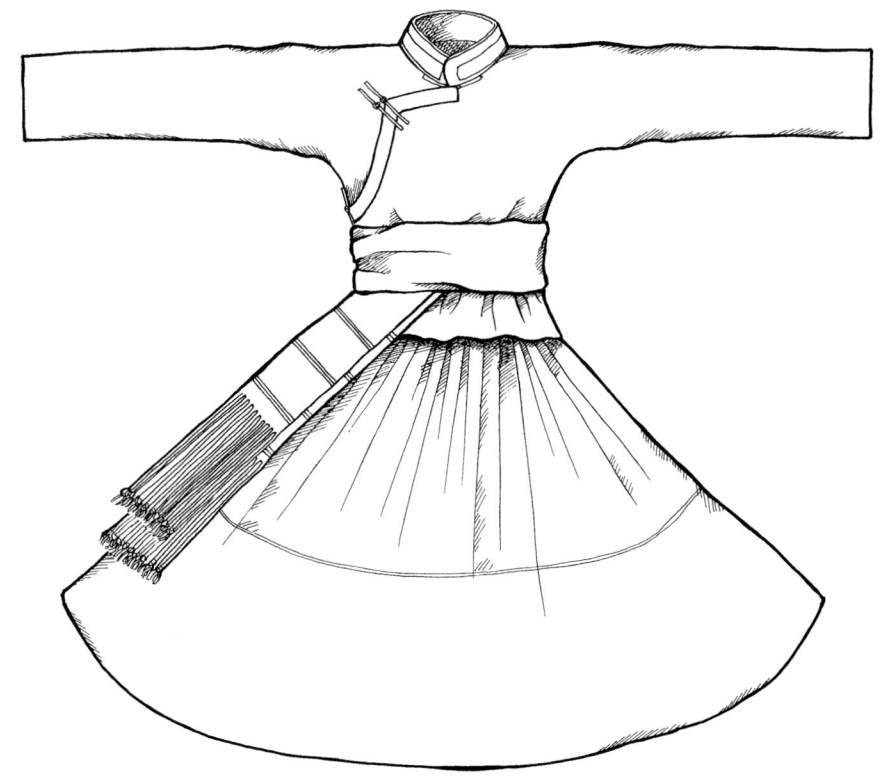

图二　宁蒗普米族女服平展线描图

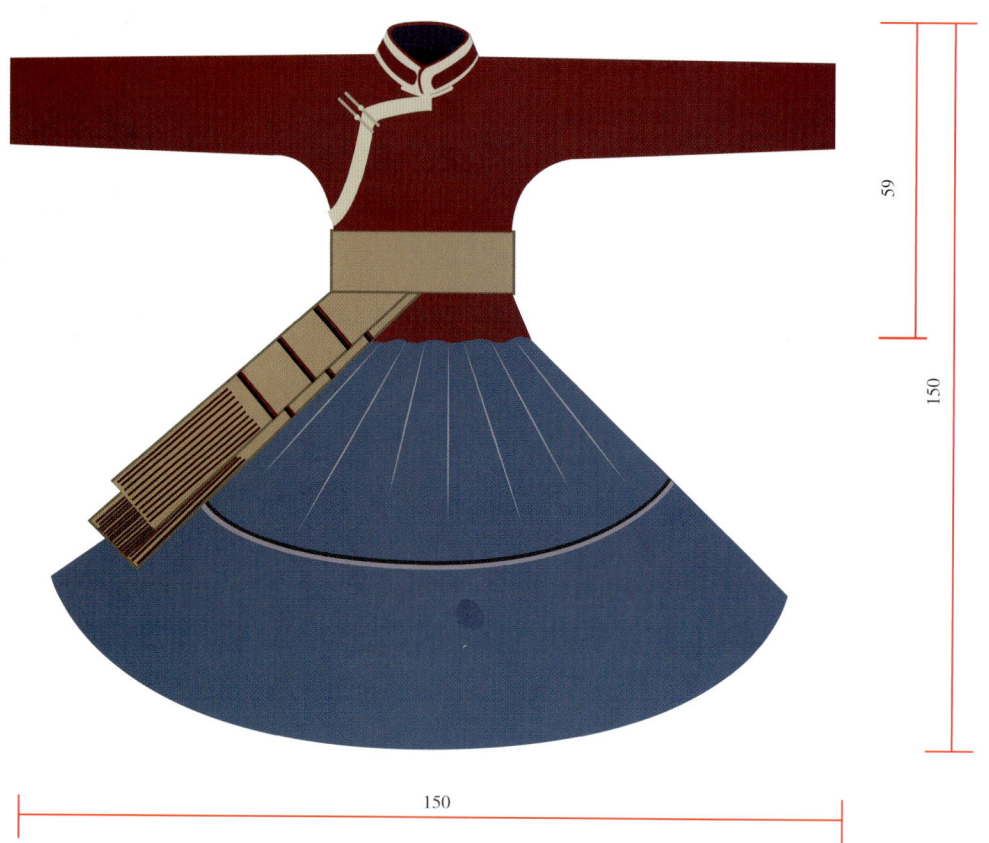

图三 宁蒗普米族女服平展尺寸与色彩分析图（单位：cm）

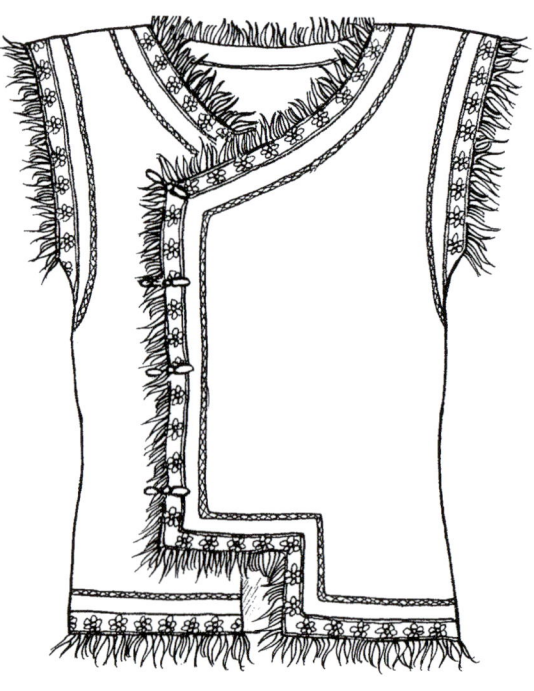

图四 宁蒗普米族女服·羊皮坎肩平展线描图

图五　宁蒗普米族女服·裙摆绣花细节图

图六　宁蒗普米族女服·袖筒绣花细节图

图七　宁蒗普米族女服穿着效果图

图八　宁蒗普米族女服·腰带1

图九　宁蒗普米族女服·腰带2

四川凉山普米族女服

图一　四川凉山普米族女服主图

　　我国的普米族主要分布在云南省的兰坪、维西、永胜和宁蒗等地。还有一部分居住在四川省木里藏族自治县和盐源县,这两县都隶属凉山彝族自治州,西与云南省宁蒗县相接。本案例选自四川凉山,为民国初年的一套布质服装。

　　这套女服包括镶彩布边女长衫和花边坎肩两件。镶彩边长衫长129厘米,平展宽135厘米。绿布面料,圆领,右衽大襟,直筒阔袖,襟边镶多色花布,袖筒绣彩色宽条纹边。后半身布满绣花图案。红布花边坎肩长61厘米,宽59厘米,红色面料,圆领,琵琶襟。前襟、领口镶贴黑色、金黄边双道布边。

　　普米族服饰从地缘上大致可分作三种类型:一种是宁蒗型,一种是兰坪型,还有一种是四川木里一带普米族服饰,这一区域男女穿着装扮与当地藏族相仿,妇女蓄满发,梳长辫，穿长裙，系围腰，束腰带，裹小腿，穿便鞋，佩额珠，戴耳环，喜爱青色和红色作为装饰；男人戴毡帽，梳长辫，着长袍，下着长裤，系腰带，腰上佩羊皮荷包，内装草烟火镰等物，出门时还要系上一柄腰刀，裹绑腿，足蹬长靴。凉山普米族女服与宁蒗女服和永宁纳西族妇女服饰（流行于云南永宁纳西族以及四川盐源、木里等地的普米族人的服饰与云南宁蒗普米族服饰有着很强的渊源关系）有一些相似的特点，如右衽大襟上衣，坎肩与宁蒗妇女所着坎肩也很相似，但总体上，这套凉山普米族女服与当地彝族服饰共同之处颇多，尤其是衣服上所饰贴花边和刺绣，所运用工艺技巧繁复，线条柔美张扬，色彩鲜艳夸张，贴边花饰精致巧妙，刺绣纹样朴拙大方。襟袖贴青或蓝布宽边并加红、黄、绿色细条纹为饰，裙绣成对蝴蝶、鱼、太阳、花卉纹样，贴黑、蓝、红宽边与白色窄边。尽管凉山普米族女性服饰与宁蒗女服、永宁纳西族以及凉山彝族女性服饰有诸多共同点，但其裙子与上衣并不分开却是自身独有的特点。

本案例展现了普米族服饰多样化的一面，这套服装整体风格富丽典雅，尤其是衣服上的贴边和刺绣工艺增加了整套服饰的光彩，与宁蒗、兰坪地区的女性服装相比，这个特点也是非常明显的。

图片来源

图一 雍继荣.中国少数民族文物图典.沈阳：辽宁民族出版社，2009年．第219页

图二、图四至图八 齐瑞文 制图

图三 刘训槟 制图

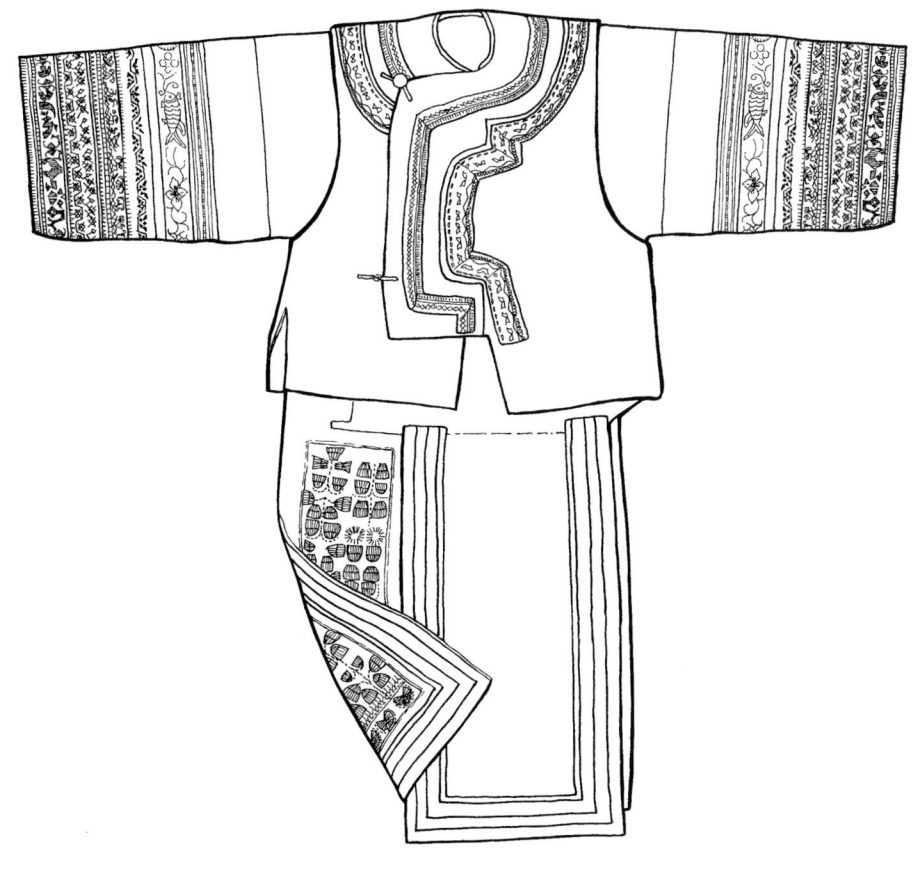

图二 四川凉山普米族女服平展线描图

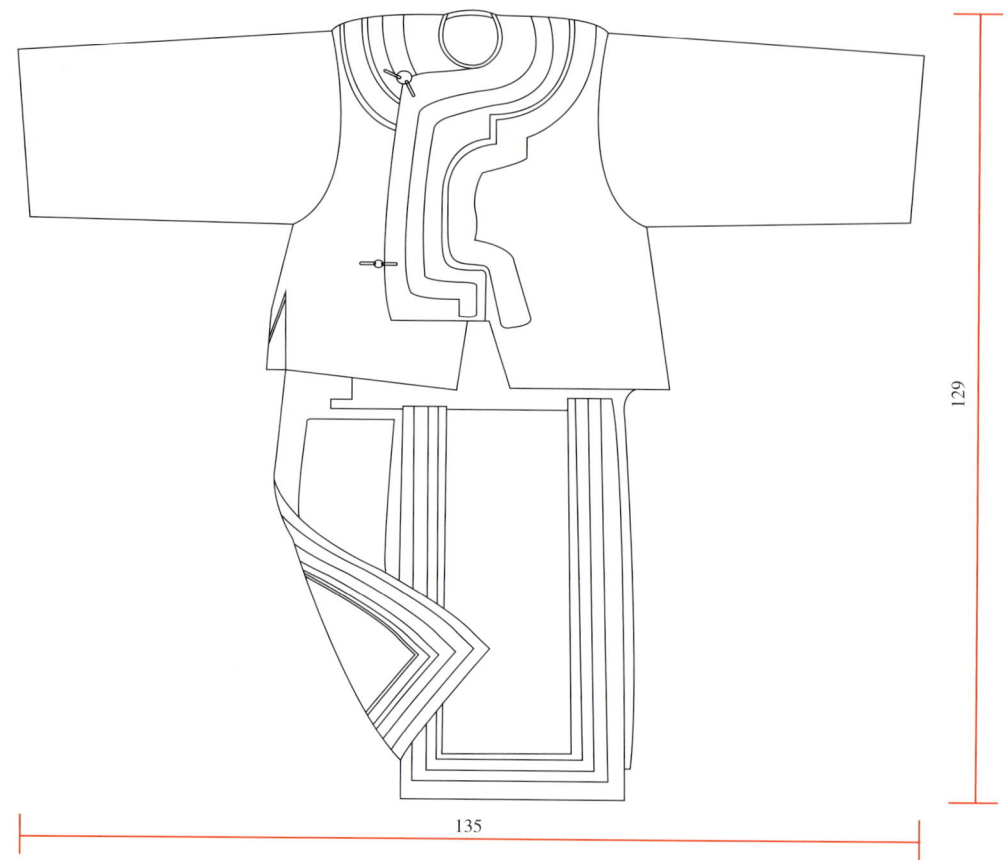

图三　四川凉山普米族女服平展尺寸图（单位：cm）

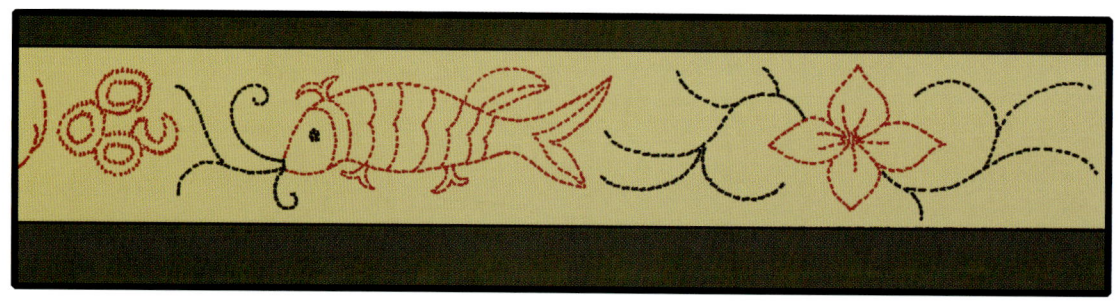

图四　四川凉山普米族女服·上衣袖筒绣花细节图1

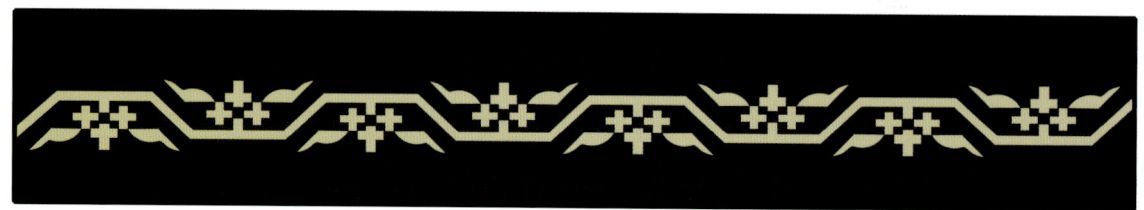

图五　四川凉山普米族女服·上衣袖筒绣花细节图2

图六　四川凉山普米族女服·上衣袖筒绣花细节图3

图七　四川凉山普米族女服·上衣袖筒绣花细节图4

图八　四川凉山普米族女服·长衫下摆绣花细节图

普米族男服

图一 普米族男服主图

　　本案例提供的主图为云南民族博物馆藏的传世实物，是一套宁蒗县普米族男服。戴镶毛边金花帽，内穿白绸衬衣，罩锦缎面、立领、右衽、长袖衣，衣领、襟缘镶滚银缎边。系毛织腰带，下着宽大长裤。

　　中华人民共和国成立前，普米族男子服装各地之间并无多大差异，只因地域关系有些许变化。宁蒗普米族男子穿右衽高领银纽或布纽长袖短上衣，衣用毛布或麻布、棉布、灯芯绒等缝制。兰坪普米族男子早期多穿麻布大襟短上衣，当地称为大面襟衣裳，颜色多为黑、青、褐、蓝灰等。宁蒗普米族男子下着窄脚长裤，兰坪普米族男子下着宽裤脚长裤。过去多为麻布，现在材质各异，不用裤带，上加17厘米宽的白麻布在裆口起收缩作用，不穿内裤。腰间缠一根3米长的腰带，衣裤一并系紧，上下不分开，以便于活动。腰带为用羊毛织成的白腰带或竖条纹

图二　普米族男服穿着效果图

花腰带，腰带两端加彩绣。四川木里一带普米族男子服饰与当地藏族服饰相仿，穿大襟立领上衣，外套皮袍，系腰带，下着长裤、皮靴，天热时可将皮袍褪至腰间，两袖系在身前。

日常生活中，普米族男子也有时披羊皮褂或羊毛披毡，比较富裕的人穿氆氇和呢质大衣。膝以下用3米长、17厘米宽的麻布毡裹腿。腰间插烟锅系烟袋，佩物还有带鞘短刀、弓箭等。这既能供劳动、狩猎之用，又能显示男子的英武和勤劳。头戴自制的羊皮帽或缠绕一条黑布头帕，多佩戴首饰、耳饰等。过去，普米族人大多赤脚或穿布鞋、靴子以及自制的中筒猪皮鞋、牛皮鞋或麂皮鞋，现在也有穿胶鞋、皮鞋，不过仍以黑色布鞋居多。

老年人的服饰仍保持一些传统特色，如头戴宽边毡帽，内穿白色或蓝色衬衣，外穿枣红色团花绸料对襟夹袄，袖口向上翻卷，露出夹袄的白衬里来，下穿油绿色大裆宽口裤、布袜、棉鞋。

普米族男子服饰造型宽大饱满，款式上相比女性服饰要简单，变化不多，基本是上着短衣，下穿长裤，腰系带；服装色彩上较沉稳，多红、黑、青、褐、蓝、灰等；在材料上的选择较以往稍多样，除了传统的麻、毛以外，现代制衣面料都会选择使用。普米族男子服饰是在特定的自然环境及生产生活中自然形成的，符合普米族的生活习惯，渗透着普米族的审美意识、民族性格，普米族男子的性格能在其服饰上寻找到痕迹。

图片来源

图一　刘正，杨源. 中国织绣服饰全集·6·少数民族服饰卷·下. 天津：天津人民美术出版社，2005年. 第370页

图二、图三、图五、图七、图八　齐瑞文　制图

图四　刘训槟、贺雪岚　制图

图六　刘训槟　制图

图三　普米族男服平展效果线描图

图四 普米族男服平展尺寸、色彩分析图（单位：cm）

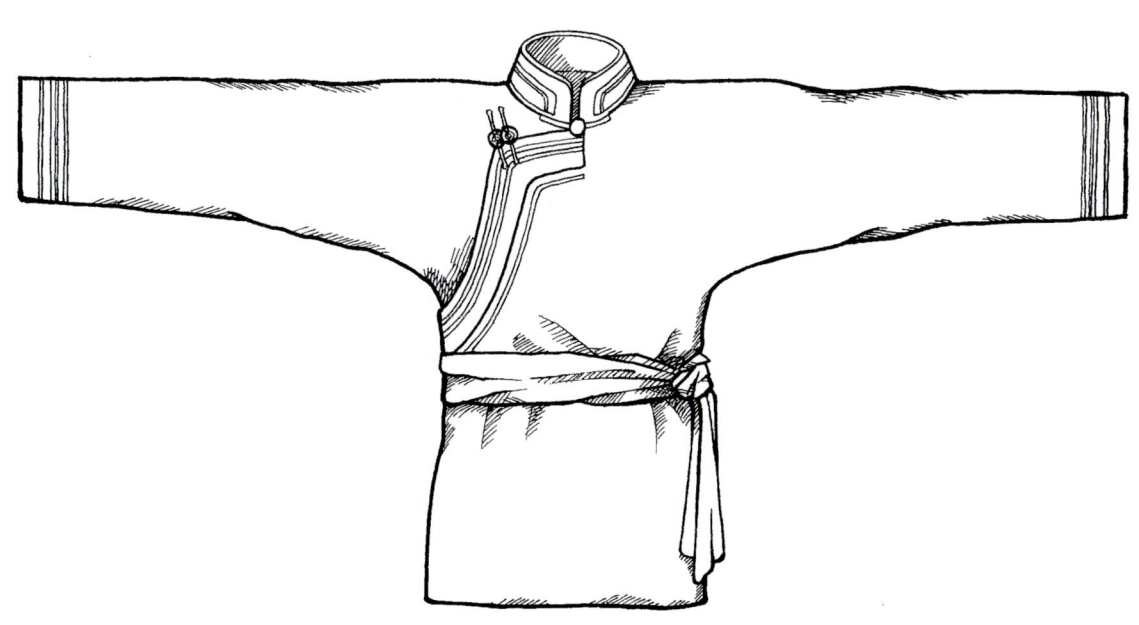

图五 普米族男服·镶金边男上衣线描图

第二章 普米族传统服饰

图六　普米族男服·镶金边男上衣色彩分析图

图七　普米族男服延展图1

图八　普米族男服延展图2

普米族白羊皮褂

图一　普米族白羊皮褂主图

羊皮褂是用绵羊或山羊皮缝制而成的衣服，一般有两种：一种是无袖的开襟皮褂，一种是不进行任何加工缝制的披肩皮褂。绵羊皮质地柔软温和，而山羊皮质地较硬，但坚固耐用。普米族人至今仍十分喜爱这种用羊皮制作成的皮衣。

白羊皮褂中的开襟皮褂有着比较固定的款式：对襟、无扣、无袖、长可至臀。普米族的羊皮褂几乎没有什么装饰，偶有袖口、褂底边沿露出羊毛，使光滑色白的羊皮衣褂边沿仿佛饰上了美丽的花边。开襟羊皮褂制作方法比较简单，但制作步骤和程序却比较烦琐。首先需要精选成年的白羊，将羊皮剥下，挂在室外晾干，晾干后的羊皮需要经过很长时间的鞣制，尤其是山羊皮，经过反复踩鞣直至柔软如布，再用木铲铲去羊皮上的脂肪，再鞣，再铲，直到羊皮平整光亮。然后在羊肘那儿裁两个袖洞，再将羊皮胸部剪开，除领口外在周围用羊皮做成的皮线将羊毛缝扎好。

相比开襟皮褂，披肩皮褂更为简单，无须过多的加工与缝制。男子白羊皮披肩制作方法与程序是精选一块洁白的方形羊皮，大小能覆盖人体肩部即可，在羊皮宽的一侧的

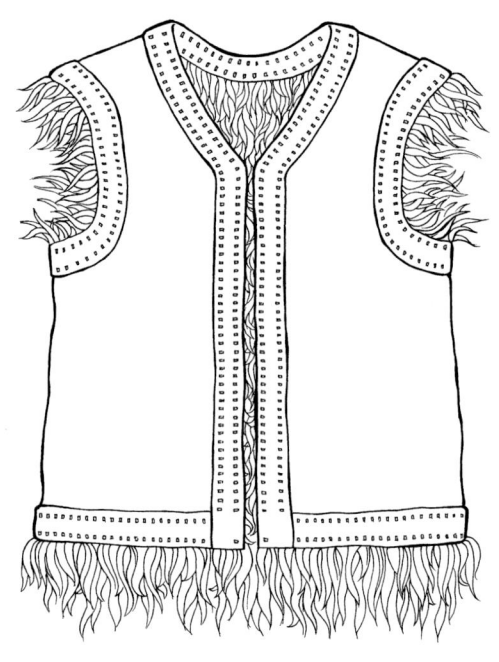

图二　普米族白羊皮褂正面线描图　　　　　　　图三　普米族白羊皮褂背面线描图

两角各缝上红色系带，未缝制带子的另一侧可缀上一排红色穗带。披肩皮褂男女皆可使用，使用时将皮褂披于肩头，系带于胸前打结。女子的披肩选取洁白的长毛羊皮，能完全覆盖两肩，一直披至后背。兰坪一带的女子，常常披着有各色绣花图案、色彩鲜艳的披肩。但日常服装中的纯白色羊皮披肩不进行过多的修饰，然而姑娘出嫁时，其嫁衣里则可能有一件做工非常细致，缀以彩带的羊皮披肩作为陪嫁。

普米族男女老少都可以穿着羊皮褂。以羊皮这种质地坚韧的材料裁制而成的羊皮褂，经久耐用。一件羊皮褂，至少可以穿上四五年，有的甚至可以穿上十几年。尤其是以老羊皮做成的羊皮褂，质地更坚韧，往往可以穿几十年都不烂掉。

羊皮褂是普米族人适应高寒、多变气候的产物，是普米族人利用自然、改造自然的成果，体现了独具特色的功能性与审美性相结合的特征。羊皮褂具有御寒、防雨、防潮之功用。羊皮褂耐磨，背担货物时，羊皮褂可以充当垫布保护人体肩、背及臀部这些身体易磨破的部位。随着人们审美意识的进一步提高，羊皮披肩的装饰性与审美性逐渐得到了重视。男女使用的白羊皮披肩，只在探亲访友、婚丧年节时穿用，而不在生产劳动中使用，其装饰的功能日益突出，成了今天普米族男女特有的一种装饰。而且羊皮褂的制作也越来越精巧，用皮线编制的穗条以及绣球、缨子、小玻璃镜等装饰增强了衣物的美感。普米族白羊皮褂一方面展现了普米族人利用与改造自然物的智慧，另一方面展现了衣物从功能性向审美性演化的发展特征。

图片来源

图一　贺雪岚　制图
图二、图三、图六至图九　齐瑞文　制图
图四　刘训槟、贺雪岚　制图
图五　刘训槟　制图

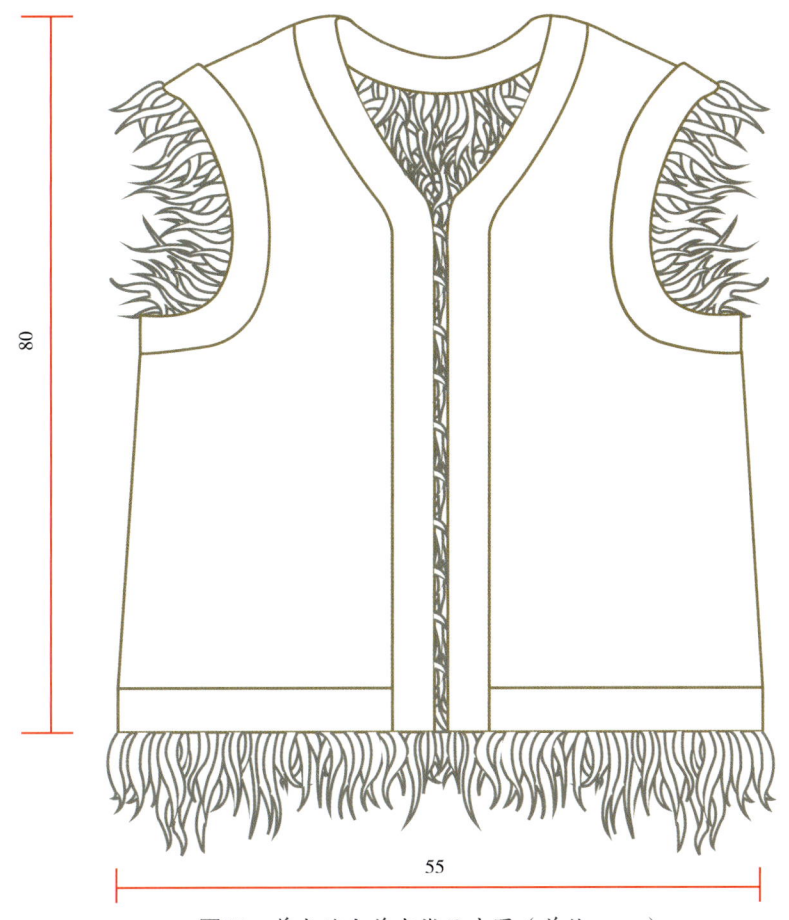

图四 普米族白羊皮褂尺寸图（单位：cm）

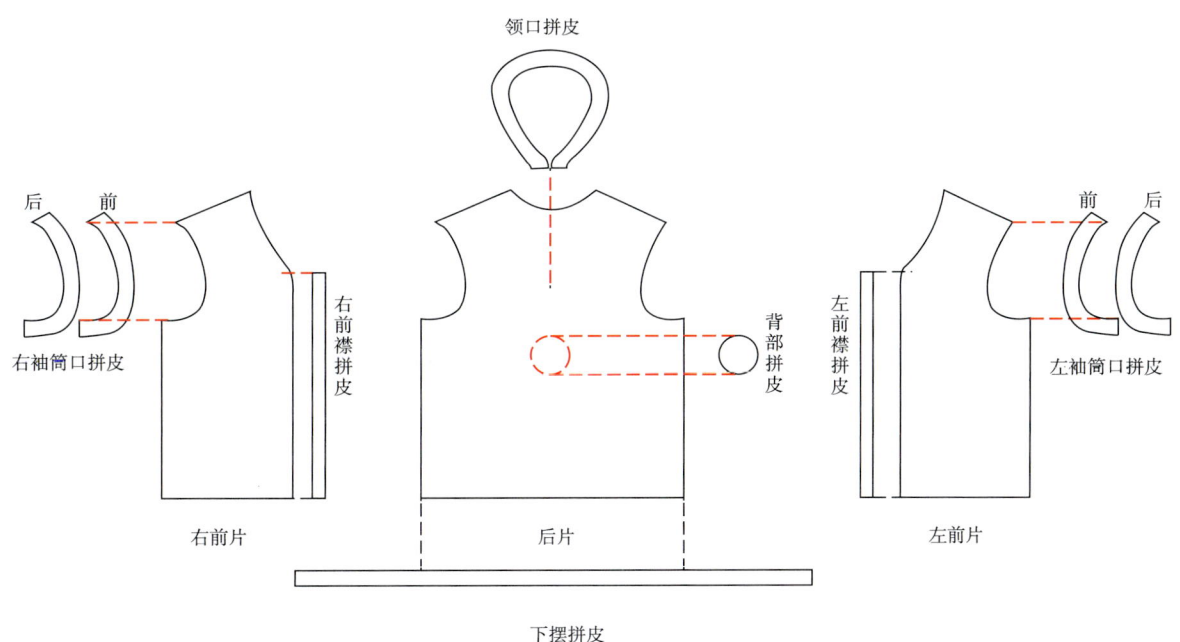

图五 普米族白羊皮褂分片裁剪图

图六　普米族白羊皮褂缝制细节图

图七　普米族女子羊皮披肩使用情境图1

图八　普米族女子羊皮披肩使用情境图2

图九　普米族男子羊皮披肩使用情境图

普米族韩规服饰

图一 普米族韩规服饰主图

韩规教是从普米族原始崇拜和巫术基础上发展起来的一种原始宗教形态，后来融合了藏族的本教文化和藏传佛教文化因素，形成一种以藏文经典为载体，有成熟仪式的宗教体系，其主要内容是自然崇拜、鬼魂崇拜和祖先崇拜。普米族传统宗教的祭司叫韩规。韩规服饰是指韩规作法时穿戴的法衣、法帽。韩规的法衣为长衫，裤子没有特别要求，足蹬长筒靴。

韩规重视的是法帽。法帽有三种：惹鞍、弄克热吉和韩规读都。惹鞍，即法冠，一般使用于重大的祭祀仪式中，其形制为上尖、中宽、尾细的五片纸板，绘有神像或文字。这种法冠又被称作五幅冠、五佛冠或五智冠，有学者称五佛实际是本教的五位护法神（杨学政《本教对普米族韩规教的影响》）。还有称五幅冠上的神像都为韩规教的教祖益史丁巴什罗，画面形象为中年男人面貌，穿戴为喇嘛教神的服饰（杨学政《普米族的韩规教》）。也有称这种法冠可能受道教的影响，或是道教高功法冠的变异。

弄克热吉法帽是在"释毕戎肯"葬礼仪式的点火焚烧尸体阶段戴的。这种法帽用青铜或铁铸造而成，其造型中间为云托日月状，左右两边立刀、矛、箭等器物，留有二孔，其功用是作法时插上鹰翅和刺猬毛,此二者寓意驱赶空中飞行以及躲藏在洞穴里的妖魔。整个法帽寓意让日月带来温暖与光明,不让死者灵魂在半路被妖魔劫走。(熊永翔、殷海涛《普米族宗教祭司的法器与服饰艺术》)

韩规读都是韩规在平日里所戴的法帽,呈尖顶圆锥形。帽尖缀珠子,周边垂饰帽须。帽檐装饰有日月图案,两边各插一根鹦鹉毛。

还有一种普米语叫"夷库喜"的帽子也为尖顶帽,意为海贝帽或法冠。用氆氇及海贝制成,帽须用羊毛、大麻纱混纺搓成。佩戴此种法冠的是有学问、有声誉的韩规,小巫师只能佩戴五佛冠。

图片来源
图一　胡春涛　摄影
图二至图七　齐瑞文　制图

图二　普米族巫师服饰穿着效果图

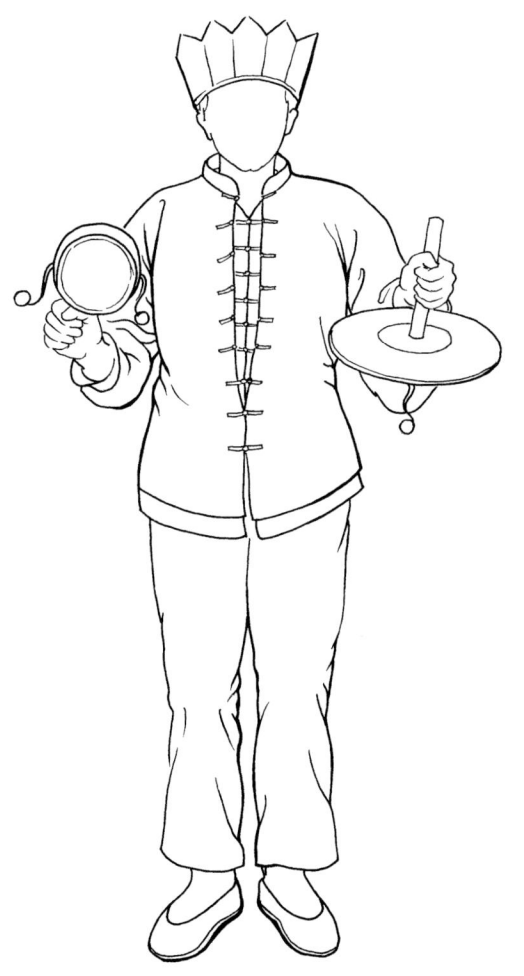

图三　普米族小巫师服饰穿着效果图

图四　普米族韩规服饰·惹鞍法帽

图五　普米族韩规服饰·弄克热吉法帽

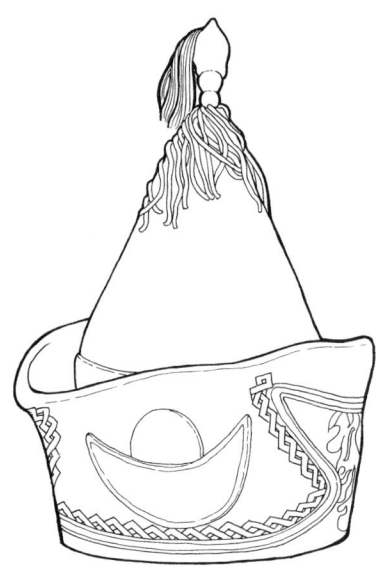

图六　普米族韩规服饰·韩规读都

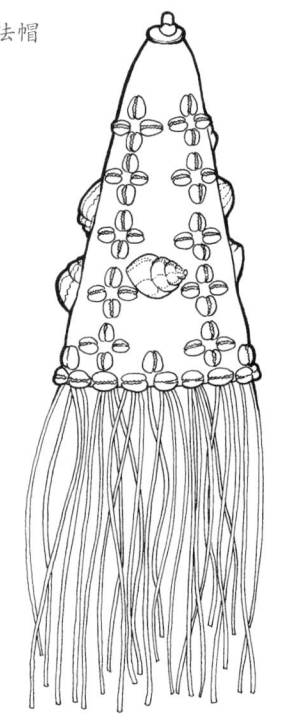

图七　普米族韩规服饰·海贝帽

普米族发（头）饰

图一　普米族女子发（头）饰主图

发（头）饰，是人类自身装饰的重要组成部分，也是一个民族区别于其他民族的显著特征之一。普米族的发式、头饰因地区的不同而有所变化。

云南宁蒗、永胜地区的普米族女子喜将牦牛尾毛和彩色丝线、绒线掺杂于长发中编成粗大的辫子，盘结于头顶，上面再缠绕长头帕，包成大包头，并留一绺长长的、类似马尾状的辫梢，露出包头外，垂于胸前。这一发式与明景泰《云南图经志书》所载永宁府（今宁蒗永宁）普米族"妇女以膏泽发，搓之成缕，下垂若马鬃"的情况相类似。普米族以辫子粗大为美，上面点缀玛瑙、珠串、铜银珠等饰物。

云南兰坪、维西地区未婚少女的头饰有两种：一种是模仿宁蒗普米妇女以牦牛尾、丝线与头发编成的头饰，用黑布为料，箍圈戴在头上，其上从左到右用红白色料珠串连银质小吉祥物作为装饰，这种头饰与傈僳族相同；另一种少女头饰用绣花双层蓝布或白帕包头，辫子编好后，从左向右裹压布帕，其形制与白族相同。已婚妇女用长4米以上、宽不足66厘米的黑布包头，松松地包成圆饼状，直径长者可达66厘米，以包头越大为越美，其上常悬挂着长串珠子，有的还插上两朵绢花。少数妇女喜欢将发辫编成12股，缀以红、白料珠12双，有的喜佩红、白色珠饰，有的喜用银片、玉石圈等制成耳坠、戴玉镯、银镯。这或许就是清乾隆年间徐庆远在云南西北地区所见普米族妇女发式、头饰的情形。他在其游记《维西见闻录》里写道："妇人辫发为细缕，披于后，三年一梳，枣大玛瑙珠，掌大砗磲各一串，绕于顶，垂于肩乳，行则锵铮之声不绝。顶覆青布，下飘两带。"

四川木里一带的普米族妇女头饰接近当地藏族，蓄长发，加红头绳或丝线，另加牦牛尾混合，编成长辫盘于头顶，头上包一块青布帕或羊毛、牦牛毛编成的圆圈，圆圈上还用约20个银圆穿洞嵌上，另加四串彩色小珠绕于头额。

13岁以下的小女孩蓄长发，编两条小辫，上缀红、绿珠子。也戴猫头形布帽，上缀双耳挺立，有的在帽前缝一对獐牙，民间传说可以避邪。还有的在帽前部缀几个银质小菩萨，有求吉利保平安之意。男孩头上额前及左右两侧各梳一条小辫，比女孩多一条。有的地方只在头顶留一小撮头发，编成小辫，将周围剃光。

普米族男子过去多留长发，用丝线、假发缠绕编发盘于头上。也有些男子周围剃光，在头顶留一撮头发，编成辫子，盘于头顶。普米族男子头戴帽子样式较多，一般头戴皮毛帽，皮毛帽一般只由"催生"皮和狐狸皮制成，"催生"是永胜当地林间的一种动物，特别稀少。帽子上还插有两根羽毛，为雄性山鸡尾巴上的羽毛，色泽鲜亮呈墨绿色，整个皮毛帽十分美观，而且十分实用。此外，普米男子还戴圆形毡帽，其形状与博士帽相似，可防雨遮阳，老年男子尤其喜欢戴这种帽子。除此之外还有戴大瓜皮帽的。在寒冷的冬天，男小孩和大人都爱戴一种羊毛线织成的套头帽，面部留孔眼。现代普米族男子还流行戴盆檐礼帽，有的还镶金边。

普米族老年男女头上一般不戴饰物，也不掺假发，有时用蓝色或黑色布包头，包头布往往比年轻人的长。

图片来源
图一　贺雪岚　制图
图二、图三、图五、图六、图八　齐瑞文　制图
图四、图七　金双瑞　制图

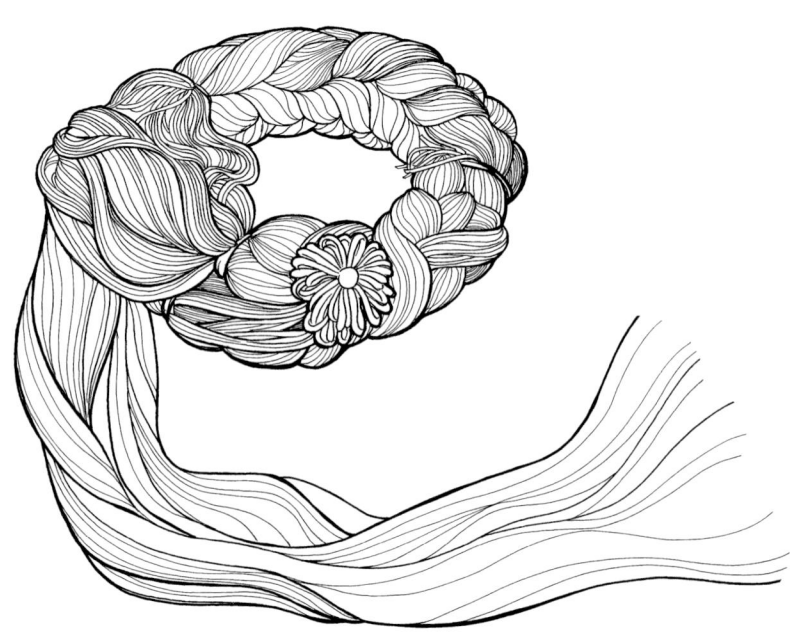

图二　普米族女子发（头）饰线描图

图三 普米族女子发辫珍珠饰品

图四 普米族女子发辫玛瑙饰品

图五 普米族未婚女子发饰

第二章 普米族传统服饰

图六　普米族已婚妇女黑布包头

图七　普米族男子毡帽及鸟羽装饰

图八　普米族女子加线盘桓髻

普米族嵌珊瑚珠银耳坠

图一　普米族嵌珊瑚珠银耳坠主图

中国少数民族银饰品纷繁复杂，使用的范围非常广泛。全国55个少数民族，几乎无不喜欢缀挂银饰，多姿多彩的少数民族银饰，是少数民族服饰文化的重要组成部分。少数民族银饰有着深厚的历史文化渊源。一方面，银饰高贵美观，是财富的象征，能满足人们炫富的心理。另外，银饰也被人们认为具有除灾祛病、驱魔辟邪的功能。

本案例嵌珊瑚珠银耳坠来自四川凉山，制作于清末，长1.35厘米。由圆形挂钩和镂刻耳坠组成。挂钩呈上细下粗的"C"形，钩末上弯，附饰镶嵌珊瑚珠的花朵。花朵由七瓣组成，每瓣边缘用银线进行盘绕，所用银线为两股细银丝交织而成的绳线，花蕊凸起，中间镶嵌有红珊瑚珠一枚。镶嵌是一门古老的传统工艺，此处采用了打孔法的工艺，即在被镶嵌的红珊瑚珠上打个小孔，用银针穿过小孔，将其固定在金属托架底座上，做成花蕊的形态，在花蕊的根部同样采用了银线缠绕的方法。坠身主体为一片桃形银叶，穿环挂于挂钩之上，银叶刻有花纹，运用的錾花技术，叶片上部焊接有乳钉一枚，乳钉中央镶嵌有红珊瑚珠，采用的方法同样是打孔法。整个造型像一朵马蹄莲。工

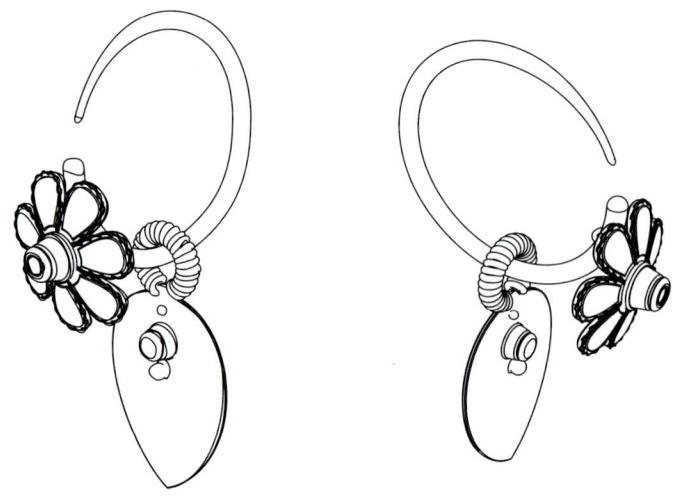

图二　普米族嵌珊瑚珠银耳坠结构线描图

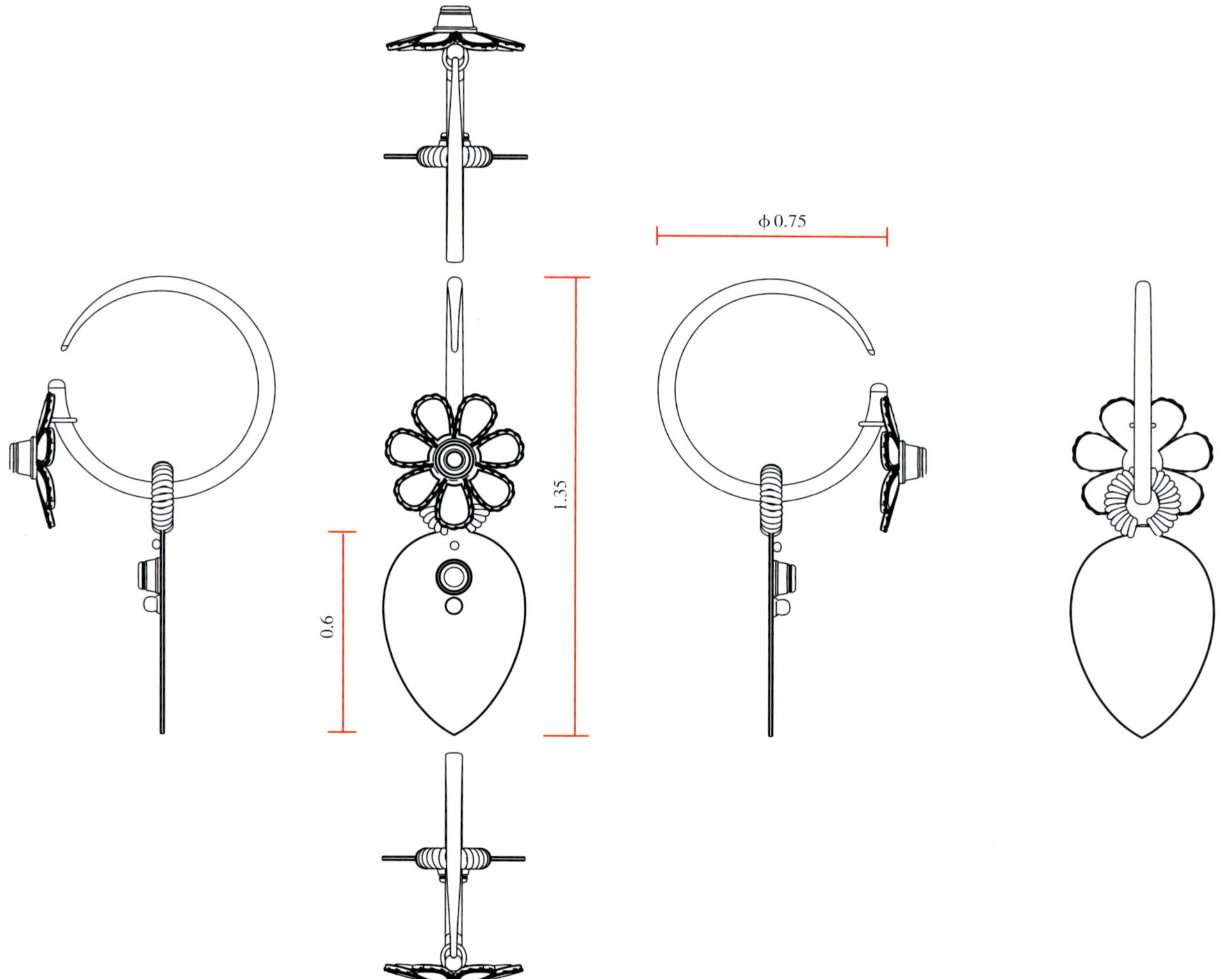

图三　普米族嵌珊瑚珠银耳坠视角、尺寸图（单位：cm）

匠艺人准确地塑出造型独特的饰件外形，把握住各部分的协调与风格的统一，完成了一对赏心悦目的工艺精品。

耳饰是妇女美化面部的装饰点，这件嵌珊瑚珠银耳坠造型独特、构思精巧，其设计立意充分展现了其动态的魅力。不仅采用了大弧度的钩环，而且马蹄莲形坠饰可自由活动，增强了其摇曳的动态美，最大限度地发挥了耳饰的炫美效果。整件饰品具有细腻丰富的艺术情趣，造型设计富丽华贵，制作工艺精密灵巧。

图片来源

图一　雍继荣．中国少数民族文物图典．沈阳：辽宁民族出版社，2009年

图二、图四、图五　贾庭伟　制图

图三、图九　蔡克中、贺雪岚　制图

图六至图八　蔡克中　制图

图四　普米族嵌珊瑚珠银耳坠效果图1

图五　普米族嵌珊瑚珠银耳坠效果图2

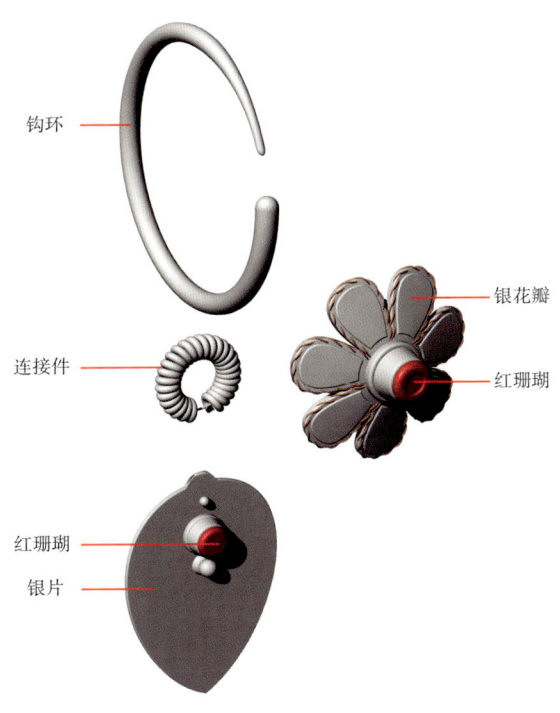

图六　普米族嵌珊瑚珠银耳坠解析图

图七　普米族嵌珊瑚珠银耳坠银花瓣分析图

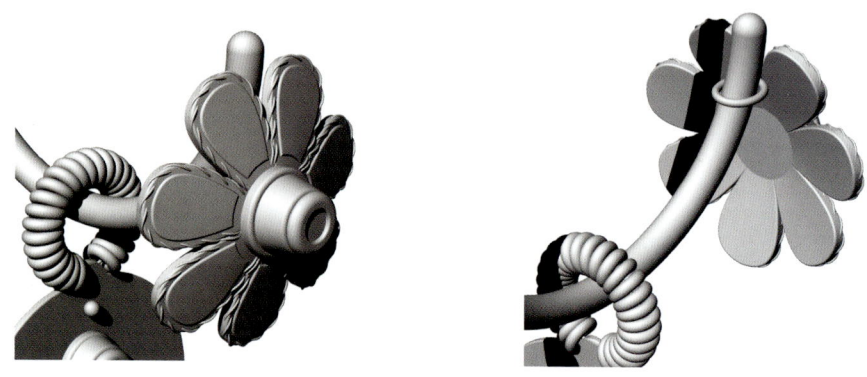

图八　普米族嵌珊瑚珠银耳坠细节放大图

图九　普米族嵌珊瑚珠银耳坠佩戴示意图

普米族宝石项链

图一　普米族宝石项链主图

佩戴金银首饰是普米族自古以来就有的习俗，明清云南地方志书中多有记述，清人徐庆远在《维西见闻录》一书中即描述了他所见普米族妇女的装饰。书中写到普米族妇人将红枣大的玛瑙珠和巴掌大的砗磲各一半串联起来，从头顶一直到胸前，走路的时候，配饰相互碰撞的声音不绝于耳。其所记配饰与本案例倒有几分相似，可以想象到这种装饰佩戴在身体上的那种耀人光芒以及所能产生的美妙视听效果。

本案例配饰是一套组合装饰，共有三件，大小长短不一。最短的一条项链由绿松石、红珊瑚珠、金属筒组成，绿松石和红珊瑚珠的大小、形状、制作工艺都不尽相同。挂于项后的部分由一些不规则的绿松石构成，颗粒比较小；挂于项前的颗粒都比较大，中央是两颗绿松石，呈椭圆形，左右各由三颗珊瑚珠和三颗金属筒间隔排列而成。珊瑚珠经过打磨，比较圆润，金属筒比红珊瑚珠小，呈圆筒状，上有环纹以及弧带纹。

图二　普米族宝石项链线描图

牦牛骨珠
红珊瑚
金子
绿松石
蜜蜡石1
蜜蜡石2
蜜蜡石3

图三　普米族宝石项链珠子名称图

另一条项链，体量要大，要长，由绿松石、蜜蜡串连而成，颈项前面中央为一颗硕大的绿松石，基本按照左右对称的结构排列蜜蜡、绿松石，蜜蜡有几种不同的颜色，且经过打磨抛光，而绿松石则尽量保留了自然的不规则外表。第三件是胸前佩戴的银链，中间穿有三环，颈脖后部也带有银环和穿钩。银链比较长，拖至胸前，是将白银拉成细丝扭结制成，纹呈正、倒人字形。普米族女性通常会戴上好几条这样的银链子，一般称之为"三须""五须"，往往上缀有银鱼、银三角、银穗及银耳挖、针筒等，有的甚至可以在上面挂上铜钥匙，当作钥匙链使用。这种项饰和胸饰一般在兰坪、维西一带比较常见，通常在喜庆日子普米族妇女们穿绣花鞋，坠耳环，挂珊瑚、玛瑙、玉珠项链，佩戴银链胸饰，戴镯圈和宝石戒指。

普米族女性的这三件首饰选材讲究，不同材质、不同色彩、不同光泽的材料有序、合理地组织在一起，充分发挥了不同材料的审美特性，营造出绚丽多彩的装饰效果。造型独特，运用粗细、大小、长短、宽窄、虚实对比及形式上的对称原则，构置了丰富的点、线、面的集合。工艺多样，绿松石的粗加工，红珊瑚的打磨抛光，金属的铸造、缠丝等手法的运用，粗中有细，细中有粗。富有层次感，极具视觉效果，多变的形状，明暗、质感、色彩造成的视觉冲击力，克服了形式拘谨单一的特点，创造出生动活泼的感觉。这三件宝石项链的结合体现了普米族对宝石、金属材料的完美搭配，而且从与服装的搭配协调来讲，这三件配饰也极为恰当。普米族女性服饰中头巾多是蓝色的或是黑色的，上衣多为青、蓝、黑，外披坎肩为红色或紫色，下身的长裤和围裙都为深色的。这三件项链的颜色有绿色、天蓝色、红色、橙

图四　普米族宝石项链佩戴示意图

色、黄色（金色）多种。从配色原则的角度来看，无论上衣如何变化，项链的色彩与服饰的色彩总有同类色的搭配，也有对比色的组合，这种首饰与服饰之间的结合，在视觉上既能使人产生一种柔和的舒适，也能产生一种微妙的略带兴奋的刺激。

图片来源

图一、图七　贾庭伟　制图
图二、图四至图六　张宛楠　制图
图三　贾庭伟、贺雪岚　制图
图八、图九　蔡克中　制图

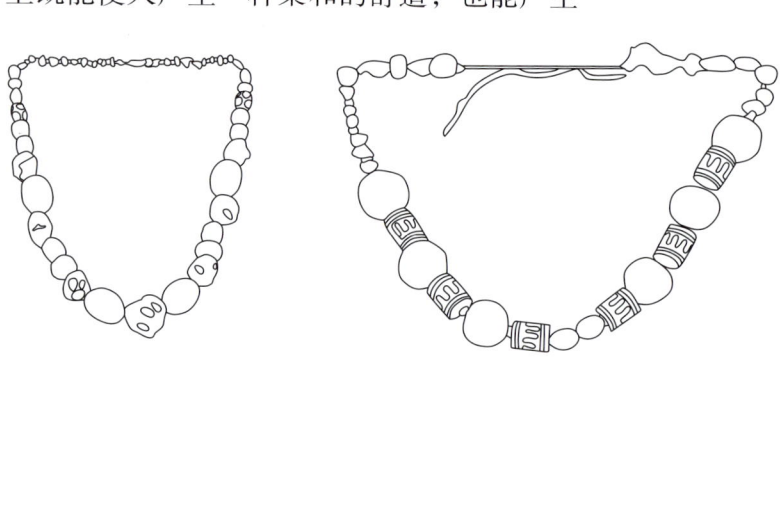

图五　普米族宝石项链分解图

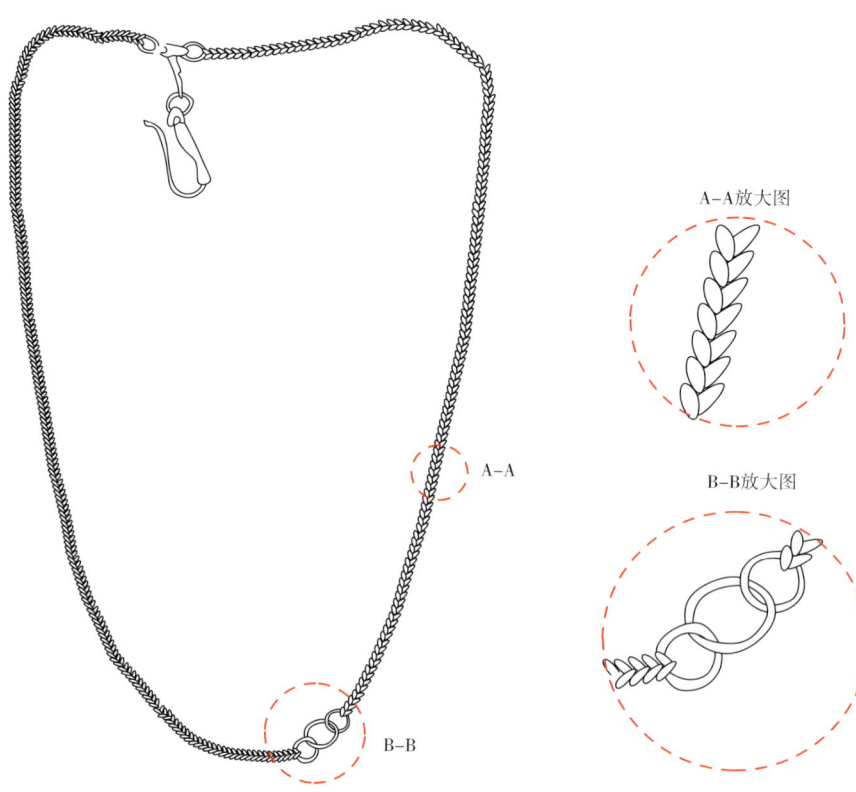

图六　普米族宝石项链细节分析图

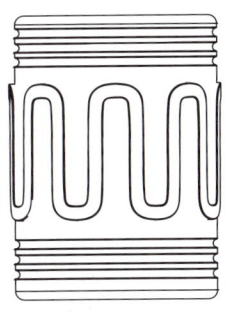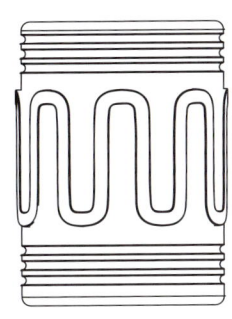

图七　普米族宝石项链筒珠效果图

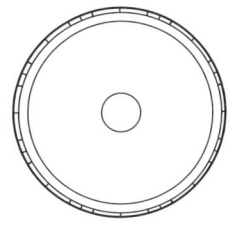

图八　普米族宝石项链筒珠三视图

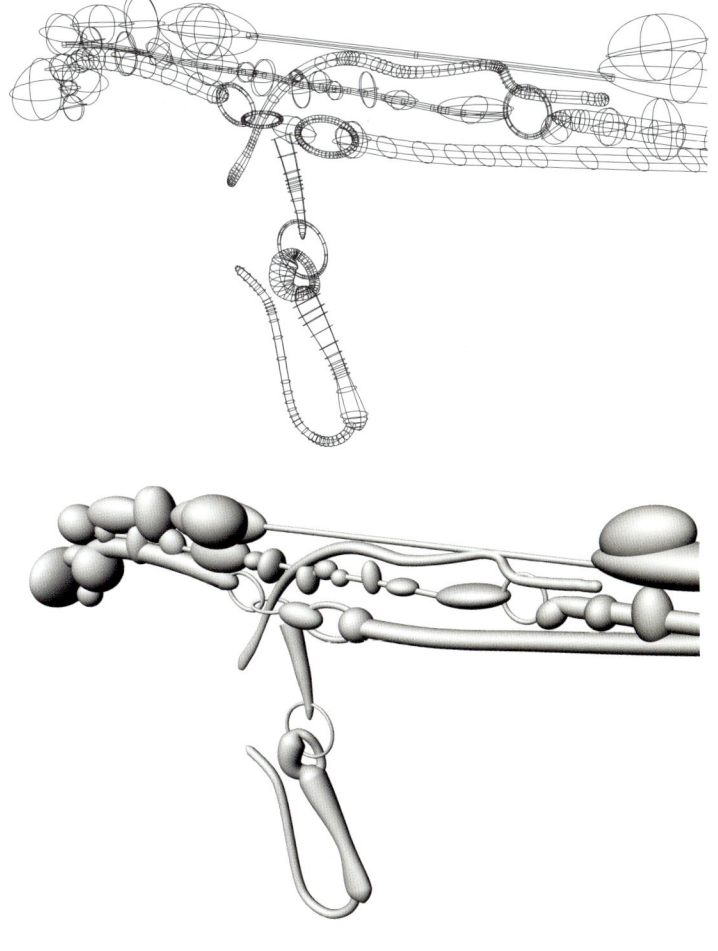

图九　普米族宝石项链连接部位分析图

普米族镀金扭丝银镯

图一 普米族镀金扭丝银镯主图

本案例现藏于中国民族博物馆，此手镯只有单只，直径为8厘米，重45克左右，圆形，开口。本案例的银镯不但采用了扭丝工艺，而且采用了鎏金的制作技术。

制作的工序为：先拔丝。准备两种线型，一种粗线，直径为2毫米；另一种细线，直径为1毫米。以一根细线为骨，将另一根细线缠绕于其上，采用传统的纯手工制作，将银丝绕着另一根银丝一根一根地拧紧，最后形成一根螺纹线。另取两根2毫米的粗线与一根螺纹线组合在一起形成一股，准备两股这样的线，将其固定在固定夹上，手握两股线作交叉缠绕，力求牢固紧凑。缠绕完毕后不采用焊接的方式而直接用铁锤将两头锤平，使各股线连在一起，再将缠绕好的银线弯成圆形。但这并不意味着工序的结束，其实还有一道关键的程序是鎏金。

鎏金工艺是用金子装饰器物表面的一种方法。这种工艺程序是：1. 将黄金锻成的金箔剪成碎片，放入坩埚内加热，倒入汞后搅拌以使金完全溶解，然后倒入冷水冷却后形成银白色的"金泥"；2. 将"金泥"与盐、矾混合形成混合液，并将其均匀地涂抹在打磨后的银镯上；3. 将手镯置于炭火上，使其中的汞蒸发，黄金则附着于手镯上，并且颜色由白色转为金黄色；4. 用玛瑙或玉石制成的压子对手镯表面进行磨压，使镀金层与器物结合牢固，直至表面发光发亮为止。

这件手镯集多种工艺于一体，制作程序比较复杂，充分地展现了普米族在金银器加工中的高超技术，对于今天的金银器加工与制作也具有很重要的借鉴意义。

图片来源
图一　胡春涛　摄影
图二、图四、图六、图七　贾庭伟　制图
图三、图五、图八、图九　蔡克中　制图

图二　普米族镀金扭丝银镯效果图

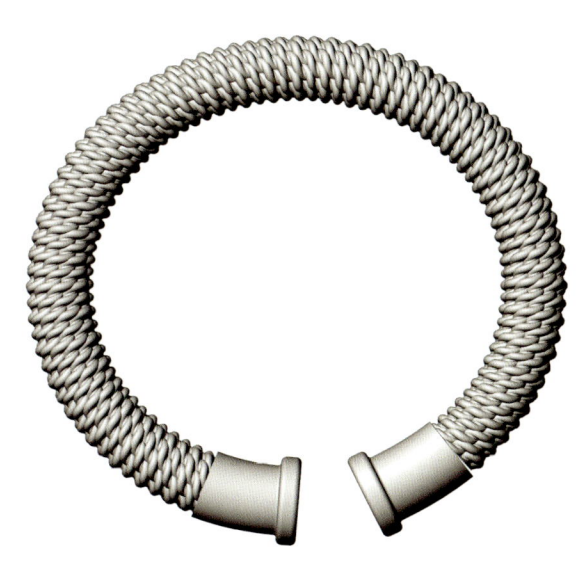

图三　普米族镀金扭丝银镯视角、尺寸图（单位：cm）

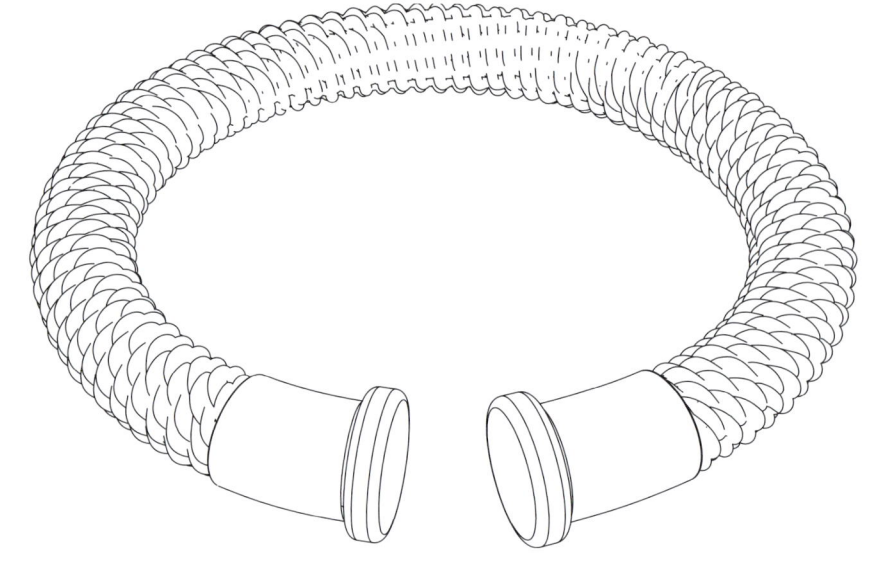

图四 普米族镀金扭丝银镯线描图

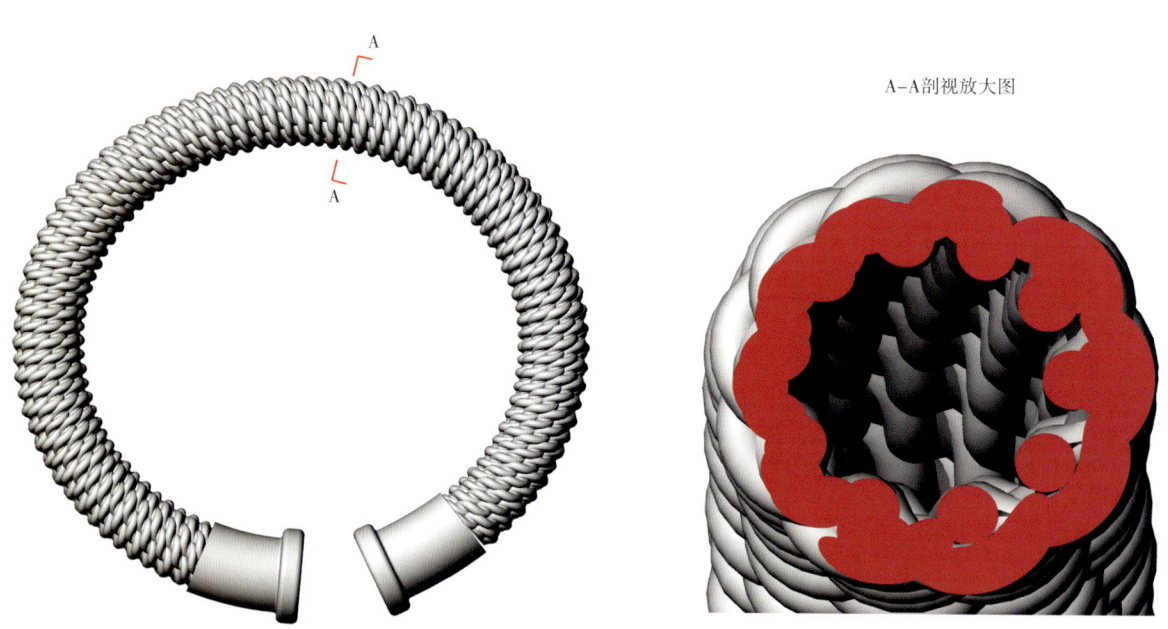

A-A剖视放大图

图五 普米族镀金扭丝银镯剖视放大图

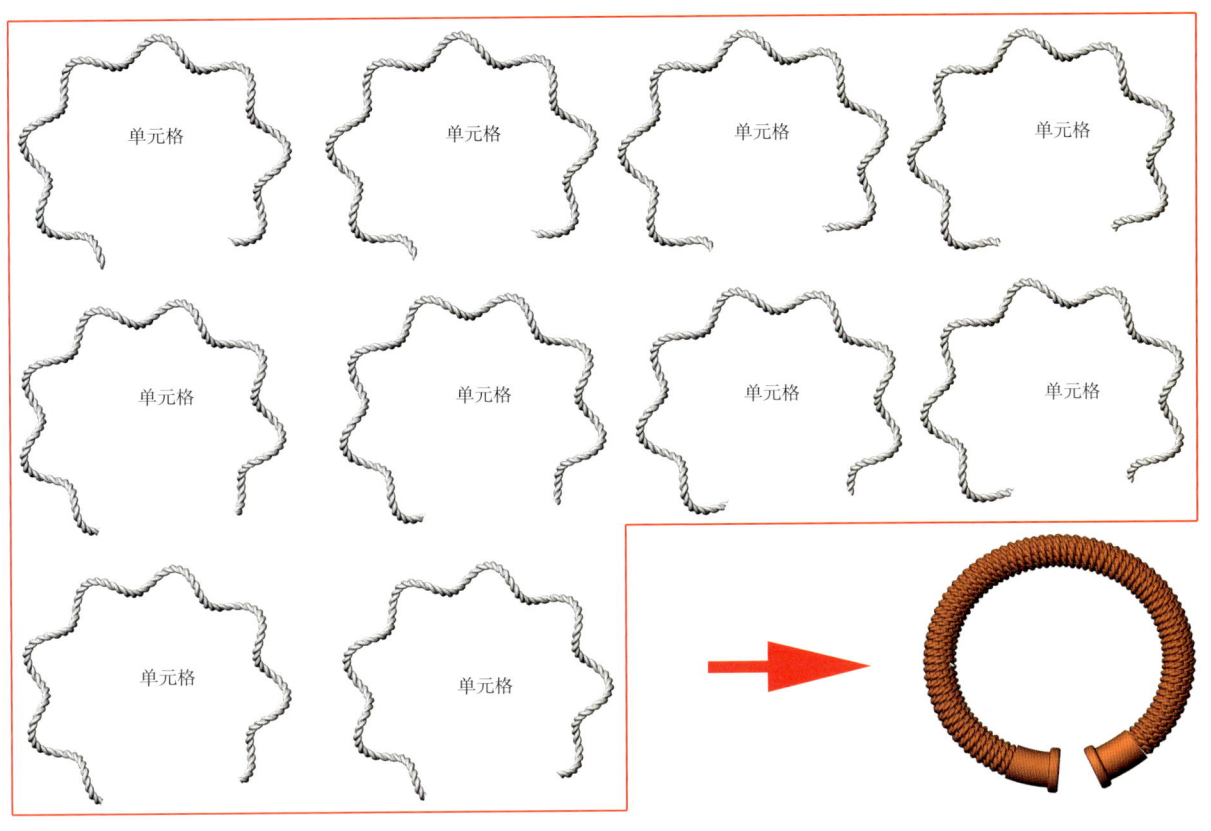

图六 普米族镀金扭丝银镯结构分析图

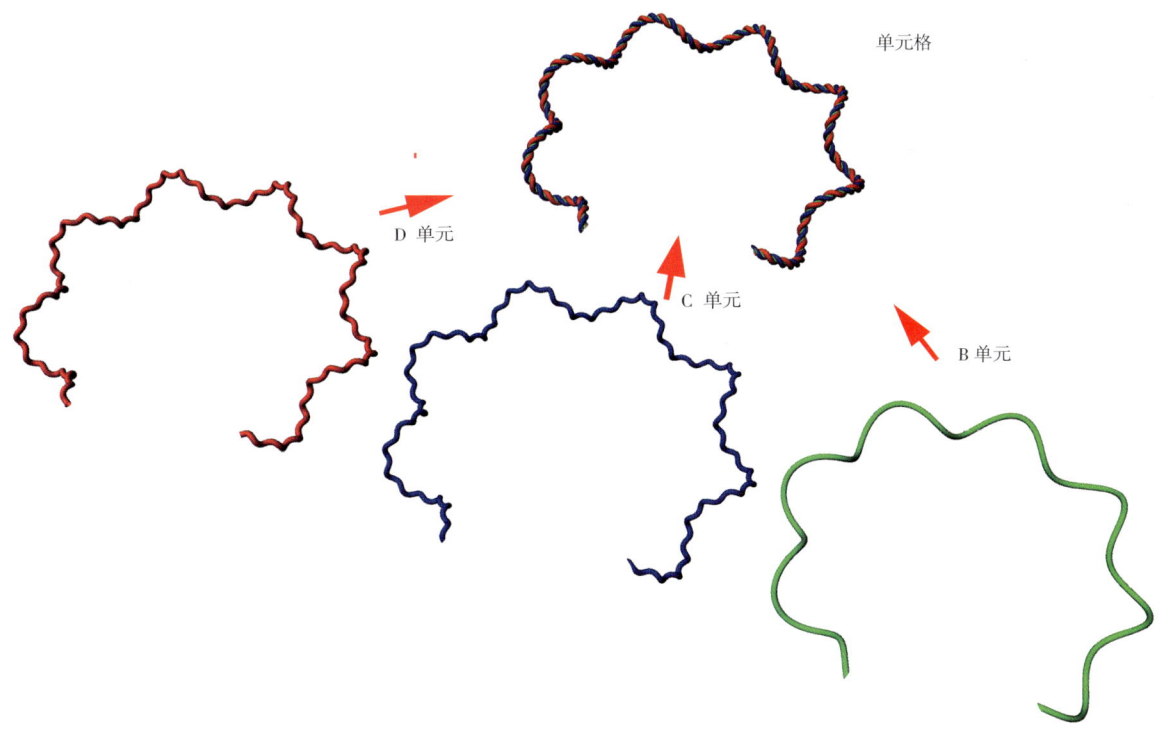

图七 普米族镀金扭丝银镯单元格分析图

第二章 普米族传统服饰

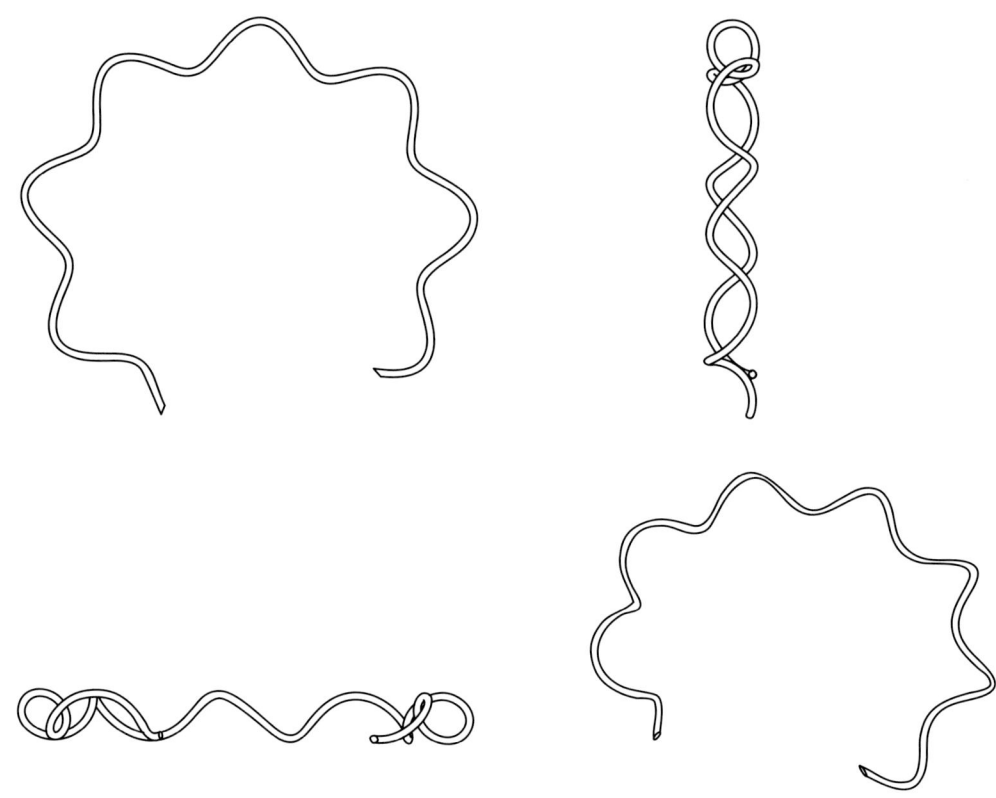

图八　普米族镀金扭丝银镯组成单元分析图1

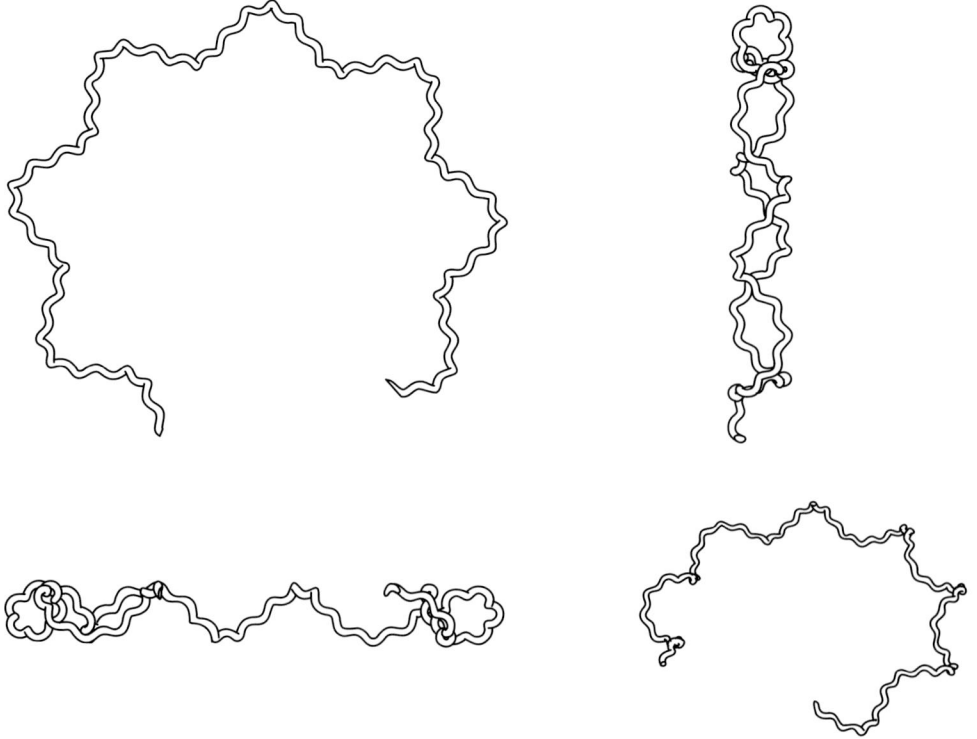

图九　普米族镀金扭丝银镯组成单元分析图2

第三章 普米族传统餐饮

普米族酒坛

图一　普米族酒坛主图

存放苏里玛酒的酒坛有多种，一般都为陶土制作的。普米族有小规模的制陶业，能烧制日常所需的生活器物，如盆、碗、缸、钵、罐等，酒坛是其中一种。陶坛的烧制需要经过好几道工序，首先是准备黏土，清除其中的杂质，然后和泥，将泥坯搓揉得像面团一样柔软，然后是手工制作，按需要的酒坛造型制作陶坯，经过晾晒，干透后入窑烧制，连续烧一天，变为成品，才能出窑。陶质酒坛的器形有多种，有宽口与窄口，有短颈与长颈，有双耳、三耳、无耳，有圆腹与长腹之别。除形状有所区别外，大小也有区别，多依据各家储存酒量大小而采用不同大小的酒器。普米族陶土酒坛的器表除偶有捏塑、贴塑的简单纹饰外，很少有装饰图案。但普米族人有一种装饰酒坛的特殊方法，就是在陶坛外面从颈部至坛底牢牢实实地编制一圈竹器，这样一来既装饰了酒坛的器表，又具有实用的价值，使酒坛在运输的过程中不至于因为碰撞而损坏，起着保护酒坛的作用。用陶质酒坛储存苏里玛酒有很好的效果，一方面容器本身保温效果好，另外陶土坛还含有众多微量元素，能促进酒分子结合作用，促进酒体老熟，使酒的口味醇和细腻。酒盛放于酒坛后，如果坛口是宽口的话，用一块布或者一张韧性较好的纸把酒坛口盖好，并用绳子围着酒坛口将其系好，然后在封口的酒坛口上用泥覆盖一层，待泥干了，酒坛就基本不透气了。开封后的酒坛还来不及喝完，也需要采取一定的措施进行密封保存，一般的方式是以塑料纸封坛，上面加上装有细沙的袋子。如果是窄口，就用软木塞子塞上，缠上棉布，密封性也比较好。除了大点的酒坛外，在日常生活中盛酒的用具还有酒壶，一般是窄口、长颈、圆腹，因为器形较小，可以安置一把柄，既方便斟酒把握之用，又使整个造型更优美、富于变化，封口的方式也可用软木塞。

普米族还习惯用动物角、皮制作酒具，这是普米族当地的特色。如牛角酒具，是用牛角制成，主要用于喜庆吉日或招待远方的贵客。制作方法与程序是：选用形状较好的公水牛角，以弯度适当，角尖和角根比例适中，能盛一碗酒为宜。牛角选好后，去除角壳，用植物油打磨，反复几次，直至光滑明亮，表面可以雕刻各种图案进行装饰。这种

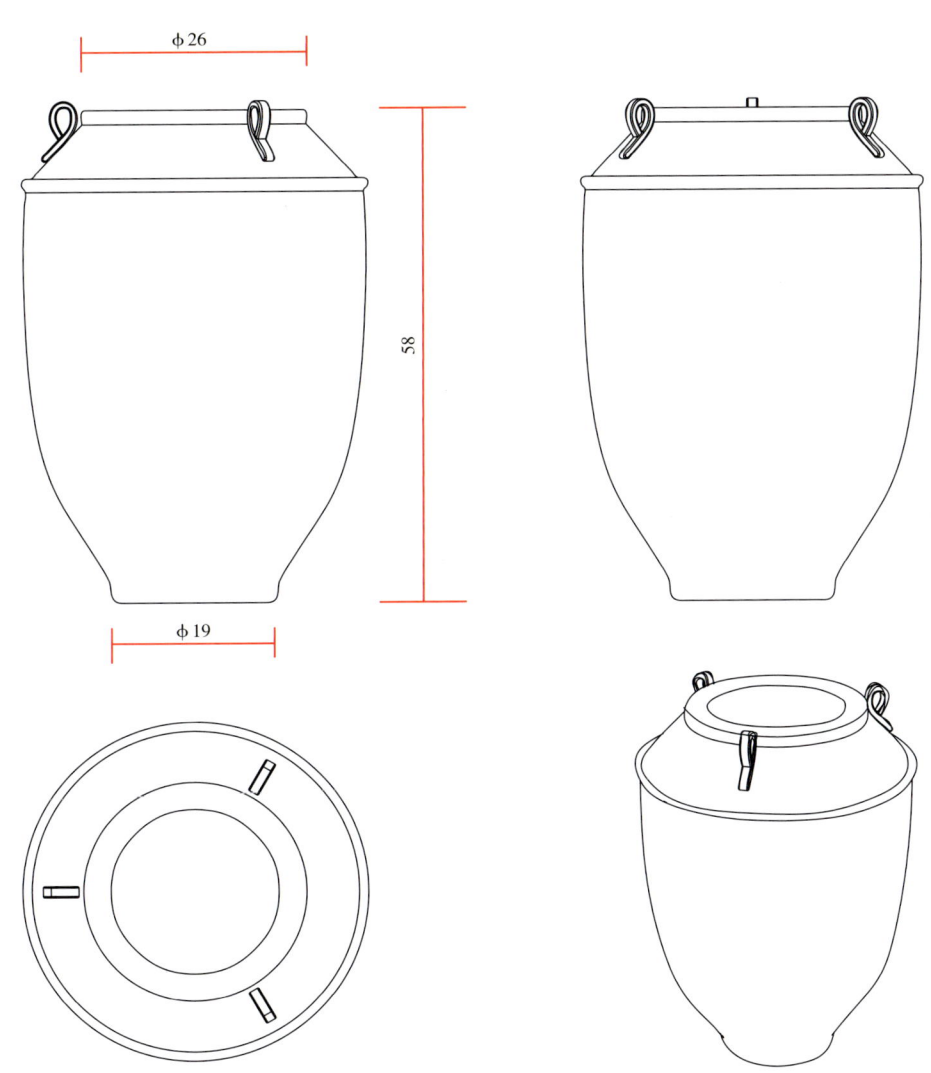

图二　普米族大酒坛视角、尺寸图（单位：cm）

杯子状的牛角即可来盛酒。在婚丧和集会时，常使用牛角杯盛酒敬客，主人以将客人灌得酩酊大醉为体面。

普米族酒具的设计与制作体现了普米族人原始朴素的自然观念，即人与自然之间的关系，不独在于人向自然索取所需之物质，更在于人对自然细致入微的体察以及能顺应物性的变化进行创造，所谓"就地取材，因材成器"即融入普米族造物的思想与观念之中，无论是储存酒的陶坛，还是牛角杯，以及咂酒的咂杆都是这种观念的直接体现。

图片来源

图一　胡春涛　摄影
图二至图十二　蔡克中　制图

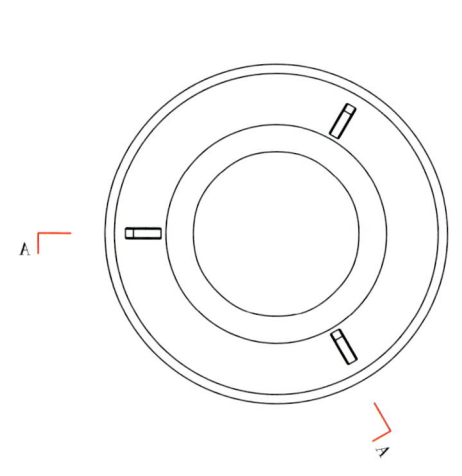
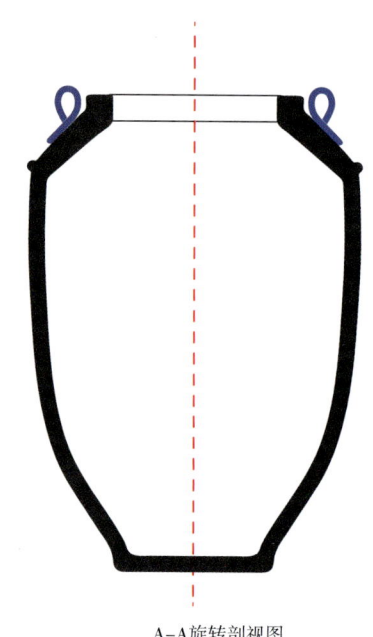

A-A旋转剖视图

图三　普米族大酒坛剖视图

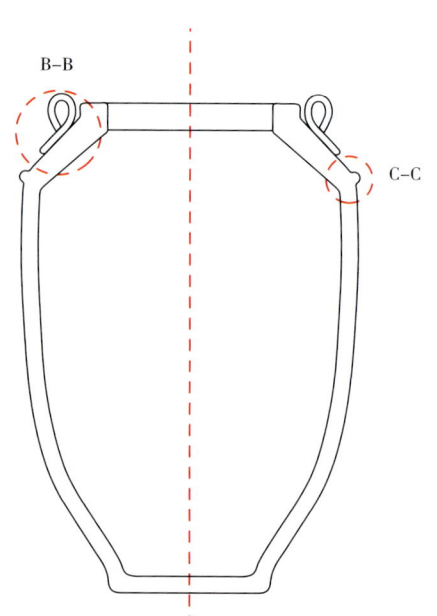
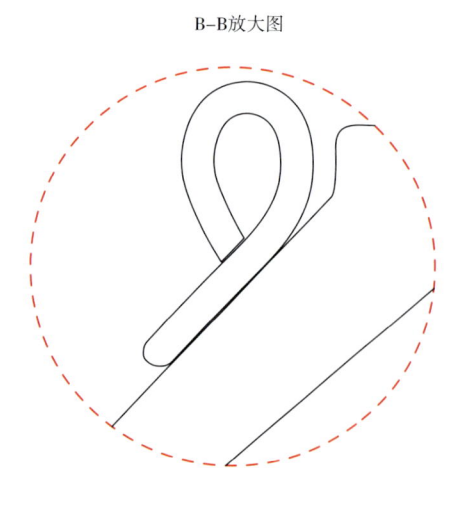
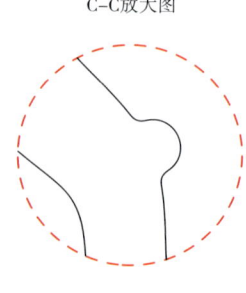

图四　普米族大酒坛细节放大图

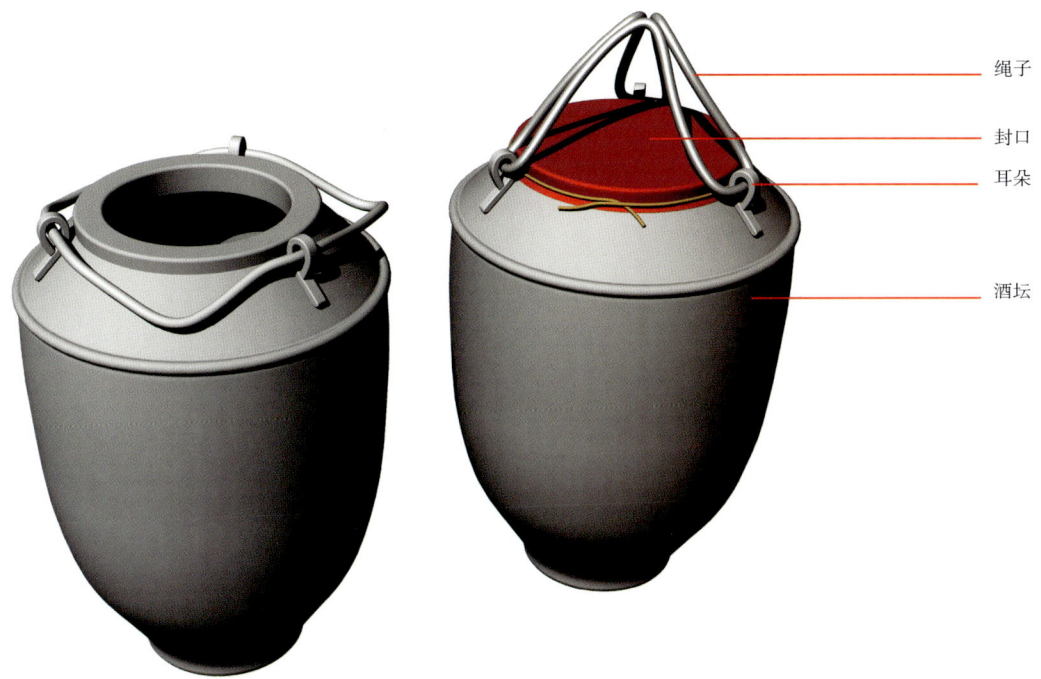

图五　普米族大酒坛结构名称、效果图

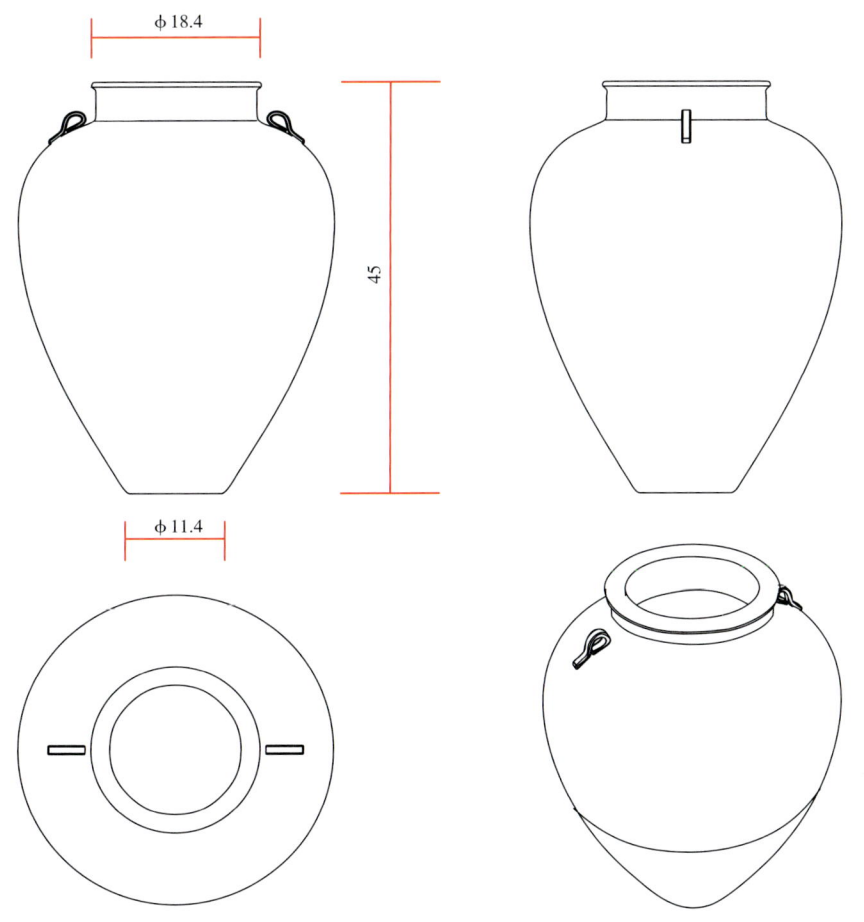

图六　普米族中酒坛视角、尺寸图（单位：cm）

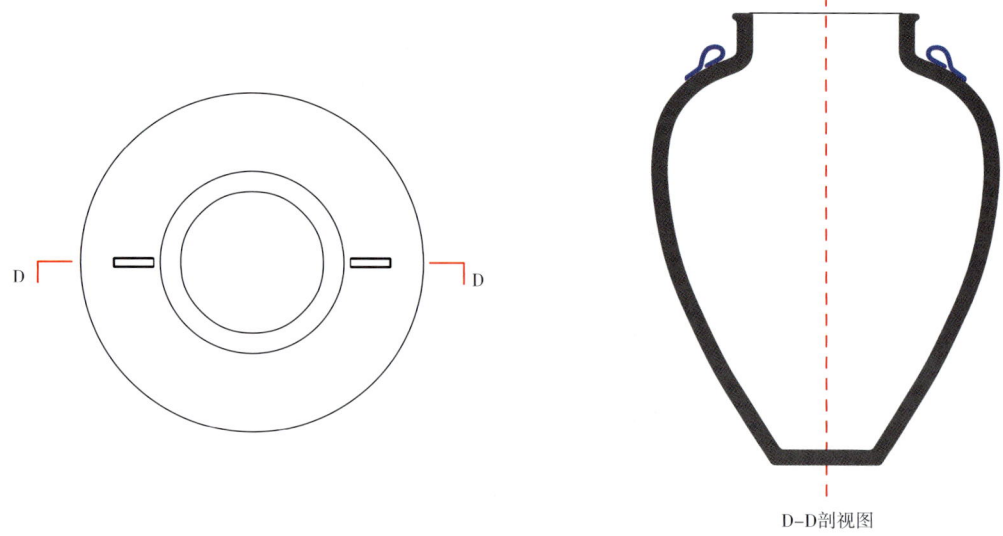

D-D剖视图

图七　普米族中酒坛剖视图

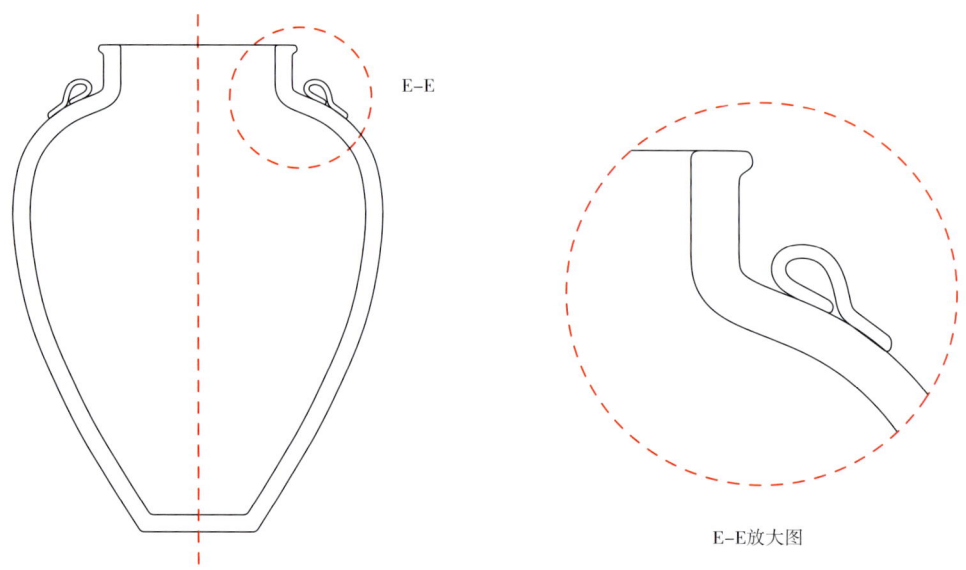

E-E

E-E放大图

图八　普米族中酒坛细节放大图

图九 普米族中酒坛结构名称、效果图

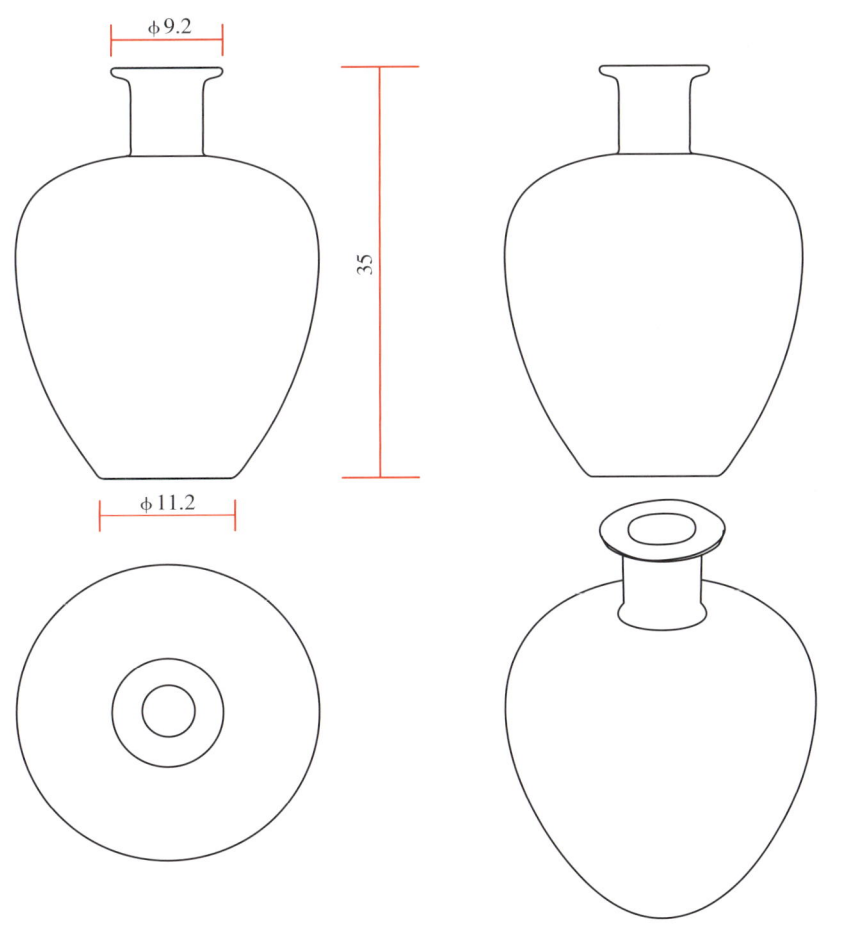

图十 普米族小酒坛视角、尺寸图（单位：cm）

第三章 普米族传统餐饮

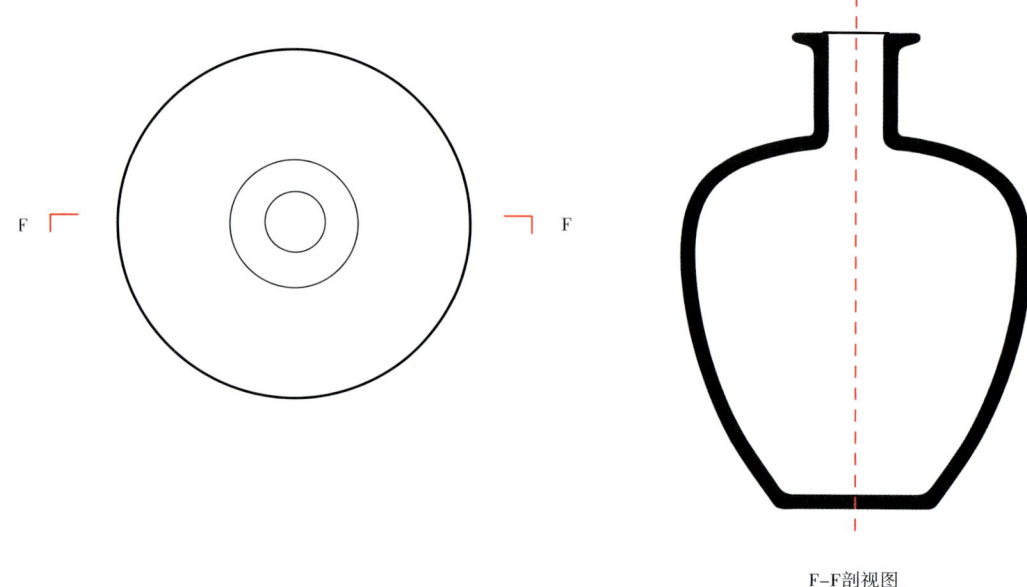

图十一　普米族小酒坛剖视图

F-F剖视图

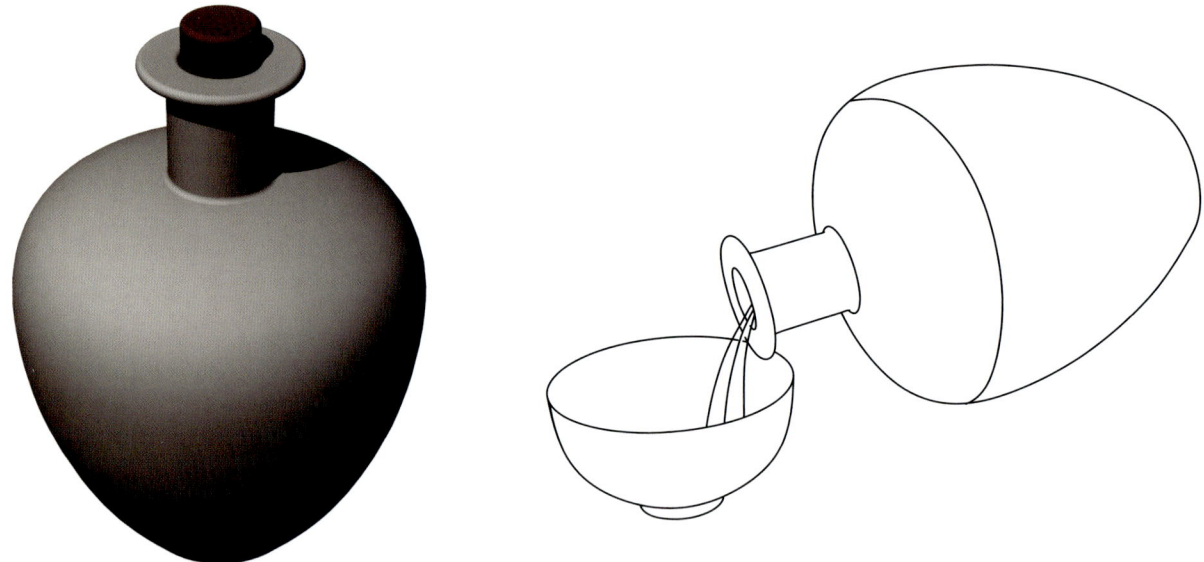

图十二　普米族小酒坛使用情境图

普米族木盆

图一　普米族木盆主图

本案例采集自云南省兰坪县罗古箐村，是用来揉糌粑面的器具。整体形状不规则，类椭圆形，上大下小，口最宽处直径44厘米，窄处直径42厘米，底部宽处直径35厘米，窄处直径30厘米，整高8厘米，盆壁厚3～3.5厘米。此盆质地优良，厚实耐用，往往一件用具可以几代人使用。相比陶瓷器具，木盆具有许多优点，它盛开水不裂，摔地不破，不烫手不冰手，降温慢，体轻而质固，经久耐用；用木盆盛食可以完全保持食物原味，除盛糌粑外，还可以盛各种饭菜、酥油茶，制作酸奶等。

根据生活需要，普米族人家可以自制木盆、木盘、木瓢、木桶、木碗、木肉墩、木缸、木钵、木勺等10多种器物。根据需要，可做成大、小、深、浅不一的器物。制作这些器具都是就地取材，选择有韧性、质地坚硬、结实耐用、无毒、无异味、不易变形的木头作为原料，如桐树、杜鹃木、鸭爪木、山茶花、野花椒、桑树等木料，经过切、削、刮等工序制作而成的。制作一个木盆需要经过五六道工序，首先就近取材，从山上采回木料，竖着劈开木材，然后按照实际需要的木盆尺寸分成若干小段，取其中一段备用。

制作工具有斧子、锉刀、锯等。先在准备好的木段上用斧头砍削出需要的木盆形状。然后，用刀一点点将盆心挖出。锉刀是用来刨光木盆内侧的，削内侧的时候用的是圆形锉刀。然后制作盆底，先用锯锯掉周围不需要的部位，再用平斧来慢慢地削出形状。最后将成型的器皿放在盐水锅里煮沸，盐水要浓，经过盐水处理后，可以不裂、不变形。将煮过的器皿晾干，用刀将表面削刮光滑，涂上羊尾油，令其渗入，再用砂纸打磨，就完工了。

普米族人制作的木制器皿并不精致，造型简单，甚至依木料的形状来处理容器的形态，木盆的口缘并不规则，率性而为，材料保持了原木原色，没有装饰，一切显得质朴单纯，具有天然之美。原始、自然、质朴，这也是普米族人生活用具的制作中一个比较重要的特点。

图片来源
图一　胡春涛　摄影
图二　蔡克中、贺雪岚　制图
图三至图六　蔡克中　制图

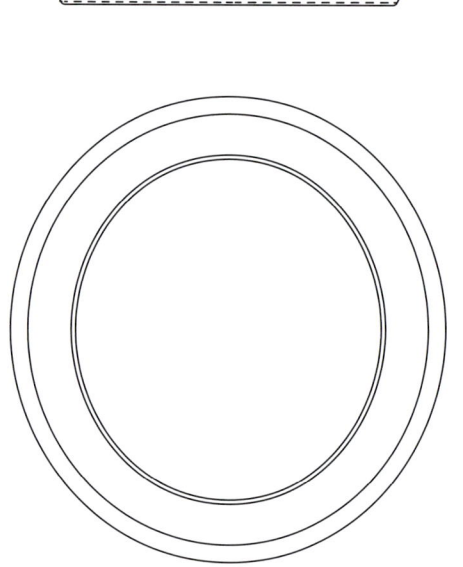

图二　普米族木盆视角图

图三　普米族木盆效果图

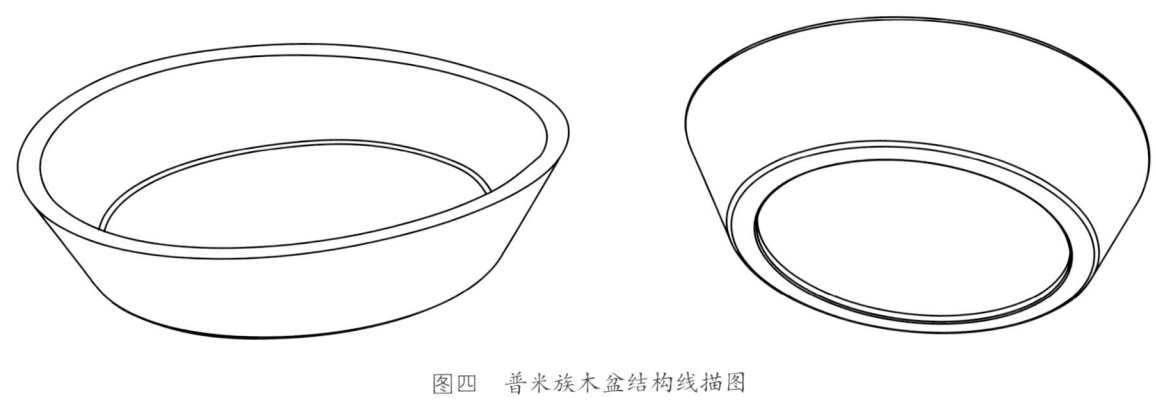

图四　普米族木盆结构线描图

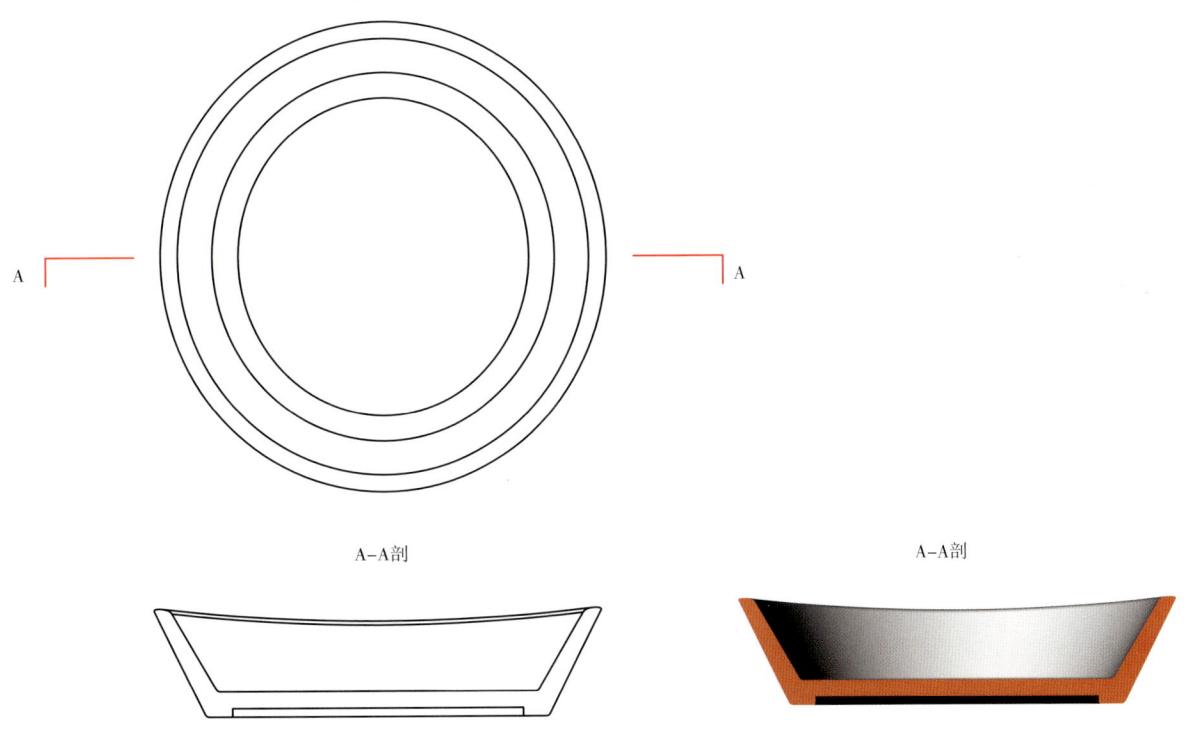

图五　普米族木盆剖视图

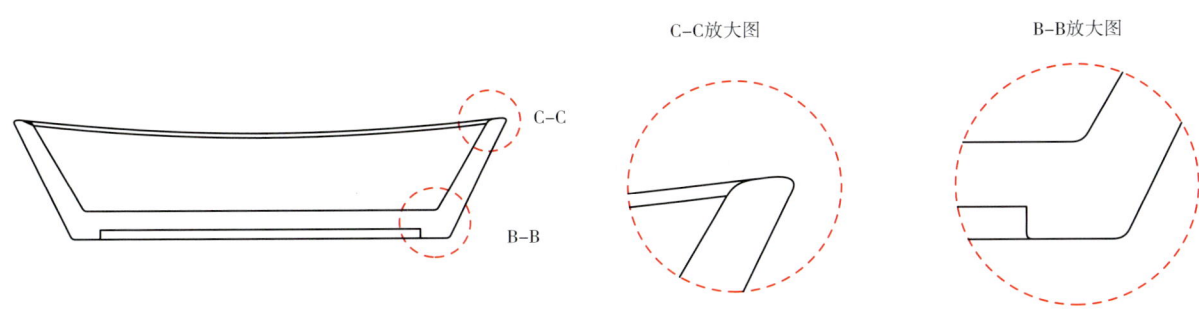

图六　普米族木盆细节放大图

普米族酥油茶桶

图一　普米族酥油茶桶主图

酥油茶桶是打制酥油茶的生活器具。本案例采选自云南省兰坪县罗古箐村。桶由两个部分组成：筒桶和搅拌器。整高66厘米，筒桶高48厘米，其中盖高3厘米，筒桶直径为12厘米，桶壁厚2厘米。筒桶还有一个盖子，中央开一个直径3.5厘米的孔。打酥油茶的时候可盖上盖子，以防止酥油茶溢出。搅拌器是由在比筒桶口稍小的圆木板上安一根比桶稍高的木柄构成的活塞，圆木板上有四个直径1.3厘米的小孔，搅拌时，酥油茶和气体可以通过小孔上下流动。普米族使用的酥油茶桶筒桶用木板围成，上下口径一样大，外面箍以铜皮，上下两端用铜做花边，显得精美大方。搅拌器木柄同样用铜箍住把手部分，作为酥油桶的装饰。

做酥油桶的木料一般选用红松，这种木料无节，是制作酥油桶的好材料。打酥油茶的做法是先用茶叶熬茶，宁蒗一带的普米族人一般用砖茶，煮好的茶只取茶水，将其倒入茶桶中，加入酥油，酥油是牦牛的黄油，块状的，放入后和茶水一起慢慢打，边打边加入盐，等打溶了成乳浊液就可以喝了。酥油茶具有极高的热量，醇香可口，喝上一口，精神顿爽。兰坪一带的普米族人有的喜欢往酥油茶里加上几个生鸡蛋一起搅拌，他们的早餐除了酥油茶外还有糌粑面。糌粑面是普米族人的主食，将大麦、燕麦、荞麦、玉米等粮食炒熟加工成粉，搅拌即成。糌粑面可以拌在酥油茶里面喝，也可以一口糌粑一口酥油茶，还可以将糌粑烤成饼就着酥油茶当早餐。

图片来源

图一　胡春涛　摄影

图二至图四、图六至图十一　蔡克中　制图

图五　蔡克中、贺雪岚　制图

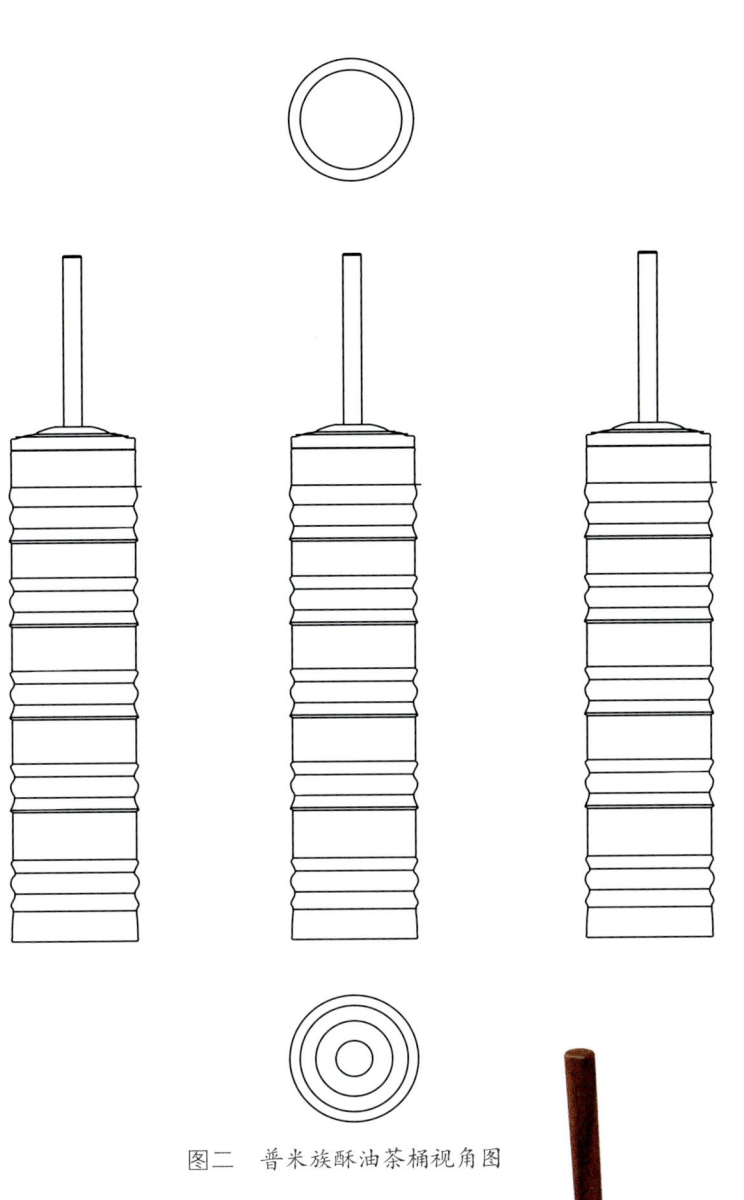

图二　普米族酥油茶桶视角图

图三　普米族酥油茶桶效果图

第三章　普米族传统餐饮

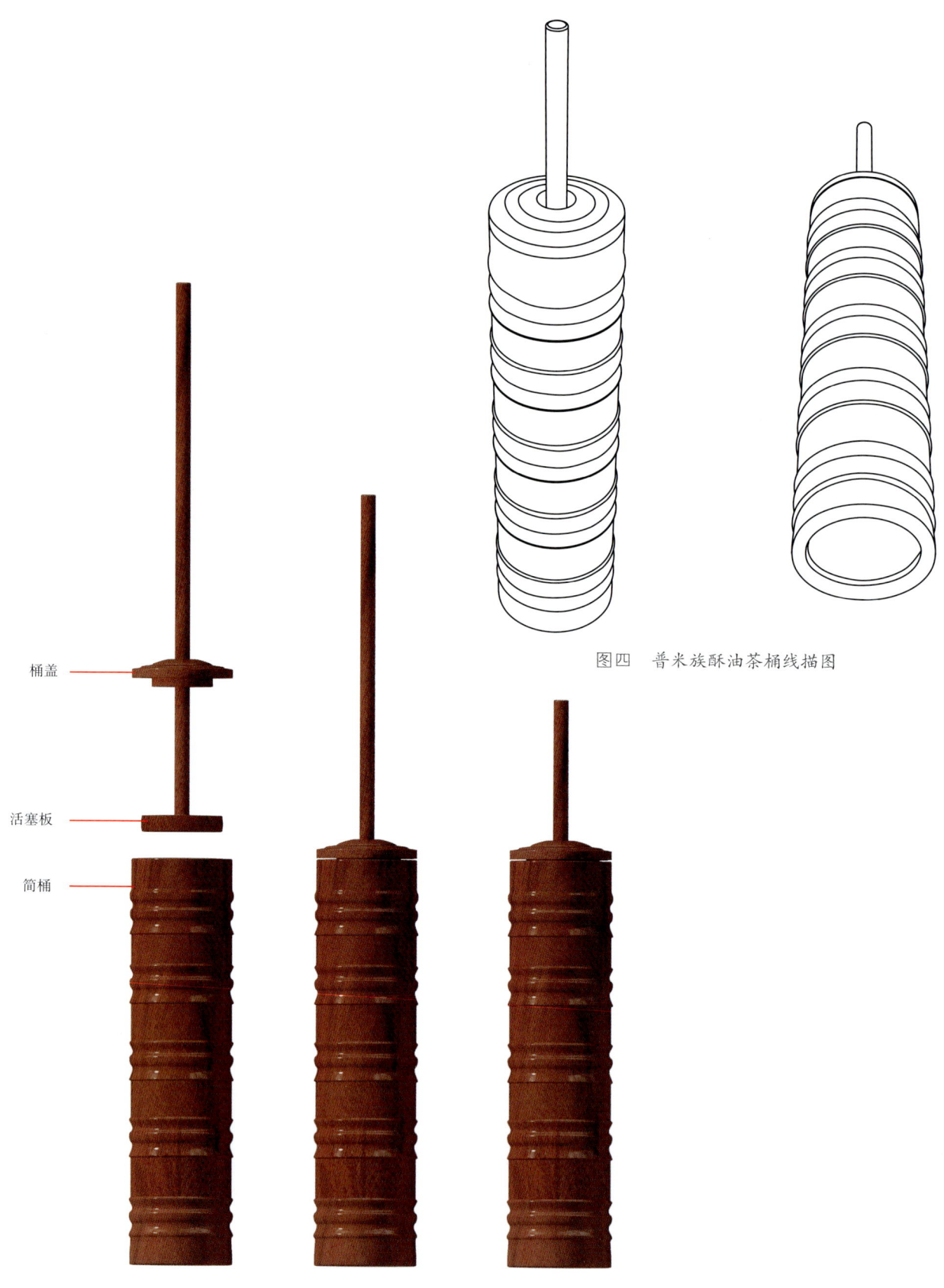

图四 普米族酥油茶桶线描图

桶盖

活塞板

筒桶

图五 普米族酥油茶桶解析图

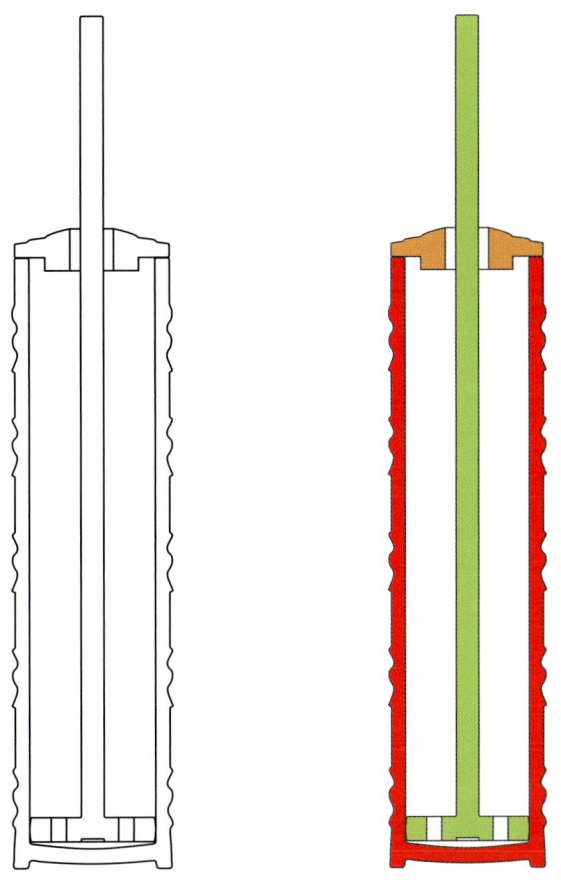

图六 普米族酥油茶桶剖视图

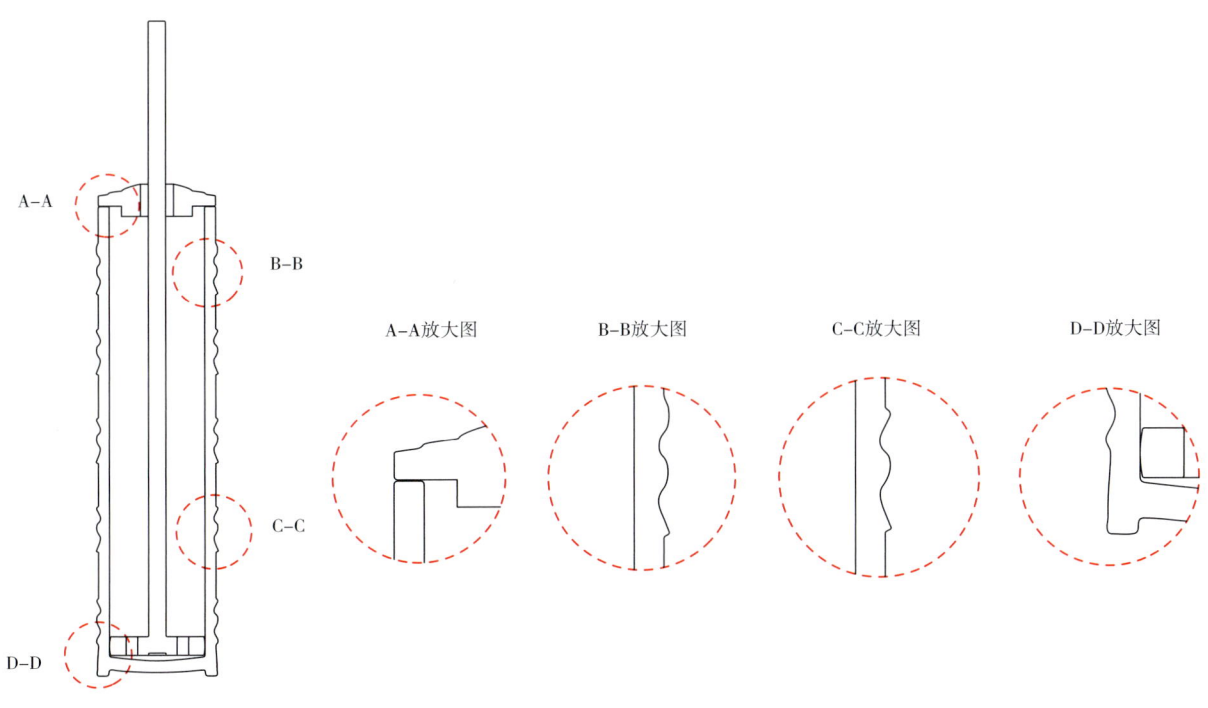

图七 普米族酥油茶桶细节放大图

081

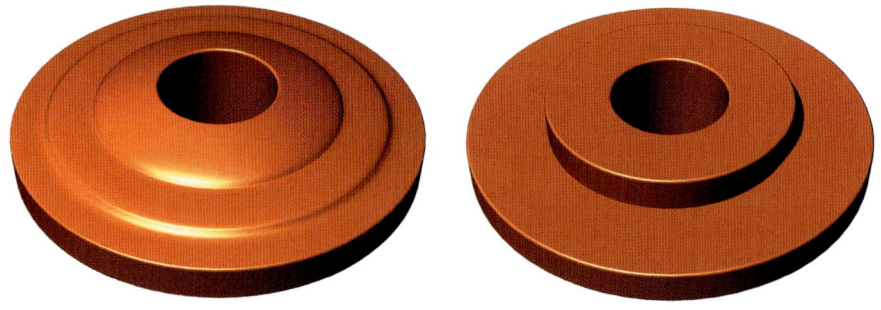

图八 普米族酥油茶桶盖子分析图

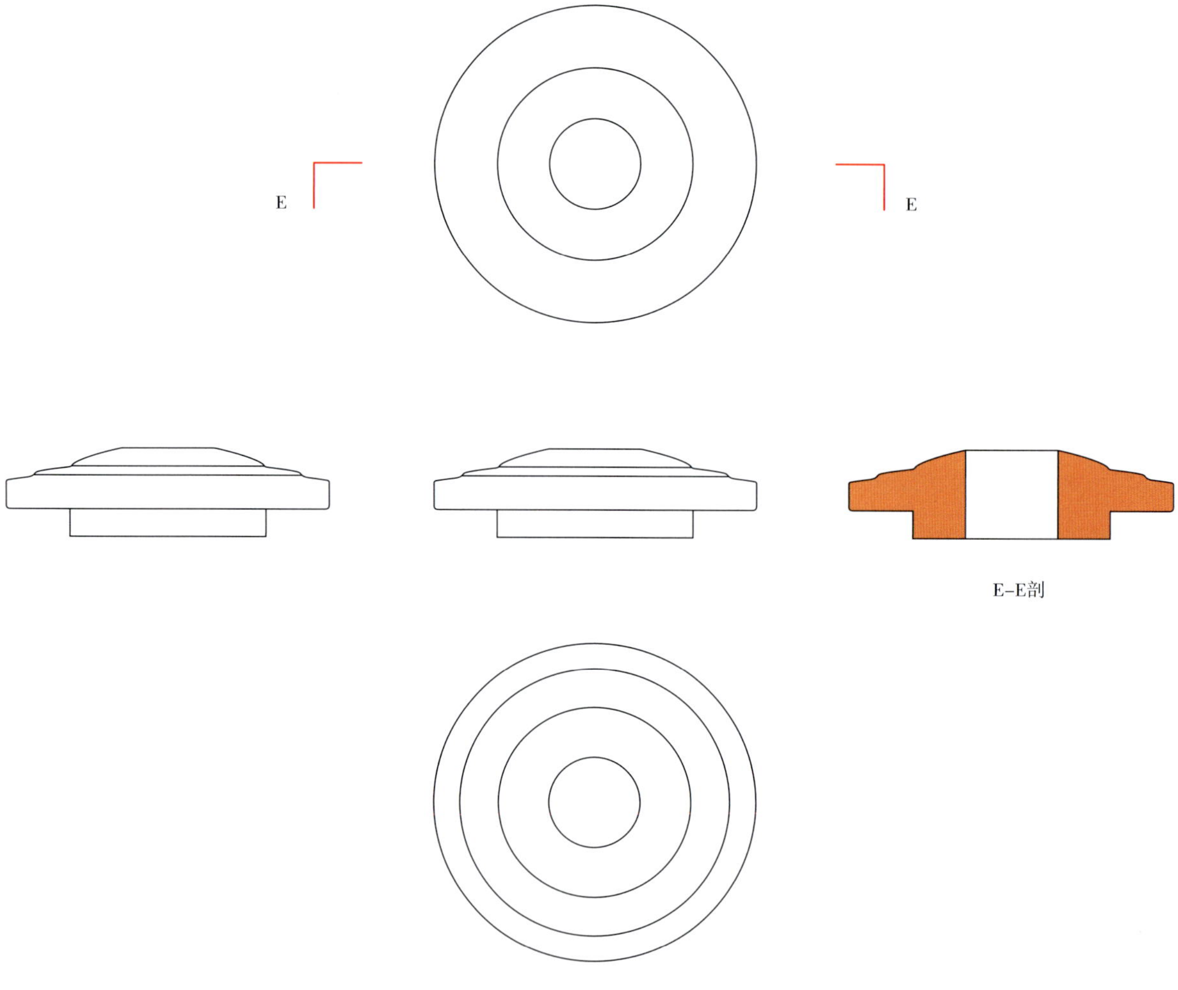

E-E剖

图九 普米族酥油茶桶盖子视角图

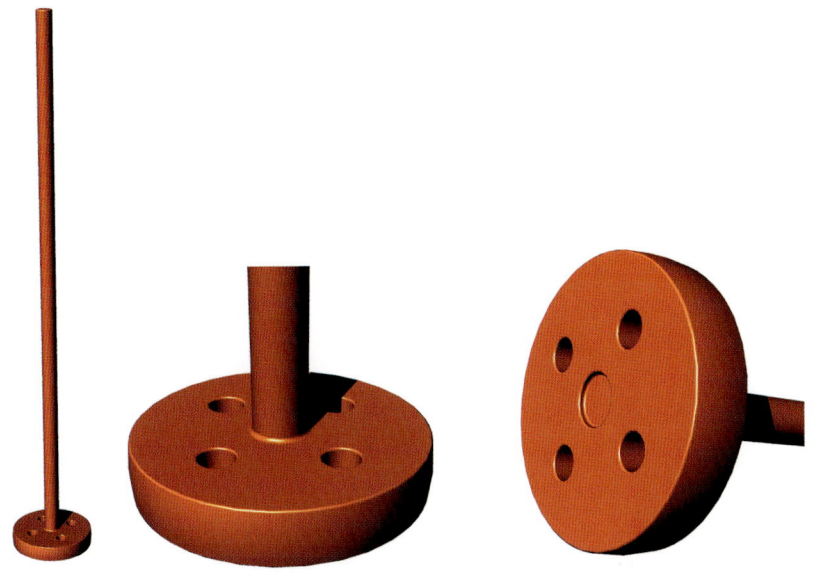

图十　普米族酥油茶桶活塞分析图

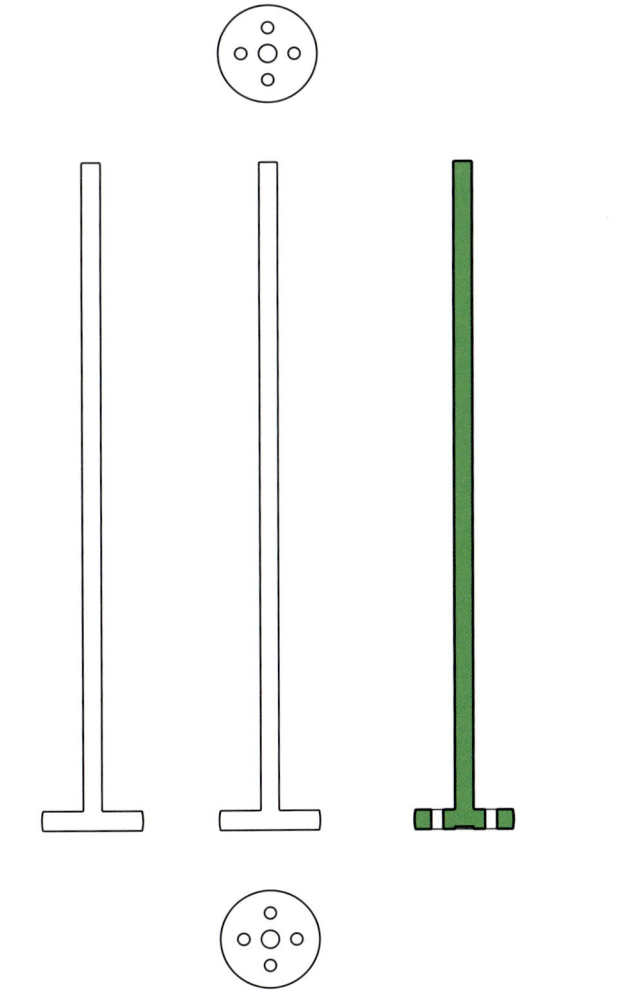

图十一　普米族酥油茶桶活塞视角图

普米族草编锅盖

图一　普米族草编锅盖主图

云南流传有"十八怪"的说法，其中一怪是"笠帽当锅盖"，说的是当地草编锅盖，其形状像斗笠，用来盖锅、盖甑子。普米族人也会编制这种锅盖，本案例就采集自云南省兰坪县罗古箐村，是村民自制的生活用具。锅盖的形状似草帽，呈圆锥体，上尖下宽。盖檐为圆形，直径64厘米，深24厘米，高26厘米。

编织草锅盖多以田边地埂、旷野荒山上的茅草、嫩竹篾片、篾丝为材料，其编织流程是先用篾丝搓一个锅盖点，以山茅草做芯，然后顺着锅盖点的篾丝递添茅草，缠五六圈之后需要用嫩竹篾片十字交叉做成锅盖纽便于提拿，为了防止竹篾片割伤手，需要在竹篾片上横着包卷上薄篾片。然后再继续添加草绳缠绕，并用缝针穿篾片沿圈固定。

草锅盖具有很强的实用性，因其透气保温，用它盖甑子蒸出来的米饭香，口感好，深受普米族人的喜欢。草锅盖既经济实用，又美观大方，编织工艺精巧高超，甚至可以将其当作装饰品来欣赏。

普米族大多生活在交通不便的山区，生活用品的制作材料大都取自自然界。本案例的草编锅盖体现了普米族因地制宜，因材施技的造物原则。草编锅盖就地取材，工艺制作精细，造型讲究，器物结实牢固。

图片来源
图一　胡春涛　摄影
图二至图九　蔡克中　制图

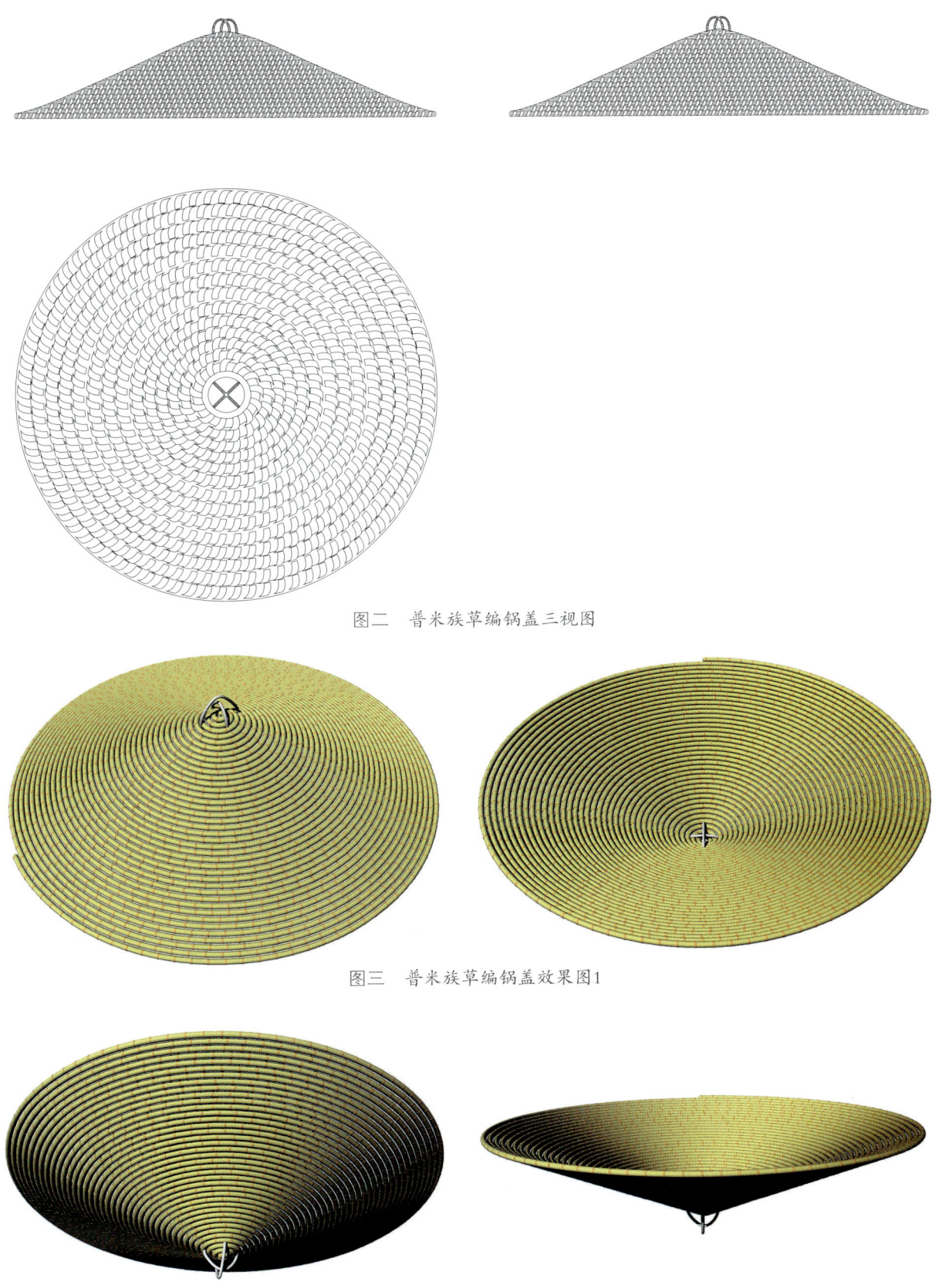

图二　普米族草编锅盖三视图

图三　普米族草编锅盖效果图1

图四　普米族草编锅盖效果图2

第三章　普米族传统餐饮

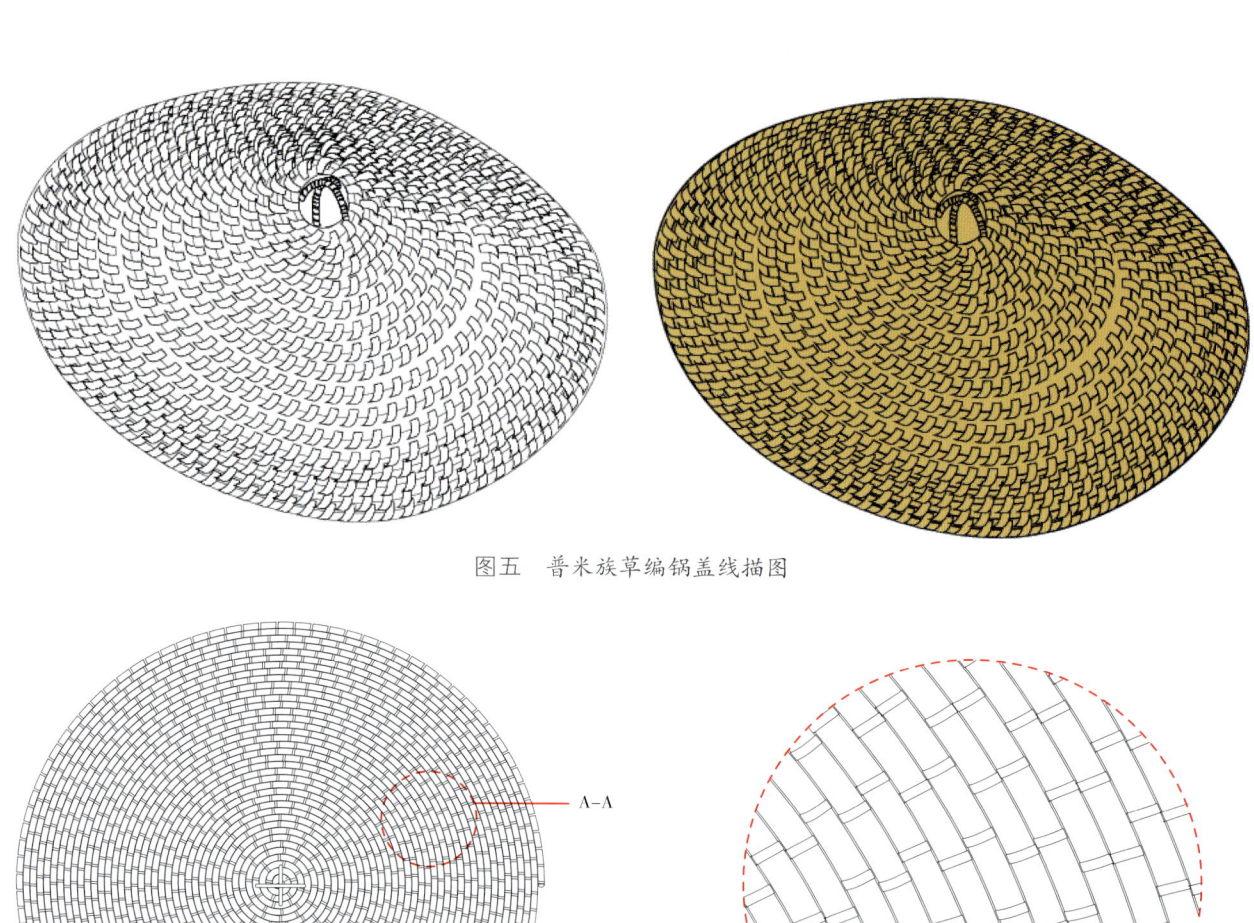

图五 普米族草编锅盖线描图

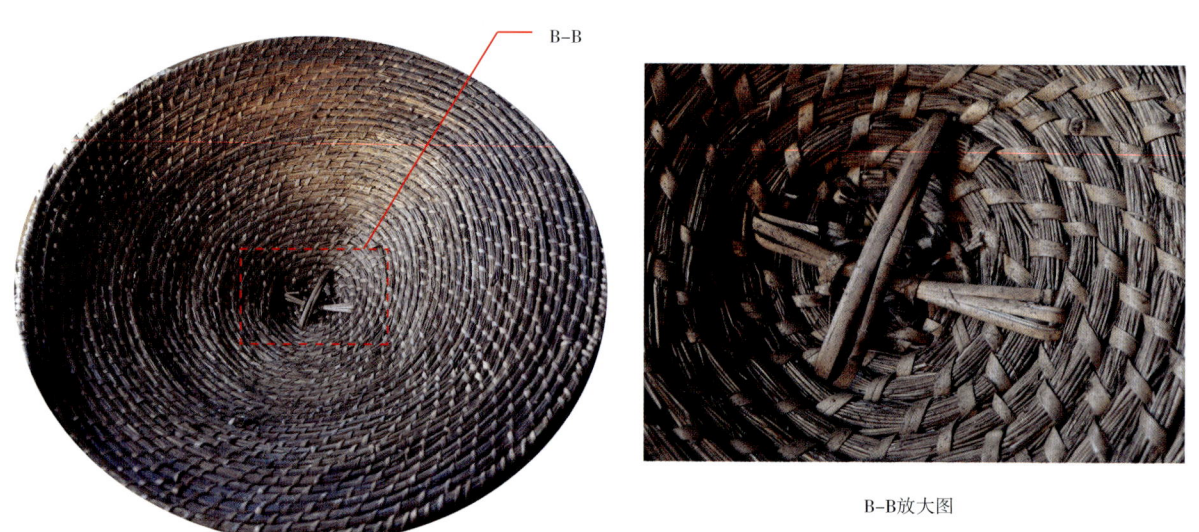

A–A

A–A放大图

图六 普米族草编锅盖细节放大图1

B–B

B–B放大图

图七 普米族草编锅盖细节放大图2

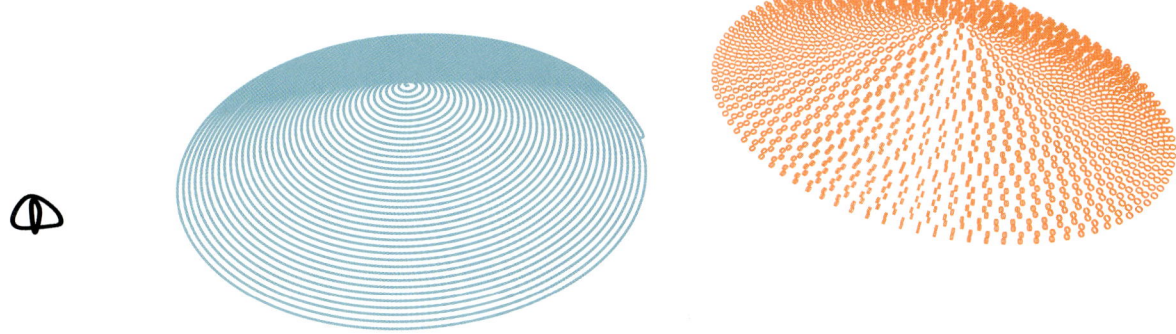

图八　普米族草编锅盖结构分析图

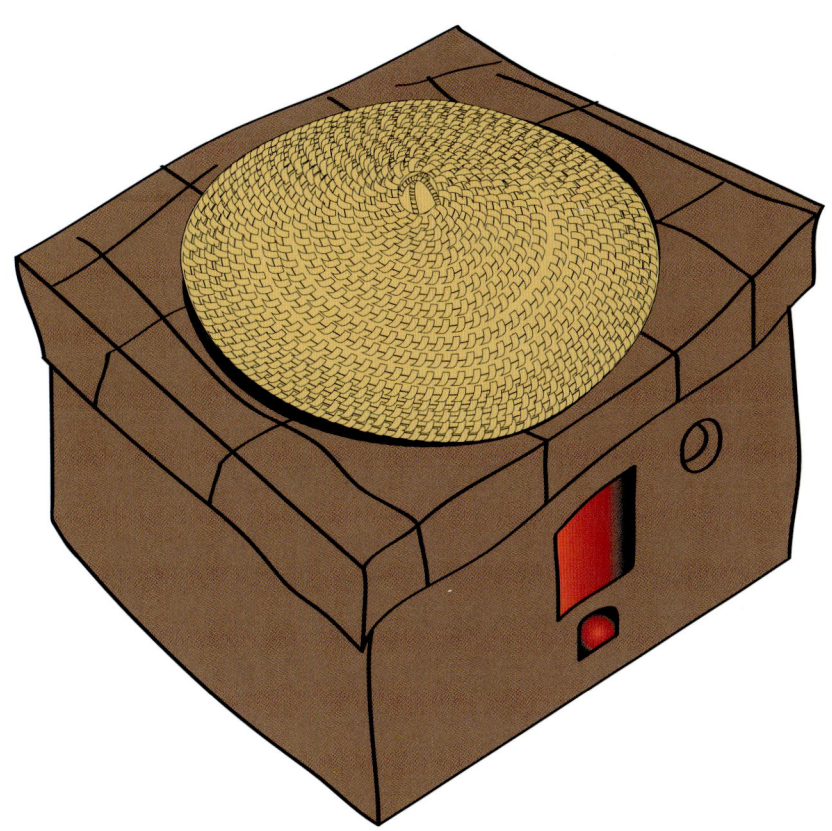

图九　普米族草编锅盖使用情境图

普米族盛碗篮子

图一　普米族盛碗篮子主图

编织竹器是普米族的传统手艺，明清时期的文献中就有关于普米先民"砍伐竹木编织篾箩营生"（《续修永北直隶厅志》卷七）的记载，普米族人将山林中生长着的各种竹子和藤篾剖开伐条后，再根据需要进行加工编织，竹编织成品有箩筐、花篮、簸箕、筛子、撮箕、篾盒、竹席、竹雨帽等日常生活用品。

本案例采选自云南省民族村普米族村寨，是放置木碗筷的编织器具。目前我国几乎所有民族平时吃饭都用碗筷，只是个别民族吃特定食物时才不使用。本案例包括两件物品，一件是盛碗竹编，是用来搁碗的，盛碗竹编分两层。用的材料是竹青部分，用竹青编的竹器最耐用。底部呈两头尖的椭圆形，是承重的主要部分，用一根粗木棒撑住左右，盘好底后，采用龟背编的方式编织筐身，形成前低后高的形状，最后进行锁口。第二层的小篮子是单独编好后，将其固定在最上部，这样就形成一个两层的竹筐，上层可以放置木勺、小碗，下层可以放置大碗。本案例中大竹筐旁边挂的是筷子筒，是用来放筷子的用具，从其成色来看，应是新制作未在生活中使用，整体呈圆锥形。制作时先盘一个圆形的底，然后织篾片，一圈一圈地编上去，每编完一圈要用手挤压，最后收口即成，整体造型简洁明快。

图片来源
图一　胡春涛　摄影
图二、图三、图五、图六、图八　蔡克中　制图
图四、图七　蔡克中、贺雪岚　制图

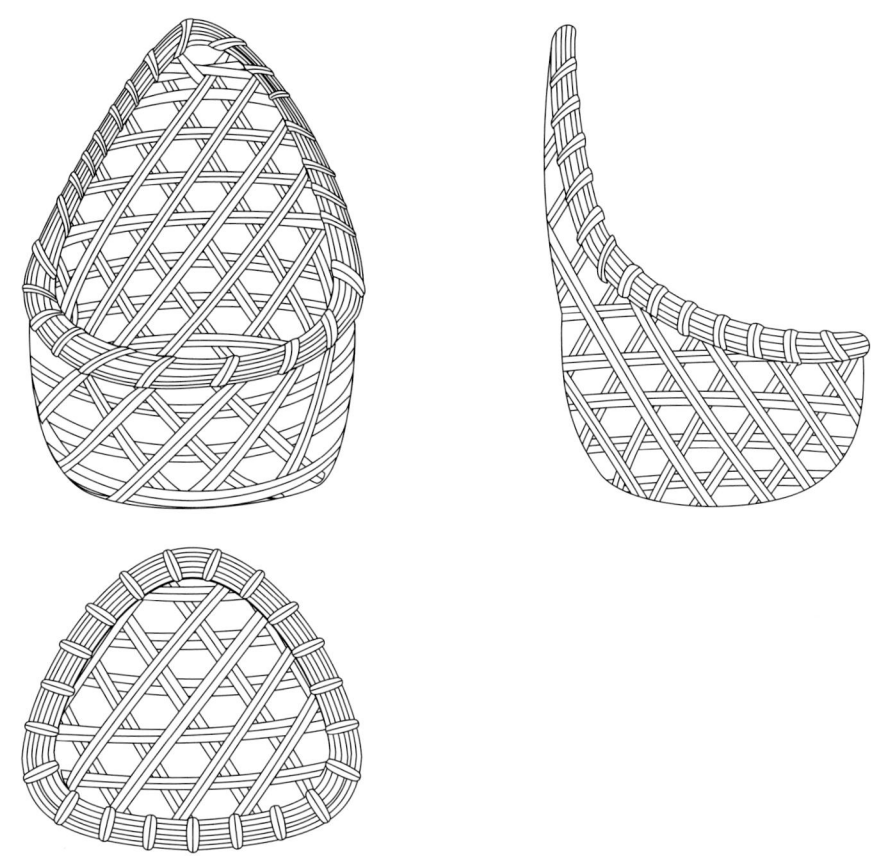

图二　普米族盛碗大篮子三视图

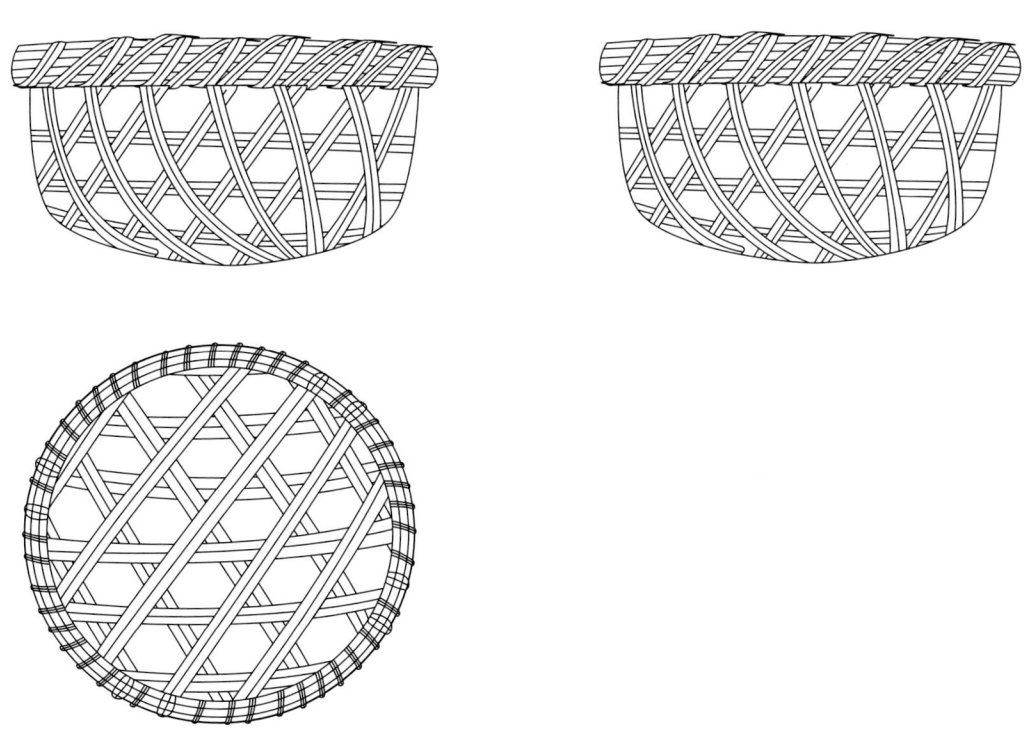

图三　普米族盛碗小篮子三视图

图四　普米族盛碗篮子效果图

图五　普米族盛碗小篮子结构图

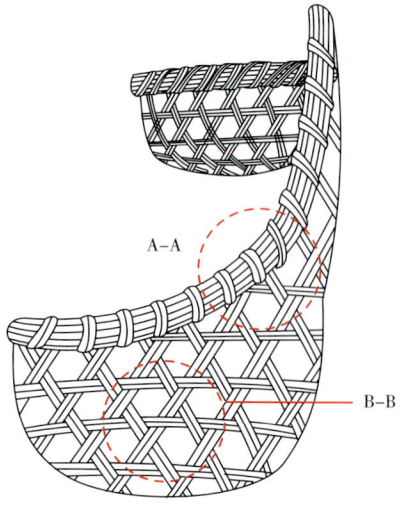
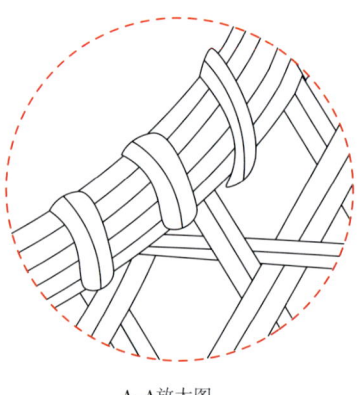
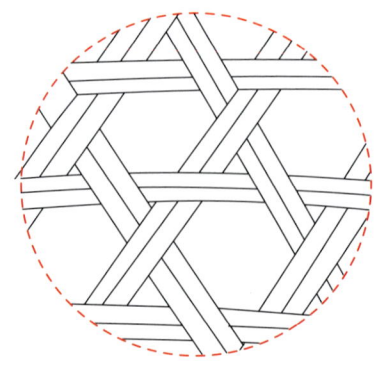

A-A放大图　　　　B-B放大图

图六　普米族盛碗篮子细节放大图

图七　普米族盛碗篮子悬挂示意图

图八　普米族盛碗篮子编织示意图

普米族铁三脚

图一　普米族铁三脚主图

　　火塘在普米族居室建筑中占据着显著的位置，设置在正屋的中央。在日常生活中，火塘的确起着十分重要的作用，它不仅用于烧饭、照明、取暖，而且是全家人活动的中心和接待客人的地方。火塘的侧面和后面多为睡铺，夜间人们环火而眠。普米族家庭成员睡铺的位置是依火塘的方向而定，火塘左侧为男铺，右侧为女铺，互不逾越。

　　三脚架是置于火塘中支锅的器具。其设计的原型是早期架设铁锅的三块石头，三石鼎足火塘灶方便置锅与保留火种，并使用火时火力集中，而且支撑锅等器物的最佳支点即为三点。随着铸铁技术的普及与流行，铁三脚逐渐替代了支锅石。三脚架不易损坏，可以世代相传，是家里的贵重器物，越大越显得家庭富裕。大三脚架的铁圆圈直径可达1米左右，重百余斤，小的仅几斤。一般正房火塘用大的，三个铁脚作为铁圆圈的支柱，而铁圆圈内还有三个舌状铁片斜伸向圈心，便于托架锅、壶等炊具。铁三脚上有个拉环，方便移动时使用。铁三脚只能在新房建成进火时移动支放，平时不得搬动或踩踏，更不得摆放秽物。

　　从垫锅的三块石头发展到铁三脚，体现

了人类技术的进化，是普米族从游牧生活到定居生活转化的表现，它凝结着普米族祖先游牧、迁徙的民族记忆，被赋予了更多的宗教意味，积淀了深厚的民族历史。也正因为此，决定了铁三脚在传统习俗中的角色，以及在居住空间中的摆放位置、功能与意义。

普米族家庭组织、社会角色、人类行为等一系列的社会性规范也因为铁三脚而得以限定、约束并在一定程度上得到遵循。

图片来源
图一　胡春涛　摄影
图二至图五　郭林森　制图
图六至图八　张春涛　制图

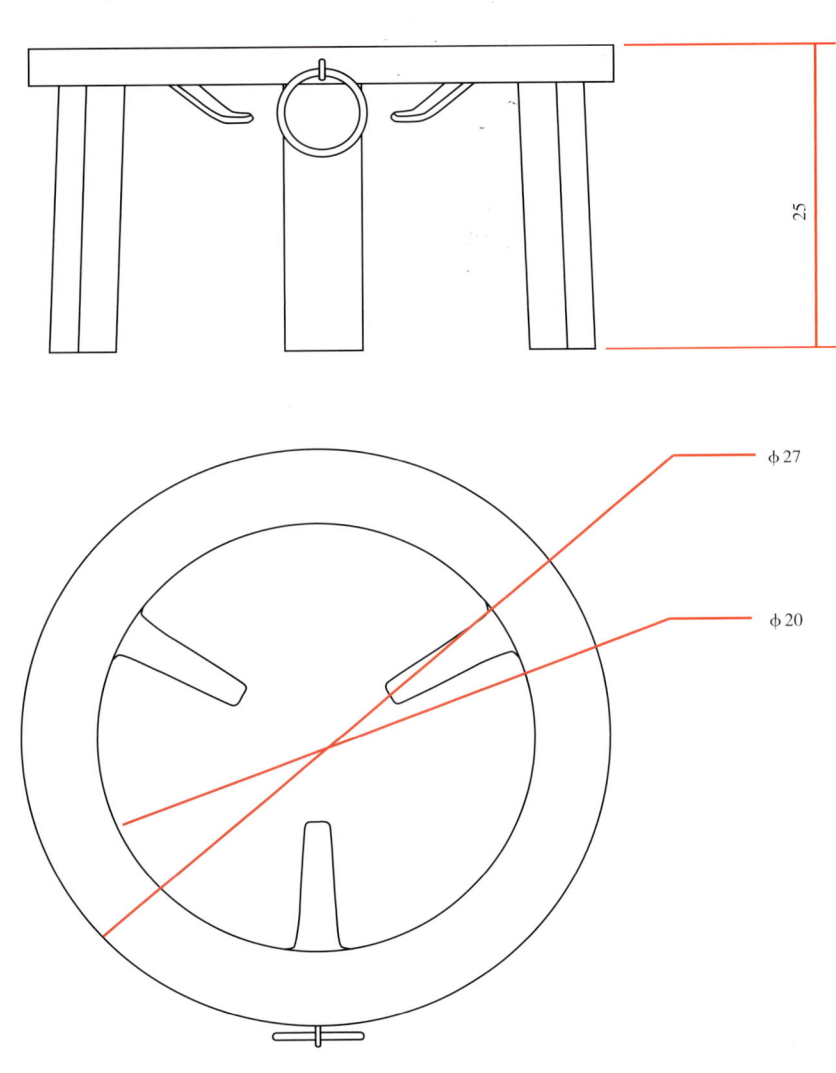

图二　普米族铁三脚视角、尺寸图（单位：cm）

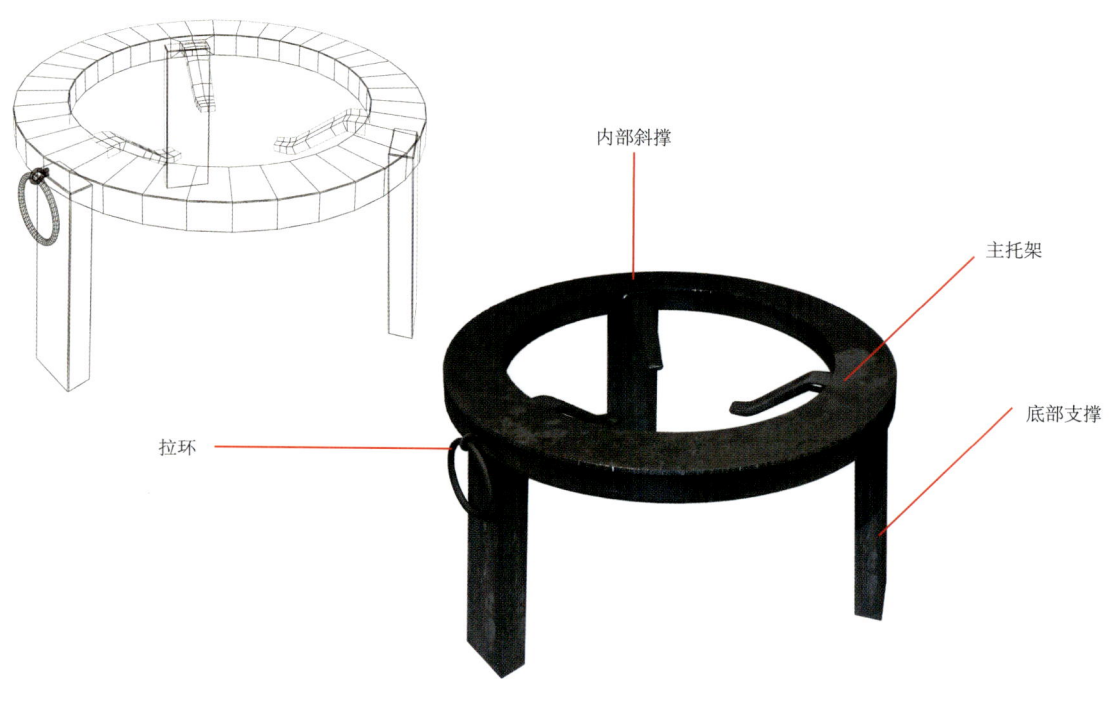

图三　普米族铁三脚结构名称图

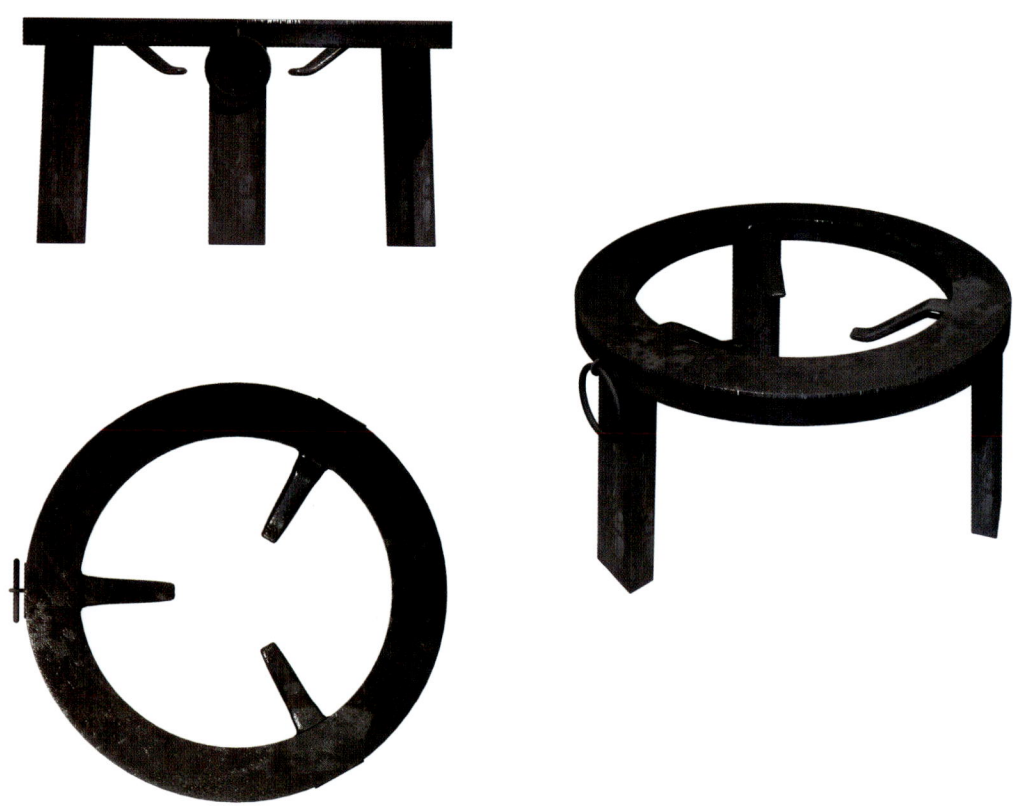

图四　普米族铁三脚效果图1

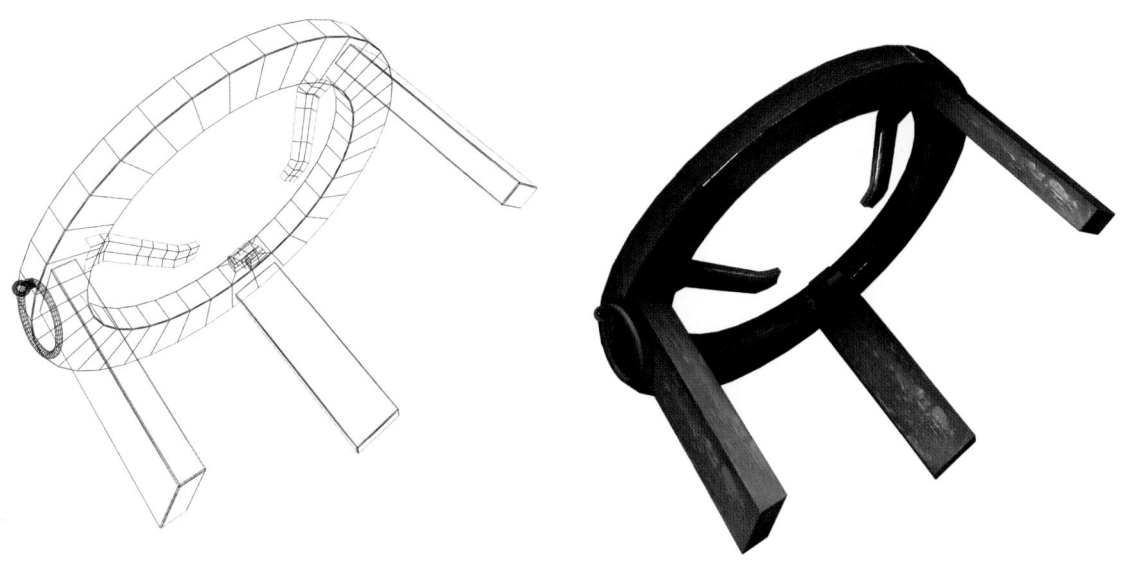

图五　普米族铁三脚效果图2

图六　普米族铁三脚使用情境图1

第三章　普米族传统餐饮

图七　普米族铁三脚使用情境图2

图八　普米族铁三脚使用情境图3

普米族腊排骨

图一　普米族腊排骨主图

普米族擅长用风腌的办法储存肉类，其中以猪膘肉最为驰名，即把宰杀的生猪掏去内脏，抽去骨头，再将盐、花椒和酒涂在猪肚子里，缝合后经过风腌而成，因形如琵琶，因而也叫琵琶肉。其实除了猪膘肉外，挂在普米人家厨房、粮仓和走廊过道的还有大串的腊排骨、腊肉、腊猪心、腊牛舌等等。这些腌制品的量成为反映一个家庭是否殷实的直接指标。

制作猪膘肉时从生猪身上剔除下来的排骨就被用来制作腊排骨。制作时往排骨表面均匀抹上食盐，有的会加上少许的当地米酒、白糖等，然后放到可以滤水的木桶中，腌制半月余，水分被大量腌出来，盐味已经深入骨髓，骨头与肉的味道融在了一起。这时，肉的香味还不足，需要拿出来在背阴通风处晾干，但不需要在太阳底下曝晒，经过一个月到三个月的风干，排骨的腊味就慢慢洋溢出来了。上好的腊排骨，干爽紧实、黄里透红，色泽发亮，表面无霉斑，闻起来有股特有的风味。

普米族的腊排骨之所以独特，得益于本地的气候，普米族人居住的山区常年气温偏低，除5到9月份为雨季外，其余月份少雨，天气干燥。这样的气候适合腌制肉类长时间的保存。所以普通的普米族人家每年都要杀一到两头猪来制作各种风腌食品。

提到腊排骨的烹饪方法，在丽江地区最闻名的就是腊排骨火锅了，但在普米族家庭里，家常的方法是清炖。先将腊排骨用斧头斩成小块，用热水清洗两遍后就直接下锅放入清水炖了，不用加任何调料，炖至排骨软烂但不离骨即可。烹饪好的腊排骨肉质软糯，汤呈奶白色，味道浓郁，腊味十足。也有加入土豆、白菜等清炖，熟后吃肉喝汤。

图片来源
图一、图六、图七　胡春涛　摄影
图二、图四、图五　齐瑞文　制图
图三　沈开婧、贺雪岚　制图

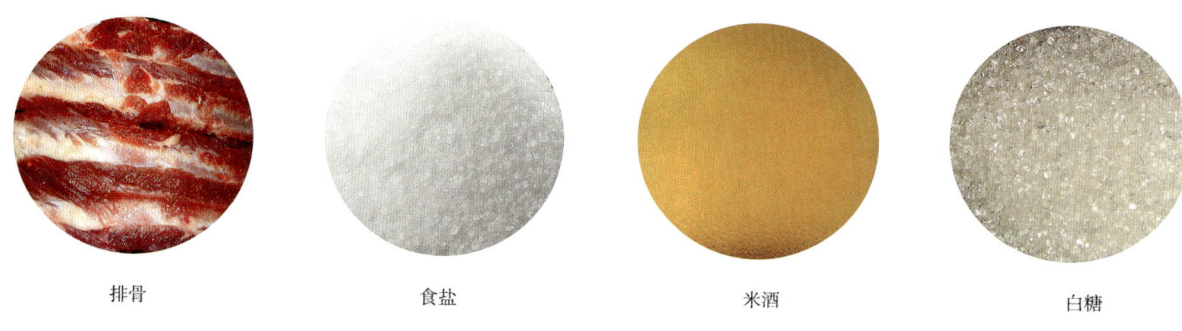

排骨　　　食盐　　　米酒　　　白糖

图二　普米族腊排骨制作原料

图三　普米族腊排骨手绘效果图

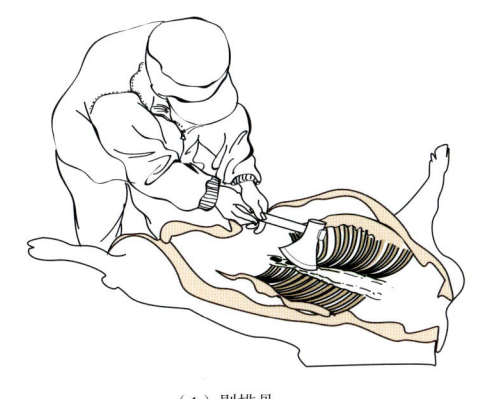

（1）剔排骨

（2）抹盐

（3）腌制

（4）风干

图四　普米族腊排骨制作工序

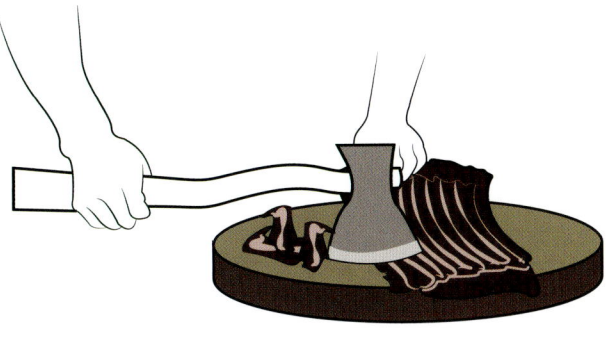

（1）剁块

（2）清洗

（3）清炖

图五　普米族清炖腊排骨加工工序

第三章　普米族传统餐饮

图六　普米族清炖腊排骨成品效果图

图七　普米族腊排骨及配菜

普米族红烧琵琶肉

图一　普米族琵琶肉主图

红烧琵琶肉是普米族一道美味的特色菜，其原料主要是琵琶肉。而琵琶肉的制作也是非常独特的，要选在气候寒冷的隆冬季节，将宰杀后的猪刮毛、去除四肢，从猪腹部中间剖开，将内脏、骨头和瘦肉取出来，用米酒、盐巴涂抹猪内腔，塞入花椒、草果等作料，然后用线缝合，压上石板进行腌制。因为这样腌制的猪形状像琵琶，所以称之为琵琶肉。经过这样处理的琵琶肉可以长时间保存，而且其味道独特，是具有普米族特色的风味食品。另外，普米族的成年礼需要男女儿童站在粮袋和琵琶肉上进行，因而琵琶肉也是生活富足的象征。

红烧琵琶肉的制作简单，但口味独具一格。这道菜的主料就是琵琶肉，辅料有草果面、胡椒粉、八角和酱油。炒制时先切下一圈琵琶肉，将肉皮烧黄，放入温水中漂洗，刮去表皮污垢，然后将其切为小块。旺火烧锅，倒入少量菜籽油，油温八成热的时候放入肉块翻炒，炒至出油即放入草果面、八角、胡椒粉、酱油等作料，清汤煮沸，改用小火烧两小时，最后收汁起锅。这道红烧琵琶肉色香味俱全，肉质红白分明，晶莹剔透，香气浓郁，肉质酥烂软糯，油而不腻。

图片来源
图一至图五　贺雪岚　制图

图二 普米族琵琶肉制作原料

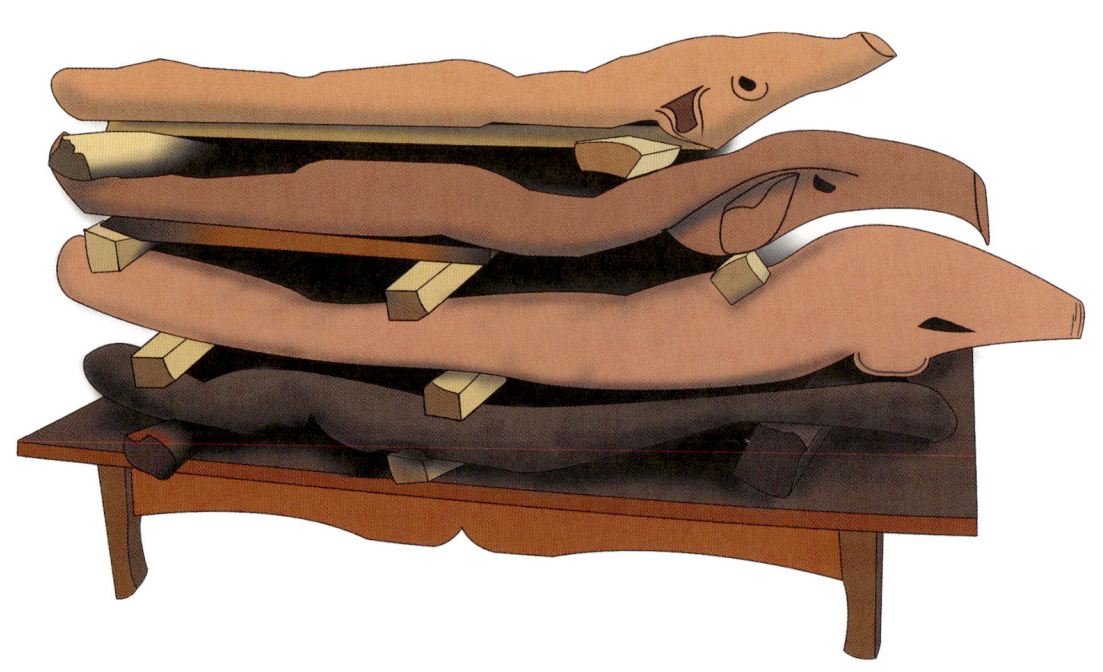

图三 制作好的普米族琵琶肉

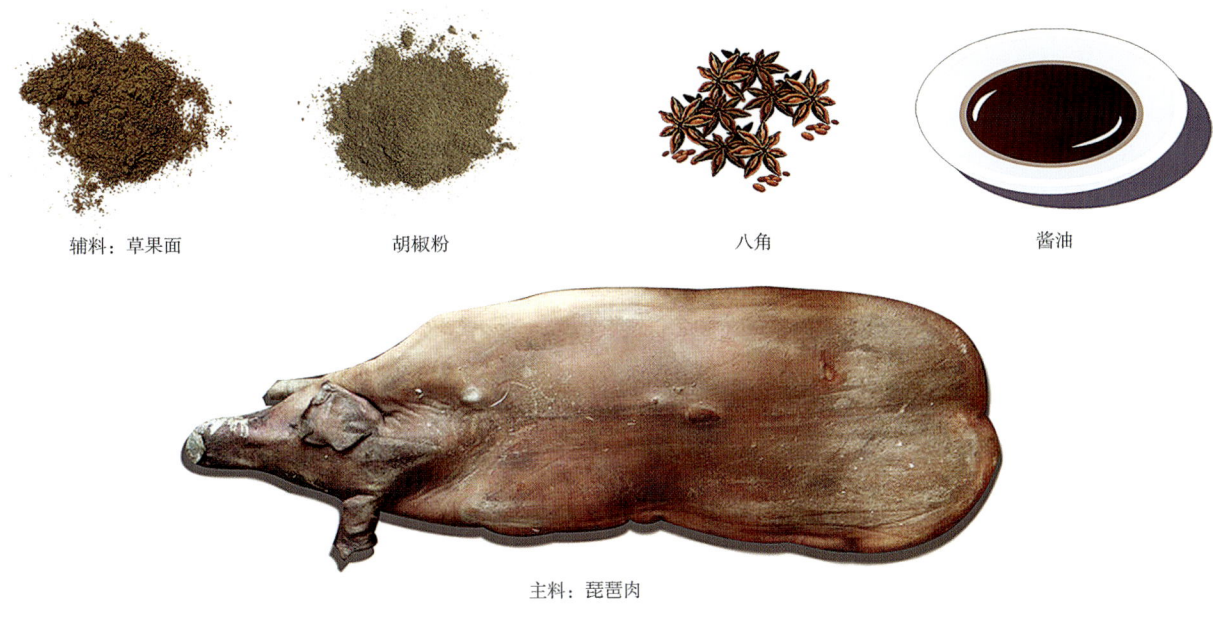

图四　普米族红烧琵琶肉原料

图五　普米族红烧琵琶肉加工工序

第三章　普米族传统餐饮

103

第四章 普米族传统生活用具

普米族枕头柜

图一　普米族枕头柜主图

此案例采自云南省兰坪县罗古箐村，又叫"神柜"，当地人现在称其为枕头柜，因为紧挨着枕头的位置而得其名。枕头柜整体呈方形，面板心长107厘米，宽95厘米，厚4厘米，整个柜子高122厘米，柜子距地11厘米，两腿之间距离为101厘米。柜子分两层，上层正面没有设置门，要打开柜子需要扶住面板中间往上推，因为面板心与四腿以及四壁没有铆合固定。下层没有分格，中间开有一扇门，合页安装在右侧，拉手在左侧，手握拉手即可打开。枕头柜主要置放茶、盐、酒壶以及一些零食等，方便老人在火塘边聊天时取用；有时老人的贵重物品也可放在里面。需要祭祖时，枕头柜上也可以临时放上供品。

其实，枕头柜摆放的位置非常特殊。普米族人居室的布局，一般是门朝东方,进门靠右边是火塘，火塘后面上方设有宗巴拉神龛，火塘左右各设一卧铺，右侧为祖母床，枕头柜的位置就在宗巴拉神龛的左下方，祖母床的上方。火塘铁三脚中有一只脚朝向宗巴拉位置，这只脚下放一块较为平整宽大的石片，用一根铁链把这只脚与枕头柜的一只脚相连，禁止任何人穿过或跨越。

普米族人对于宗巴拉神像、三脚架锅庄、火塘有着不一般的情感，在每逢过节、婚娶、过继养子、小孩命名、迁居新屋、行成丁礼、成交生意等生产或生活中的大事，都必须向其献祭。由于火塘、铁三脚、宗巴拉神像的关系，枕头柜也不再是一般的家具，而成为"神柜"。从功能上讲，枕头柜还是比较生活化的一件家具，它满足了普米族老年人的生活之需，又部分承担了宗教祭祀的作用，如放置祭品等。枕头柜和火塘、铁三脚、宗巴拉神像之间的空间关系是其超越于一般家具功能的重要原因。正是由于特殊的环境、空间和独特的文化氛围，枕头柜才被赋予了神性与神秘性。

图片来源
图一　胡春涛　摄影
图二至图十一　蔡克中　制图

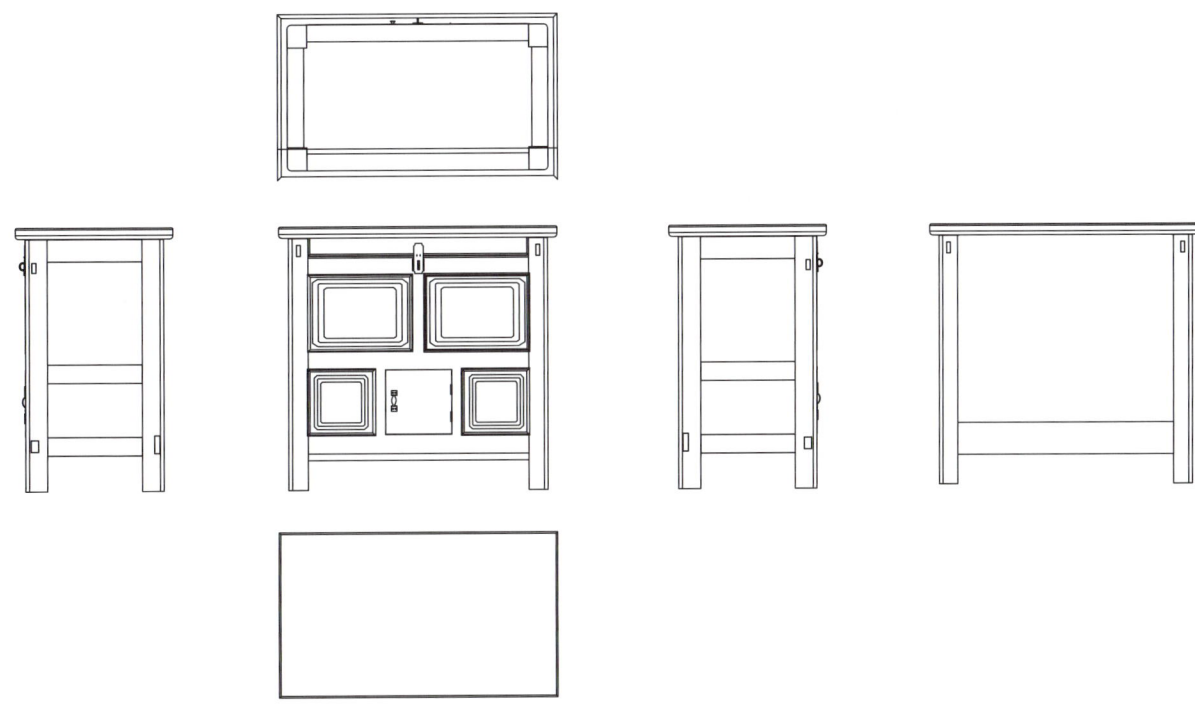

图二　普米族枕头柜六视图

图三　普米族枕头柜闭合状态效果图

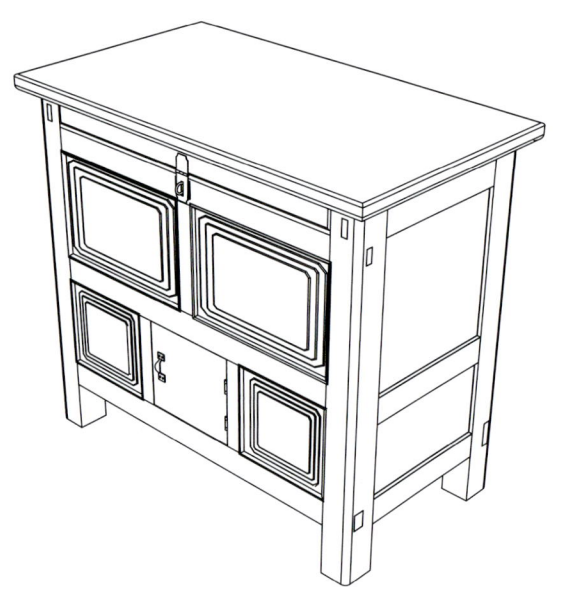 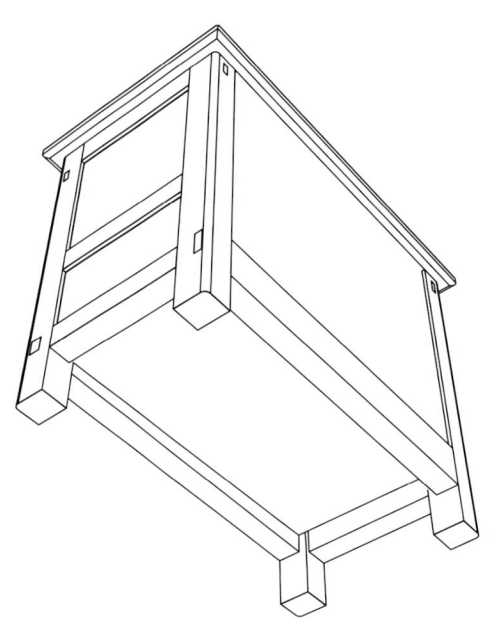

图四　普米族枕头柜闭合状态线描图

图五　普米族枕头柜打开状态效果图

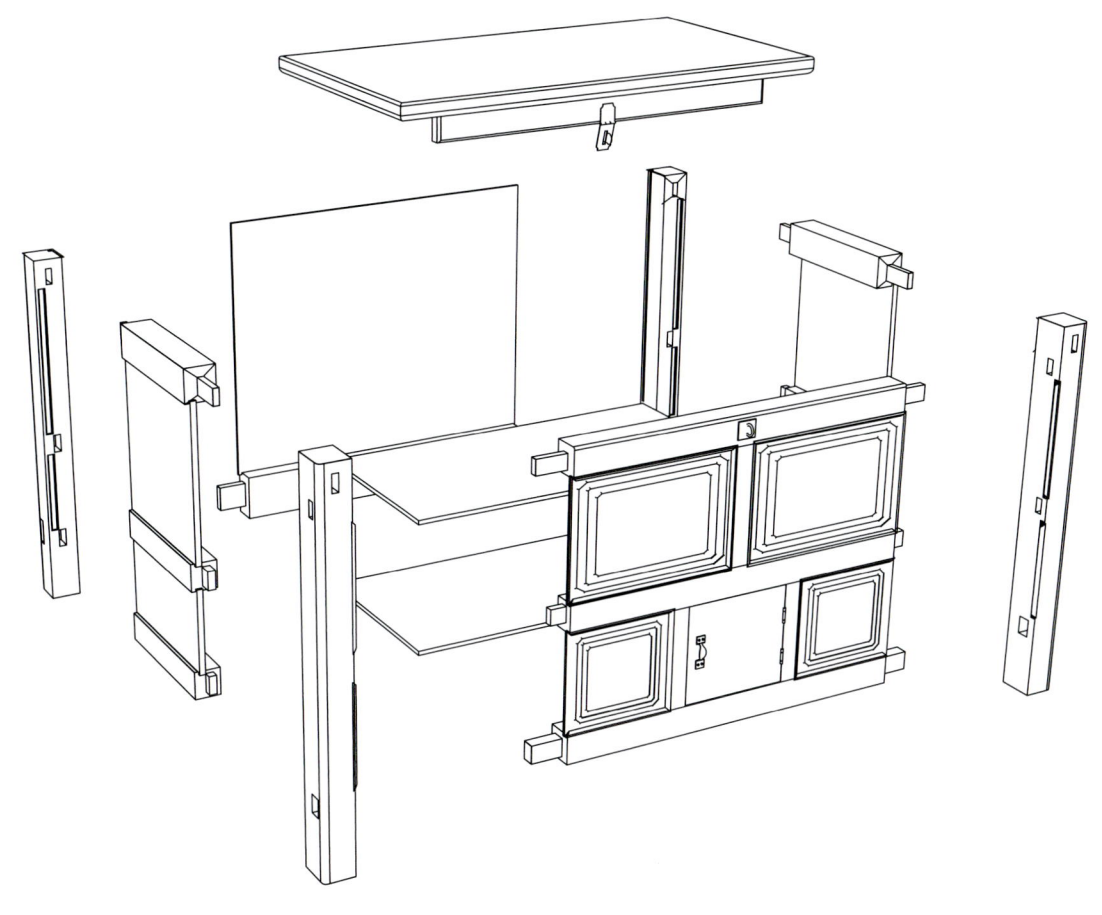

图六 普米族枕头柜解析图

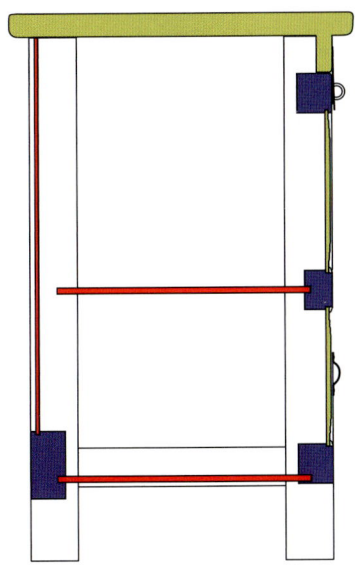
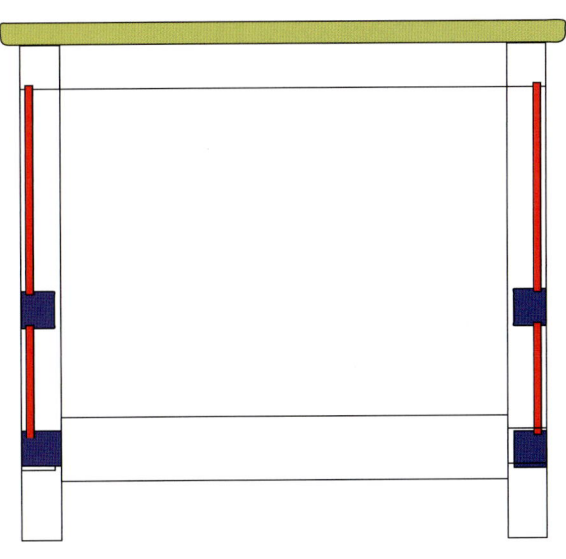

图七 普米族枕头柜剖视图

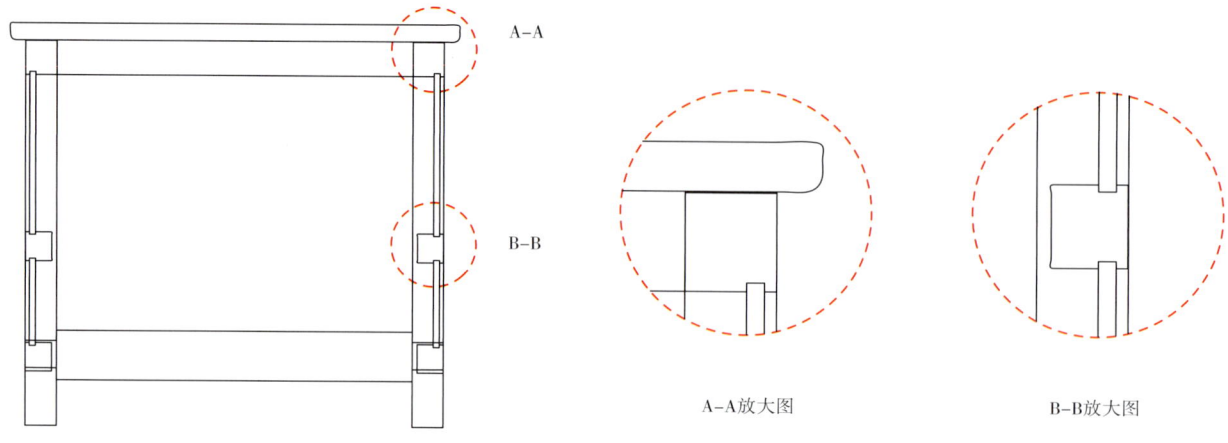

图八　普米族枕头柜细节放大图1

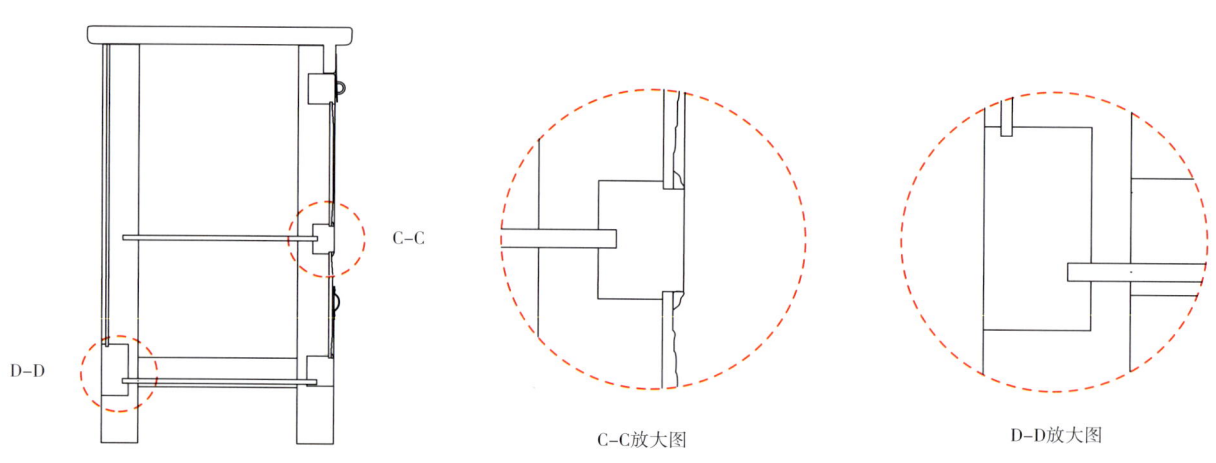

图九　普米族枕头柜细节放大图2

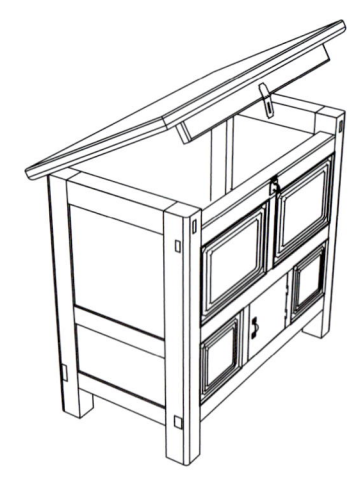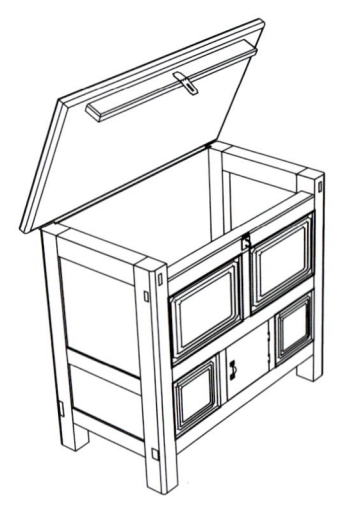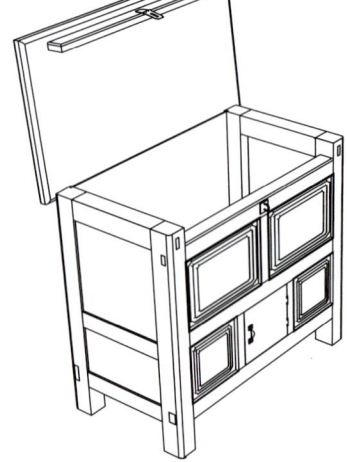

图十　普米族枕头柜上盖打开过程示意图

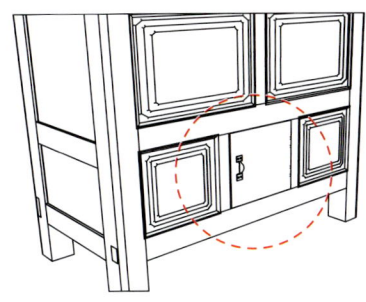 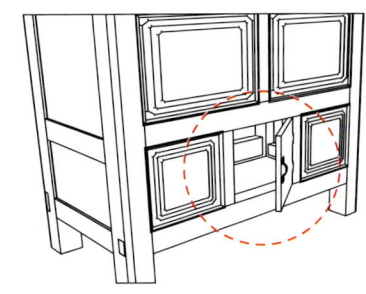 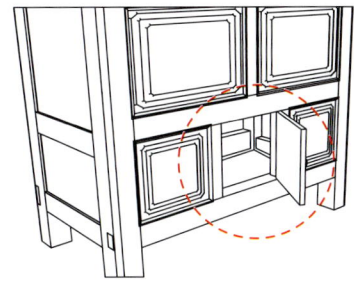

图十一　普米族枕头柜小门打开过程示意图

普米族储粮柜

图一　普米族储粮柜主图

普米族生产的粮食主要有玉米、青稞、大麦、燕麦和荞麦。这些粮食收获晾晒后就分类放在储粮柜中储藏起来。本案例采选自云南省兰坪县罗古箐村，是用来储存各种粮食的大柜子。

整个柜子为方形，高96厘米。柜子面板长180厘米，宽72厘米，厚3.5厘米，由三块木板按照"对半搭接榫"的榫卯结构组合而成。为了将三块面板加固成一个整体，在面板的反面加上左右两根穿带，而且出榫纳入大边并露出，这样处理其实是将凸出的榫头当作把手，是为方便打开柜子而专门设计的。柜身的横带与立柱的结合，也均是采用了榫卯结构，运用了"牙销紧固闭口贯通榫"的制作方法。榫头穿过榫眼并从另一侧突出5厘米，其上横着插入木楔以锁紧接合部，这种接合方式是为了便于将来重新拆装而设计的。面板的一侧与柜身的连接是通过合页，其打开方式是从下往上将面板往上推，这种开启的方式也有利于粮食从上往下倒入粮柜。粮柜内部分作三格，是用两块木板隔离形成的，在柜身两侧开槽，将木板从上往下一插到底即成。

榫头榫眼接合是最古老的一种木料接合

方式。本案例的储粮柜通过各式榫卯，将各个构件连接起来，组成一件完整的家具。整个粮柜用料厚实，牢固耐用。在普米族的居所里还有专门的粮仓，也分为不同的小格，用于存放各种粮食，同时也可喂养蜜蜂。

图片来源

图一　胡春涛　摄影

图二至图十一　蔡克中　制图

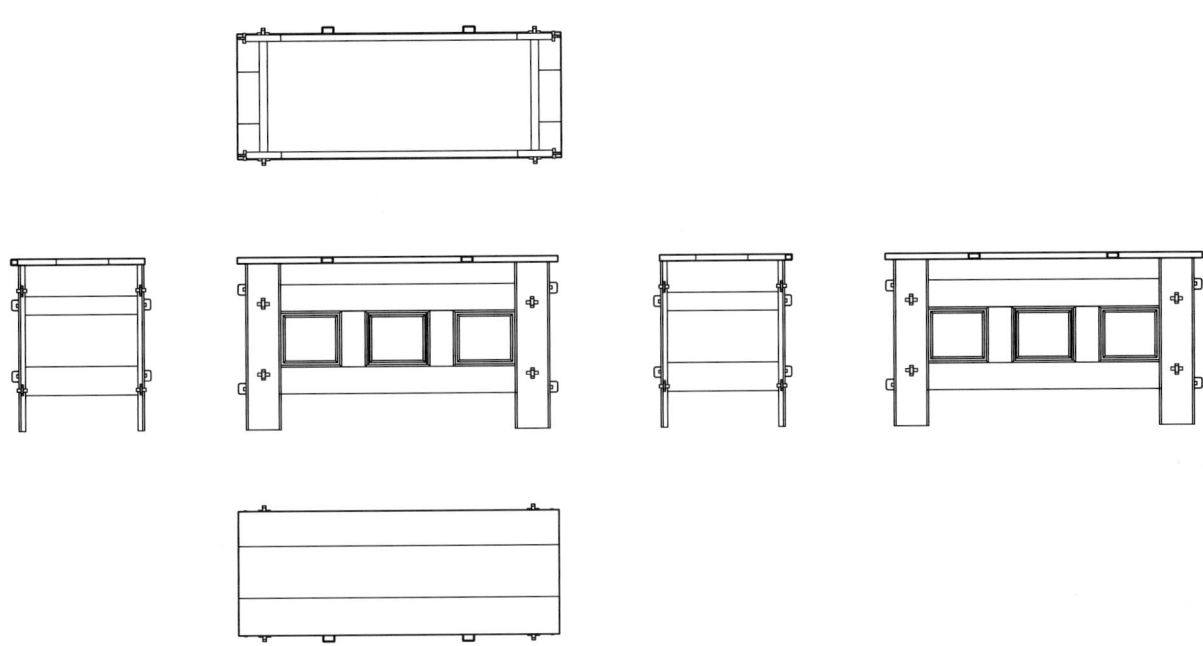

图二　普米族储粮柜六视图

图三　普米族储粮柜闭合效果图

图四 普米族储粮柜线描图

图五 普米族储粮柜打开效果图

图六 普米族储粮柜打开过程示意图

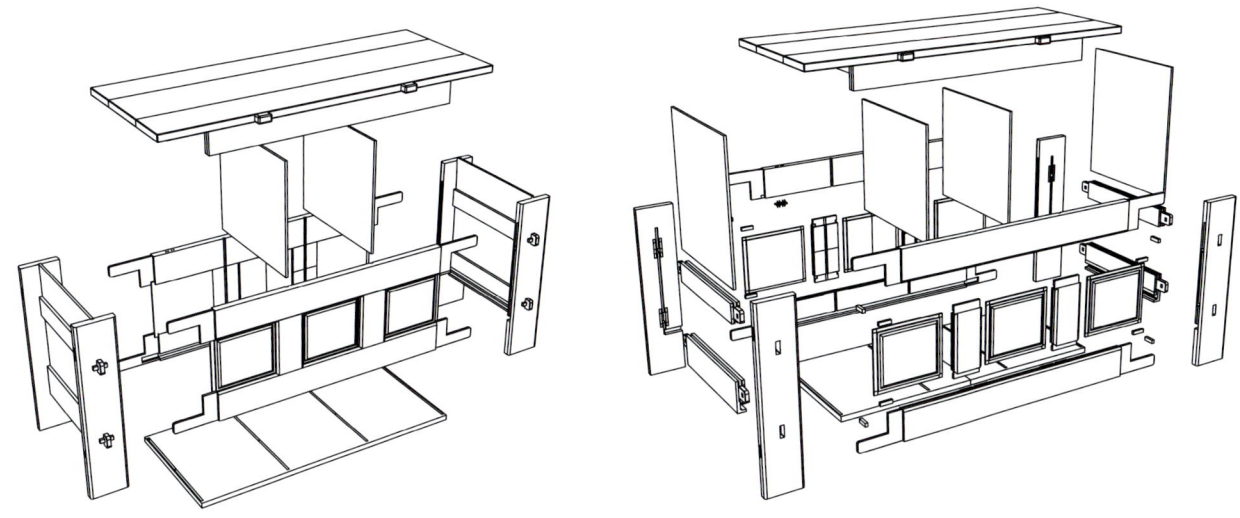

图七 普米族储粮柜解析图

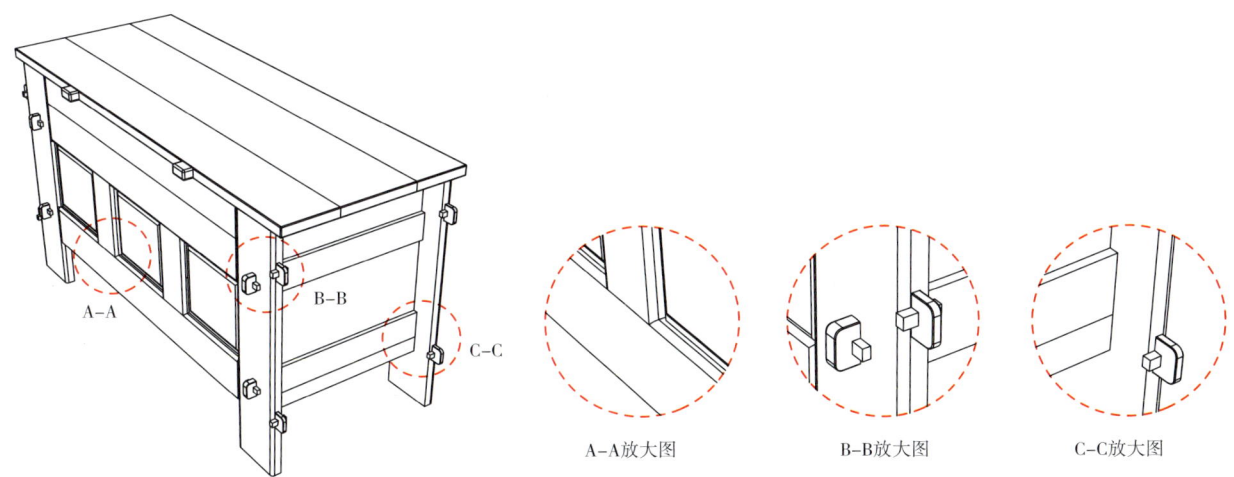

A-A放大图　　B-B放大图　　C-C放大图

图八 普米族储粮柜细节放大图

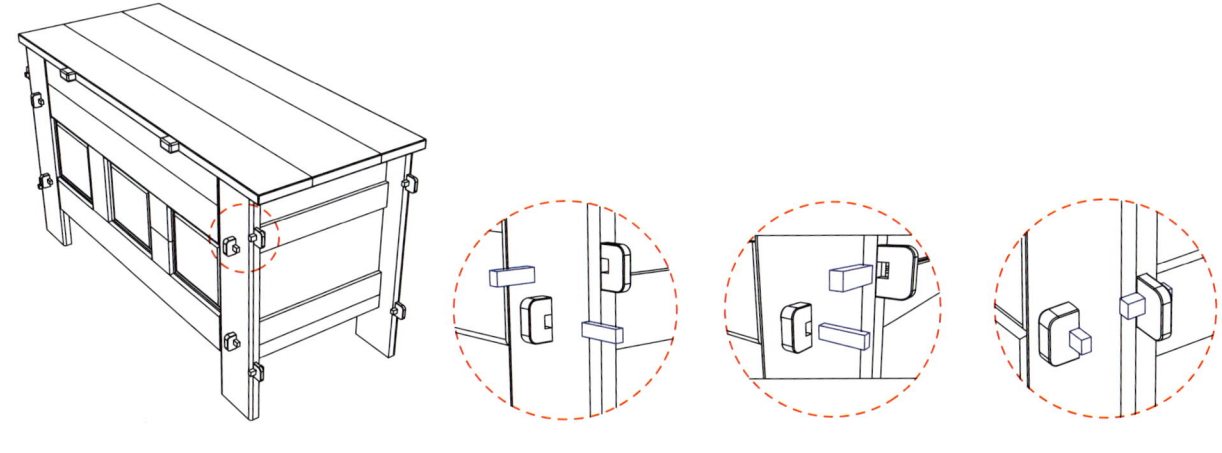

图九 普米族储粮柜木销拼接图

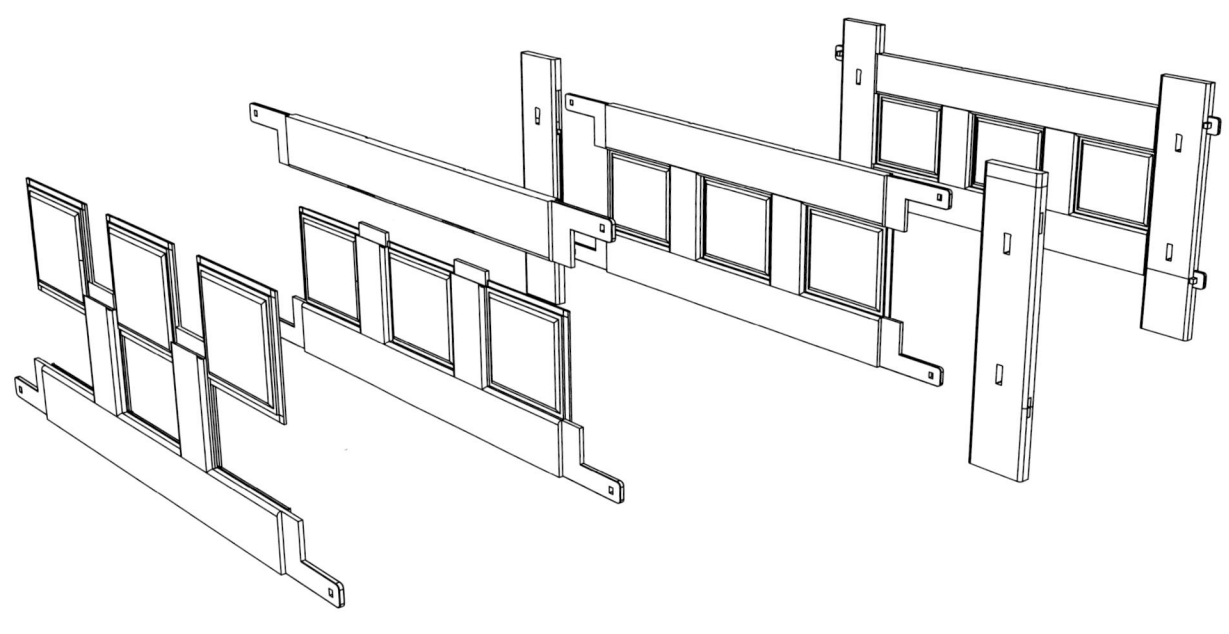

图十　普米族储粮柜前后板装配图

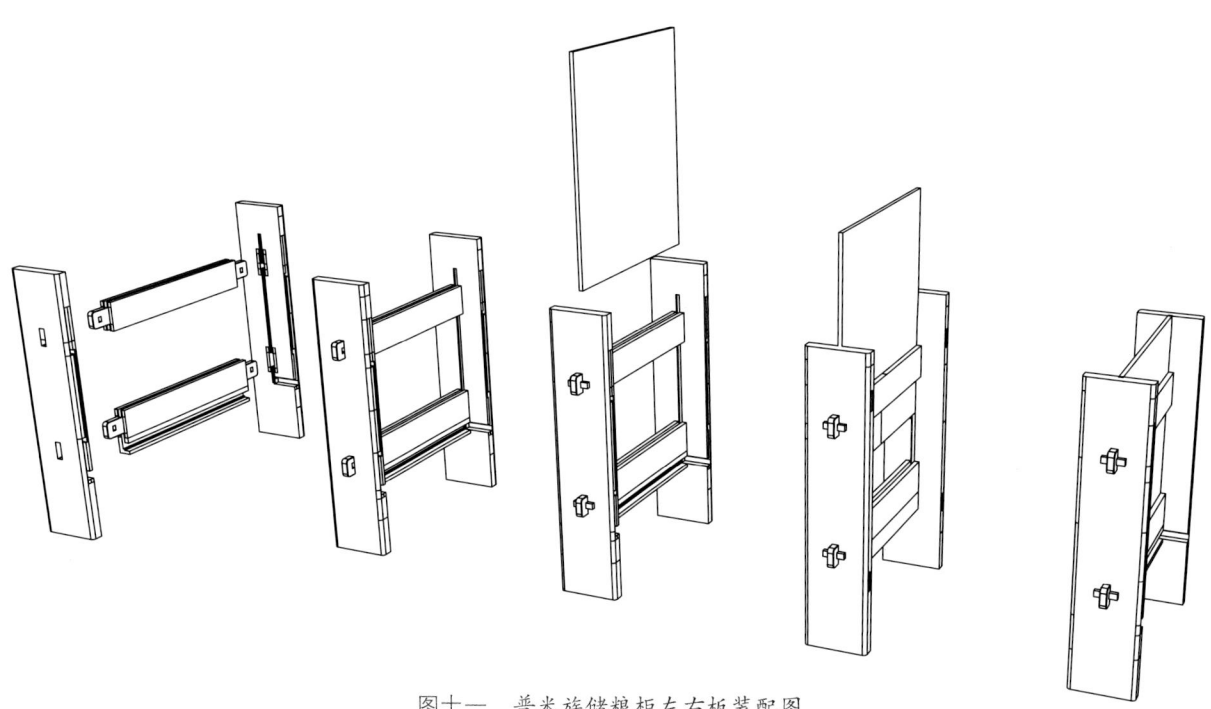

图十一　普米族储粮柜左右板装配图

普米族矮方桌

图一 普米族矮方桌主图

本案例采选自云南省兰坪县罗古箐村，桌面长84厘米，宽78厘米，厚2厘米，整高52厘米。此方桌为无束腰方桌，造型较为简单，仅由腿、面、牙板三个部件构成，桌面心由三块木板拼接而成，方腿、直枨、直脚，整个方桌利用榫卯结构来连接，没有任何的雕饰，用料经济，非常质朴、简洁。

与矮方桌相配的低矮坐具为矮凳，仅18厘米高，面板为长方形，四腿粗短，腿足在顶端出榫，与凳面的卯眼结合。也有的配合使用条凳，腿足也是低矮的。

这类低矮家具在傣、苗、侗、彝等民族中也具代表性，从家具的发展历史来看，这类低矮型家具有着古老的渊源。古人起居方式可分为席地而坐和垂足高坐两种方式，家具形制变化也主要围绕着低矮家具和高型家具两大系列展开。秦汉时期家具是典型的低矮型家具；到了三国两晋南北朝时期占主导地位的仍然是低矮家具，只在中原地区出现了渐高家具；到隋唐时期，高型家具迅速发展，直到宋代才完全普及。中国古典家具发展到明清时代，基本定型为高型家具。而部分少数民族地区则仍然沿用了颇具古风式的低矮家具造型，成为具有鲜明民族特色的形式。

普米族人使用的矮方桌占地小,便于挪移,而且常围绕着火塘布置,它的设计和制作是普米族生活习惯的直接体现。

图片来源

图一　胡春涛　摄影

图二至图十一　蔡克中　制图

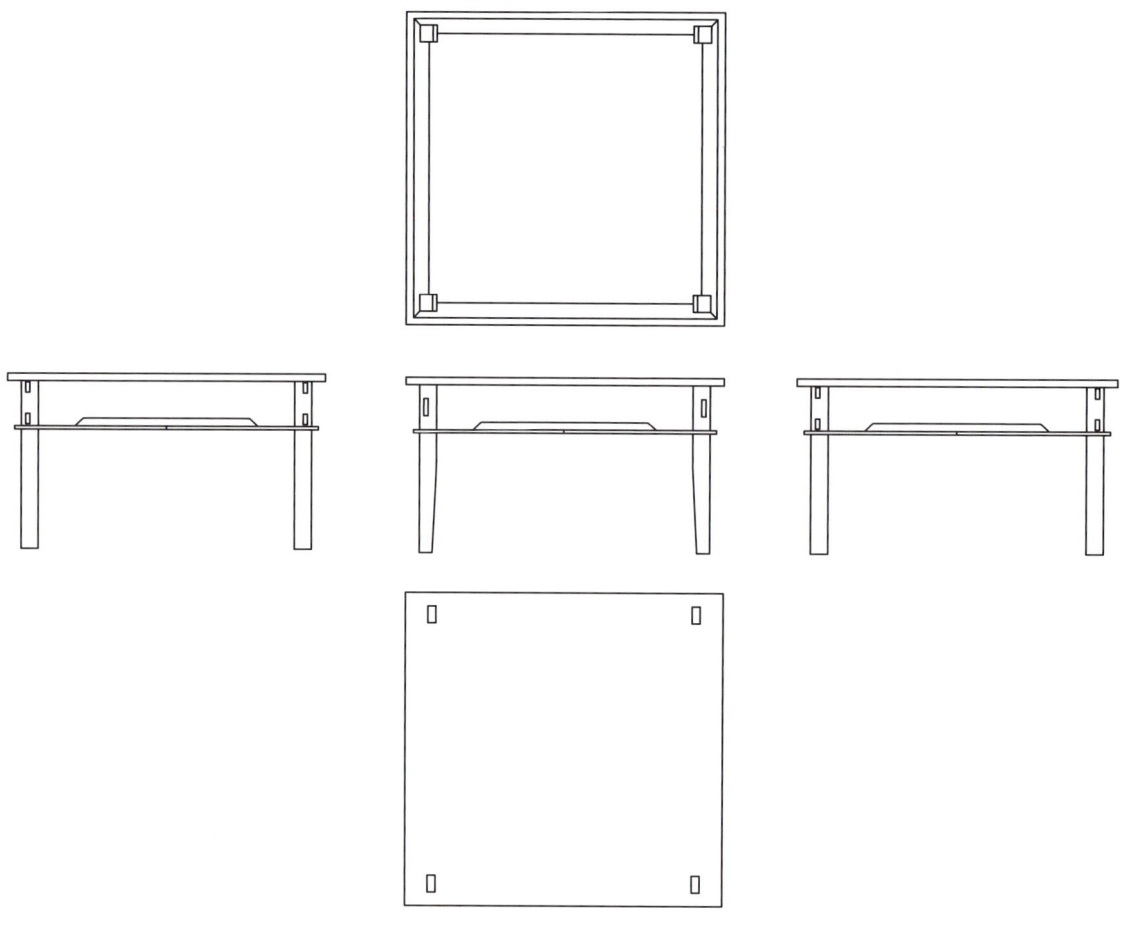

图二　普米族矮方桌视角图

图三　普米族矮方桌效果图

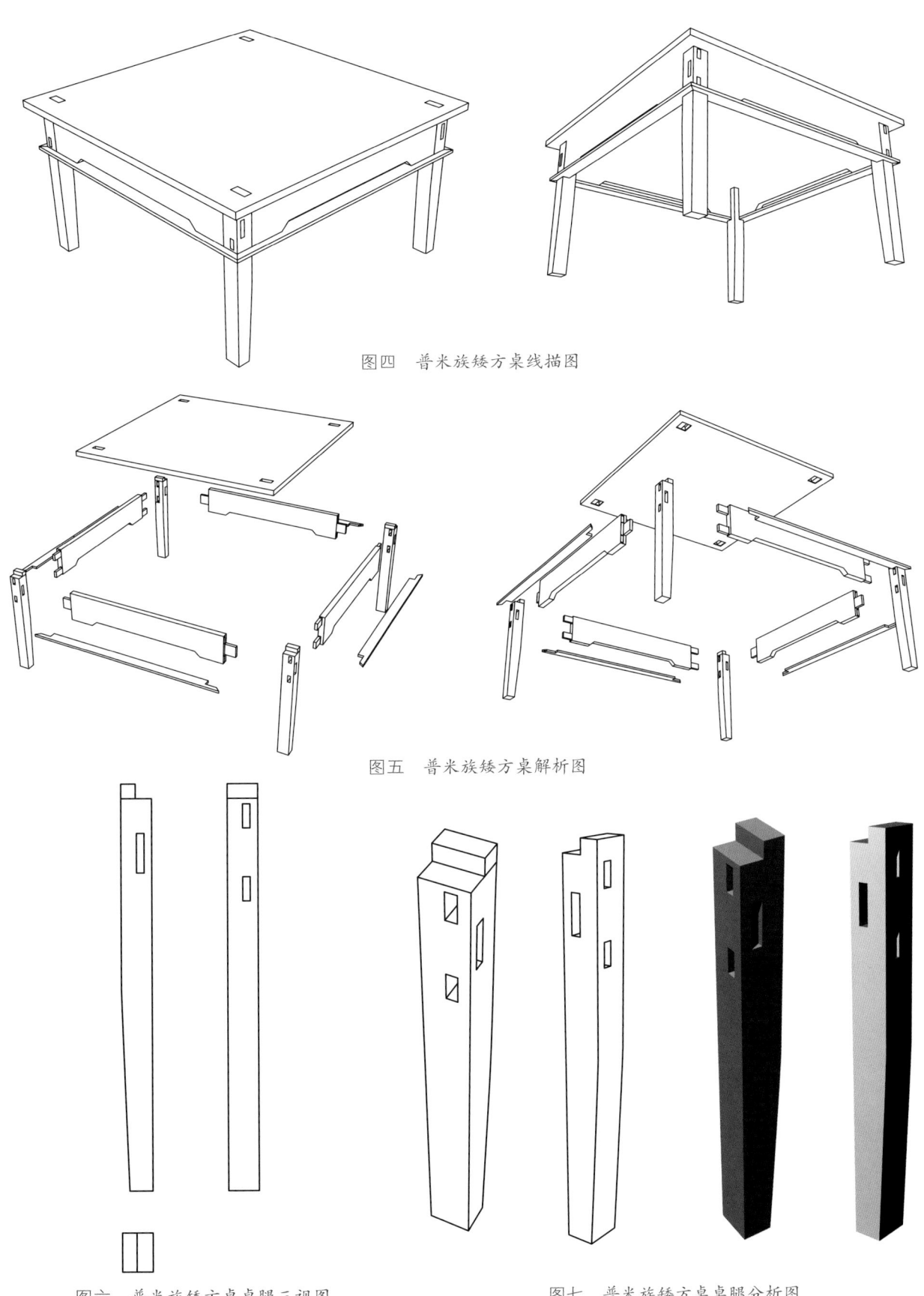

图四 普米族矮方桌线描图

图五 普米族矮方桌解析图

图六 普米族矮方桌桌腿三视图

图七 普米族矮方桌桌腿分析图

第四章 普米族传统生活用具

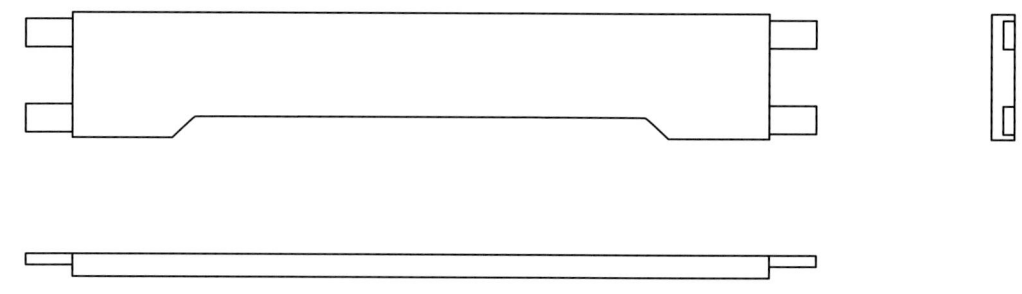

图八　普米族矮方桌横档1三视图

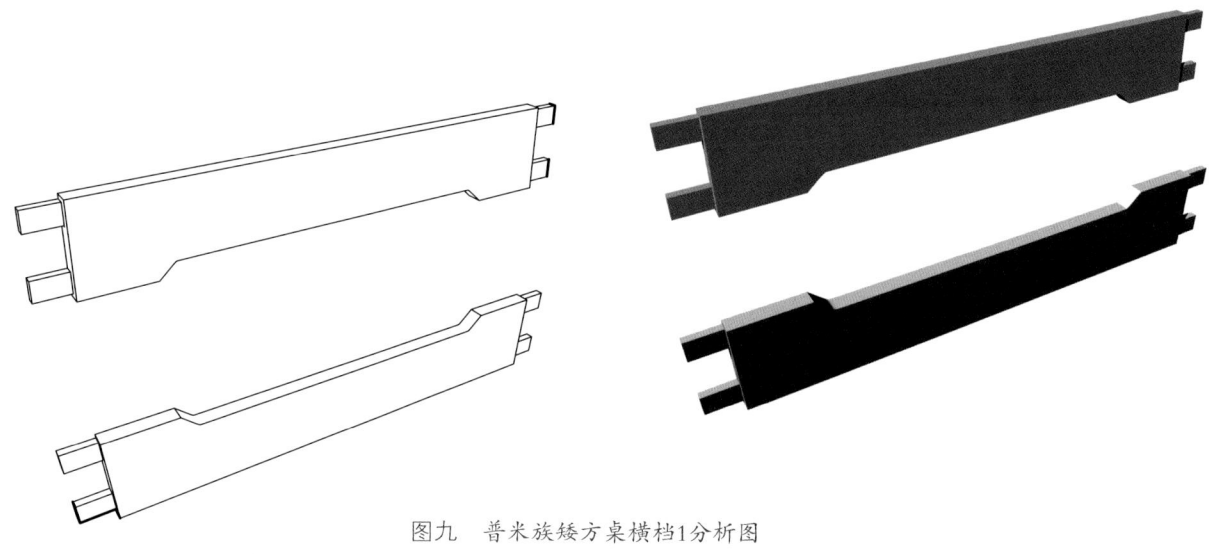

图九　普米族矮方桌横档1分析图

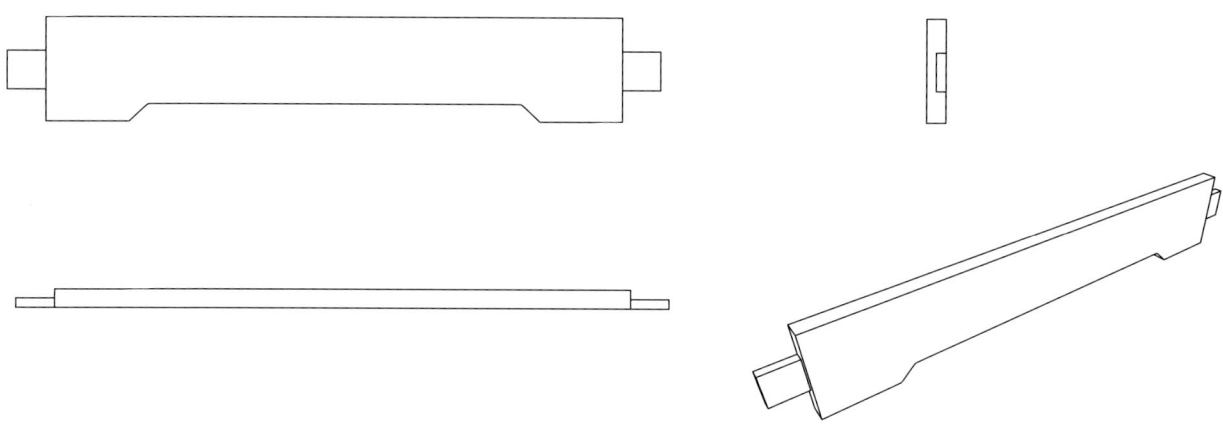

图十　普米族矮方桌横档2视角图

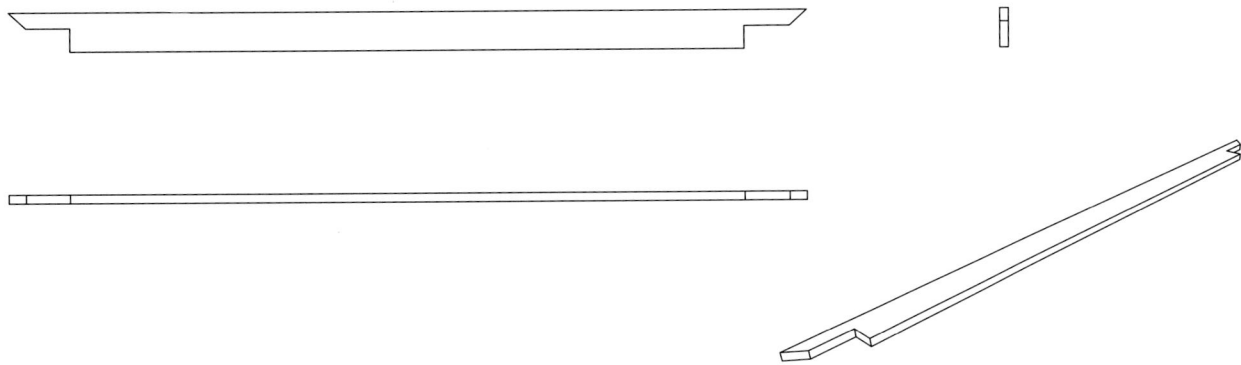

图十一 普米族矮方桌装饰边视角图

普米族四弦琴

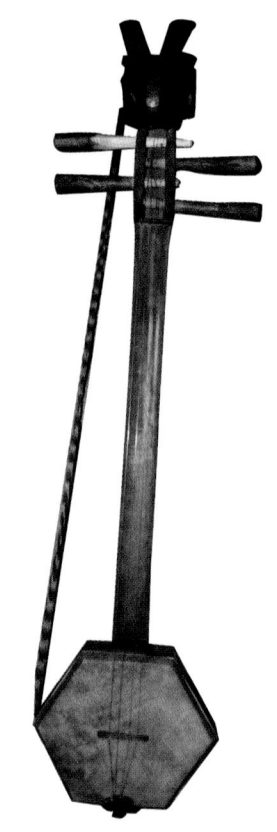

图一　普米族四弦琴主图

四弦琴也称羊头琴,是普米族人民非常喜爱的传统弹拨乐器,而且是兰坪普米族最具代表性的乐器。

四弦琴由琴头、琴杆和琴鼓等主体部分以及弦轴、山口、琴弦、琴马、皮膜、拨子等附属部分组成。琴头造型一般为羊头状,从羊脖处向后呈弧形弯曲,下部中间开有通底弦槽。弦轴呈圆锥体,琴杆为柱状体,平滑的表面是四弦琴的指板,上端嵌有山口,下端呈方形插入琴鼓中。琴鼓是四弦琴的共鸣箱,一般为正六边形,也有圆形,侧面和底用整块木头凿成,另一面的鼓框上则蒙上羊皮,有些四弦琴在琴鼓的侧面除了最上一面的另五个面都有人物、花卉的浮雕装饰。琴马置于琴鼓羊皮的中央。琴弦使用丝弦或钢丝弦,上端分别卷绕在四个弦轴上,下端系在琴鼓下面的菱形木壳上。

四弦制作十分讲究,因为其指板工艺直接关系到发音,其长度决定有效弦长,宽度影响到演奏技巧的发挥,厚度涉及变形问题,山口至下端的凹形槽关系到演奏时的力度变化。

四弦琴演奏时,置琴鼓于腹右侧,琴杆斜向左方,左手扶杆按弦,右手执拨子弹奏，音质优美，能弹奏出72种不同的音调。一般主要用来弹奏普米族搓蹉舞蹈十二调，也有一些自娱的独奏曲，如模仿鸟儿母子呼唤的过江调等。四弦羊头琴是在原来的基础上，依据历史共识将琴头进一步改制发展出来的。普米族崇拜羊，族人去世都给一只羊"来给亡灵指路"，所以羊头也是普米族生活中很重要的一种符号。四弦琴既是乐器，还是小伙子们向姑娘传情示爱的"武器"，是年青小伙子在每年农历五月初五的端午节向心仪的姑娘表达爱恋的最佳乐器。

图片来源
图一　胡春涛　摄影
图二至图十一　蔡克中　制图

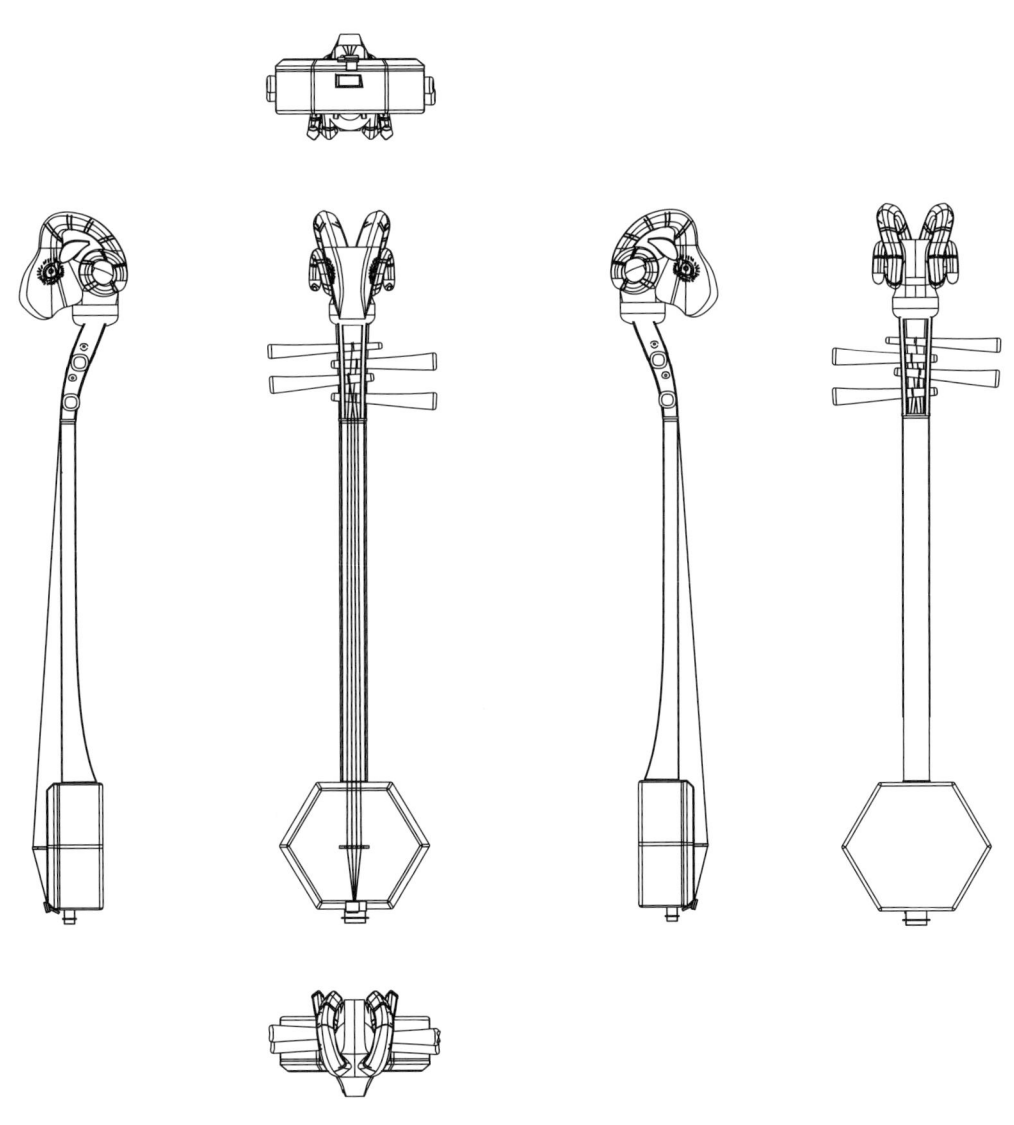

图二　普米族四弦琴视角图

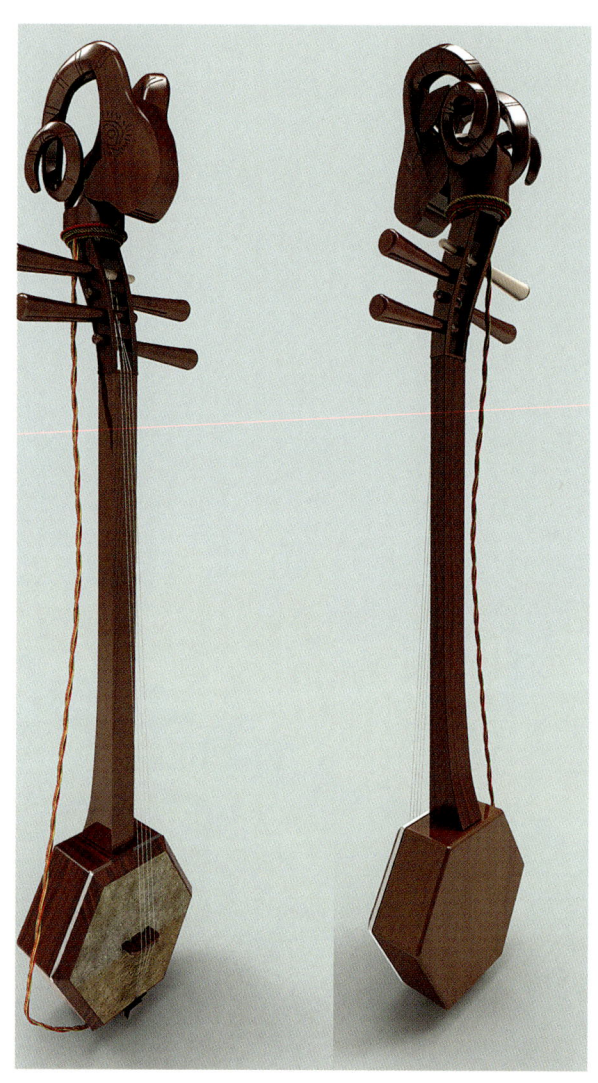

图三　普米族四弦琴效果图

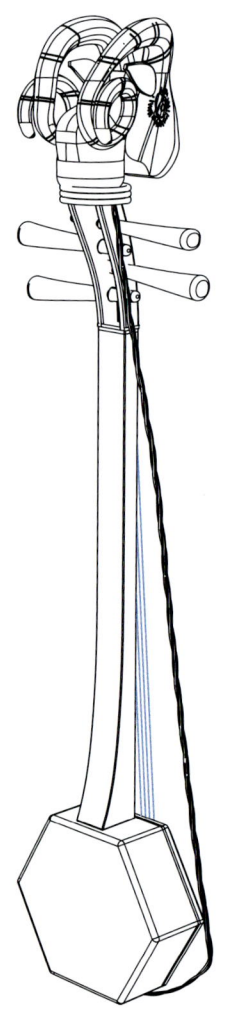
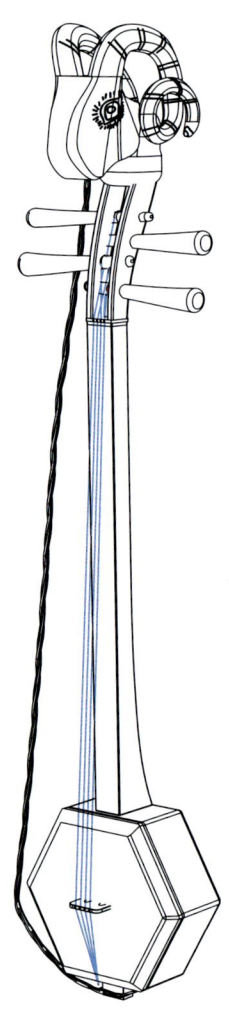

图四　普米族四弦琴线描图

图五 普米族四弦琴解析图

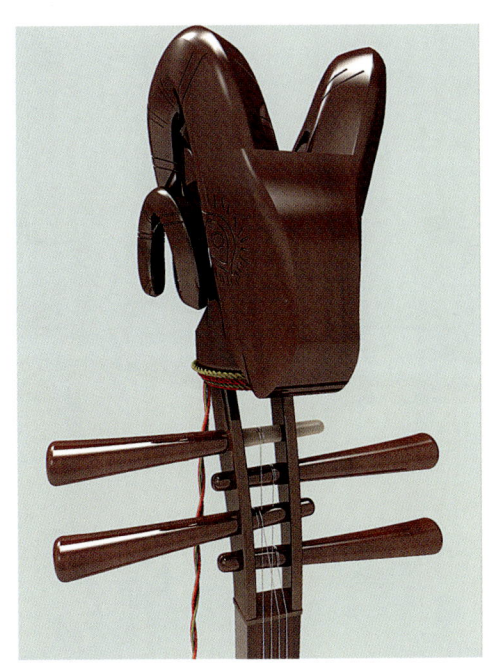 

图六 普米族四弦琴局部放大图

第四章 普米族传统生活用具

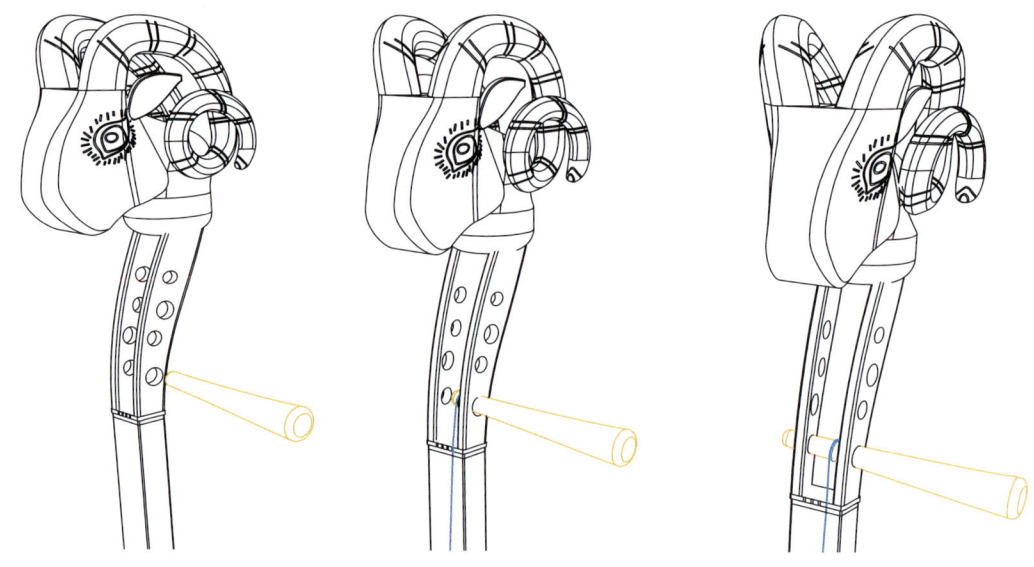

图七 普米族四弦琴装弦示意图1

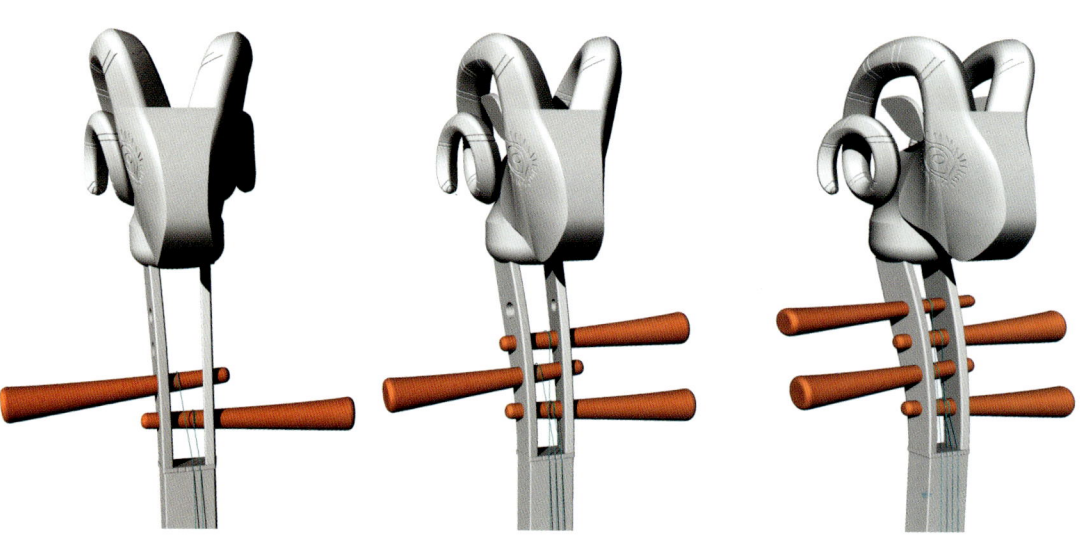

图八 普米族四弦琴装弦示意图2

图九　普米族四弦琴演奏情境图

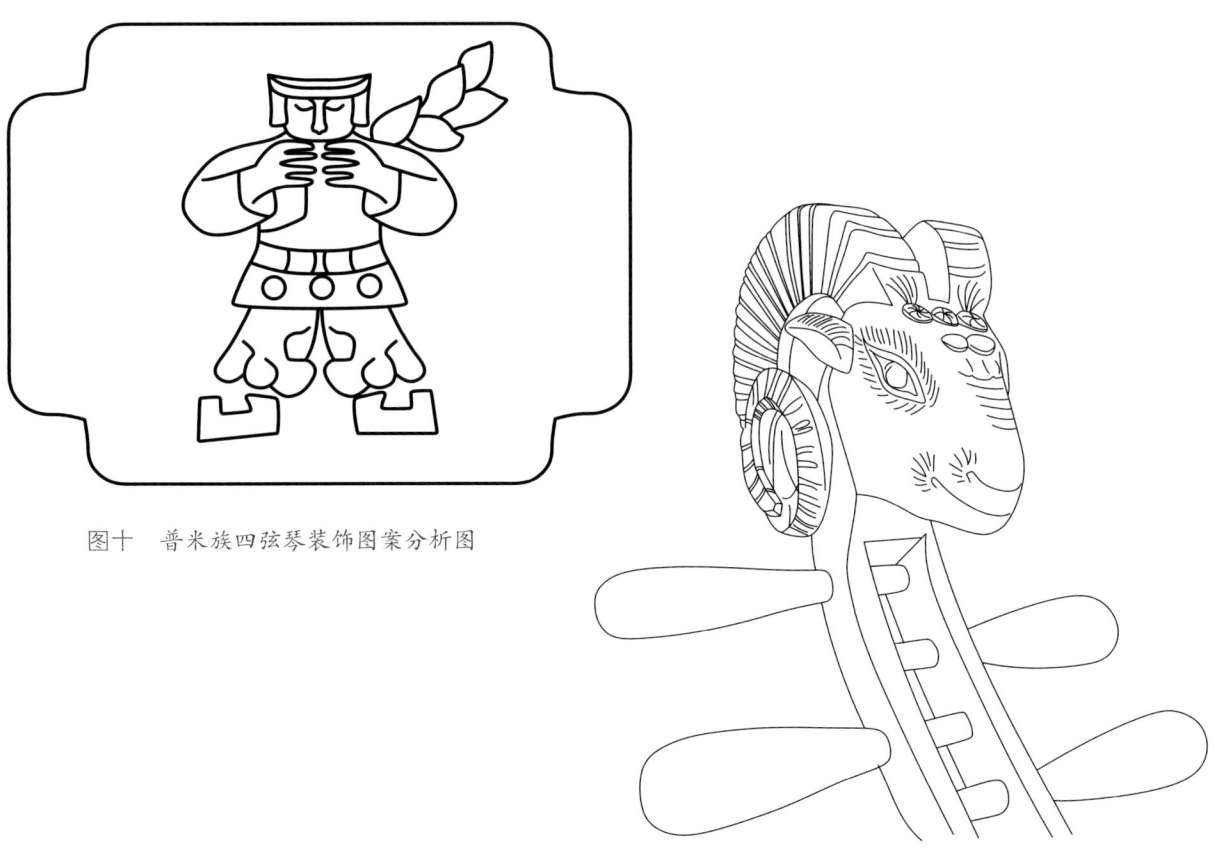

图十　普米族四弦琴装饰图案分析图

图十一　普米族四弦琴琴头细节线描图

第四章　普米族传统生活用具

普米族剔骨刀

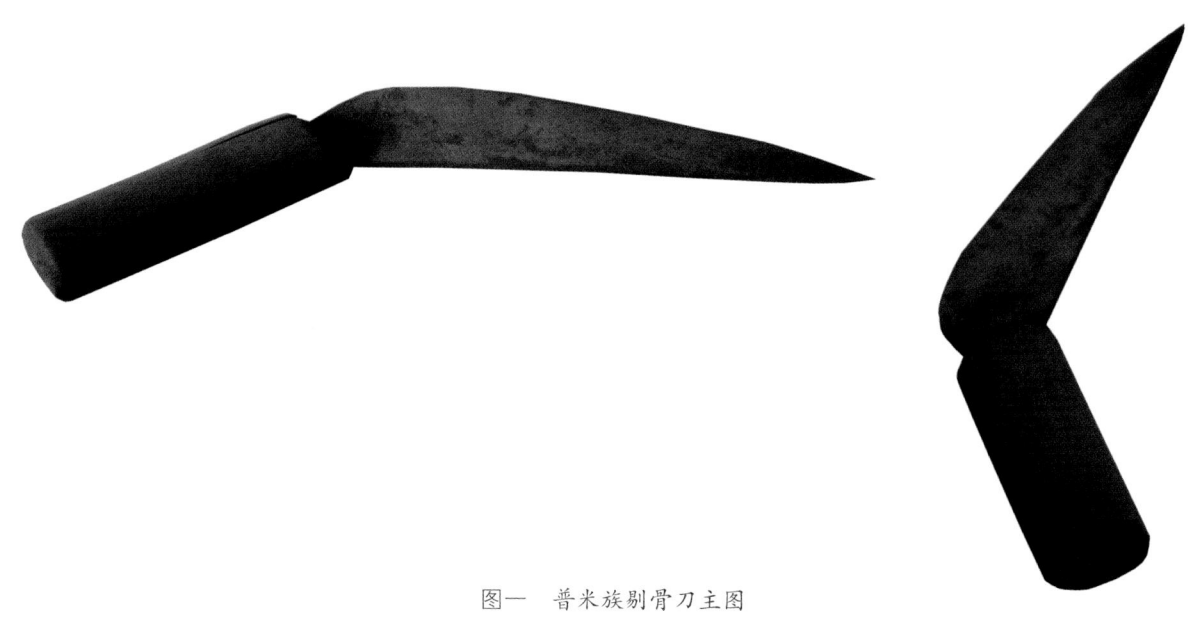

图一　普米族剔骨刀主图

本案例的剔骨刀收藏于中国民族博物馆。结构简单，由两部分组成：刀片和刀柄。刀片长18厘米，插销长5厘米，藏于木质刀柄中，刀背呈圆弧形，刀刃为直线，与插销在刀背圆弧的位置交叉，形成钝角。整个造型简洁明了。刀柄为木质，长10.6厘米，侧面呈椭圆形。制作这把剔骨刀的程序也相对比较简单，刀片使用的材料是铁，由铁料经过锻打成形后在刀刃口贴钢而成。用小块木材削好刀柄，在刀柄一侧凿好方形小孔用来安装刀片，所凿小孔比插销略小，深度较插销长度要浅，插销形状为下小上大，将其插入木柄的小孔。由于孔与插销不匹配，插销不能完全插入，这时需手持刀背，将手柄提起朝地面用力敲打，使刀片插销完全揳入木柄。

剔骨刀是用来剔断筋骨、切割软骨、剥离肉骨的刀具，此种刀具的设计具有很强的功能性。刀口尖、细，刀身窄而硬，刀尖锋利，在剔骨的过程中，有利于游刃有余地在动物骨架中进行钩、挑、割、划等动作，适用于在骨头这种不均匀、有凹凸和粘连的物体中开展工作。刀背为弧形，刀刃为直线，这种设计也有其微妙之处：一方面刀刃与手柄呈钝角，手持手柄工作时，力量向内，具有省力之效；另一方面使工作中的力量能均匀施展，方便拉滑。相比于普米族直刃、粗口的杀猪刀，这种刀具适用于长距离割离骨肉，它可使力量都集中在刀尖，从而更适合短暂的瞬间发力的工作。另外，剔骨刀质地坚硬，结实牢固，将木柄与铁质刀片两种不同的材质很好地融合在一起，木柄舒适，温暖；铁刃灵活，锋利。

剔骨刀是普米族刀具设计的一个成功案例，它在材质的组合，器物造型的打造，以及工艺技巧、功能方面都有细腻的考量，对于今天的设计实践具有启发意义。

图片来源

图一　胡春涛　摄影

图二、图三、图六　蔡克中　制图

图四、图五　贾庭伟　制图

图七　张宛楠　制图

图八　杜蕊　制图

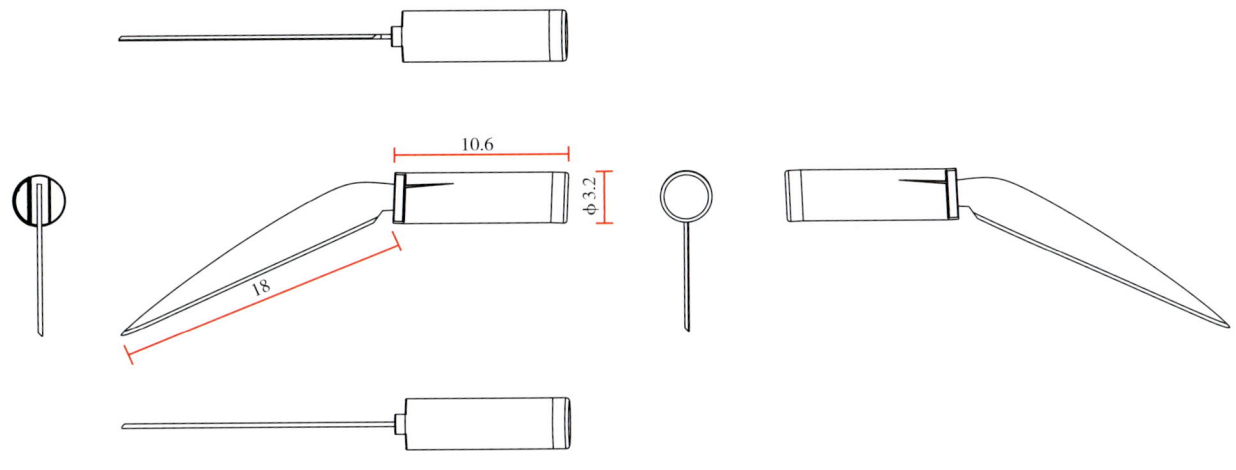

图二　普米族剔骨刀视角、尺寸图（单位：cm）

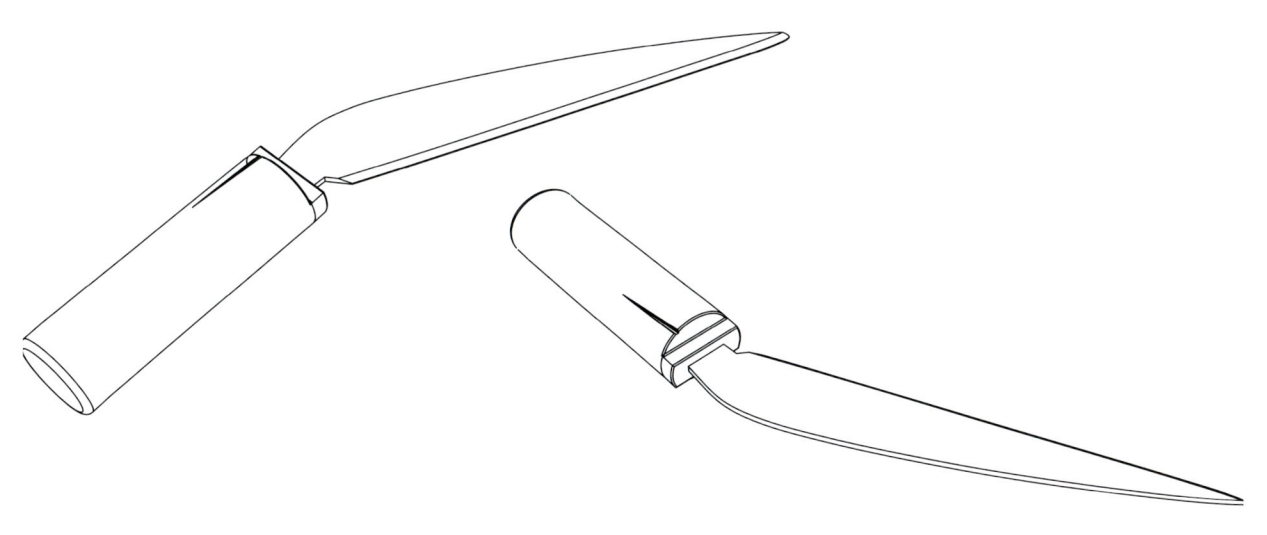

图三　普米族剔骨刀结构线描图

图四　普米族剔骨刀效果图1

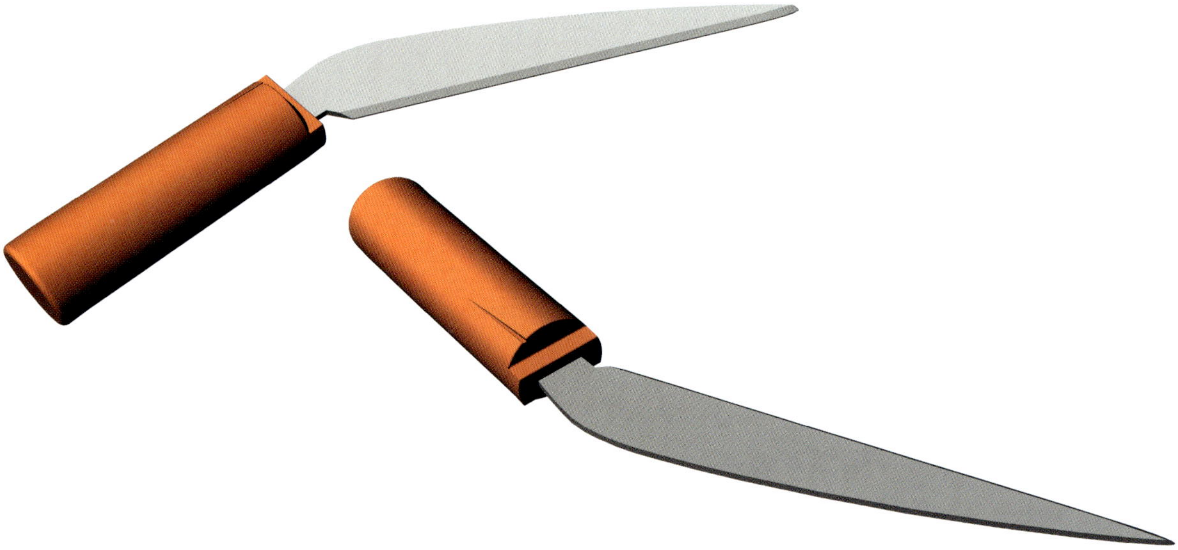

图五　普米族剔骨刀效果图2

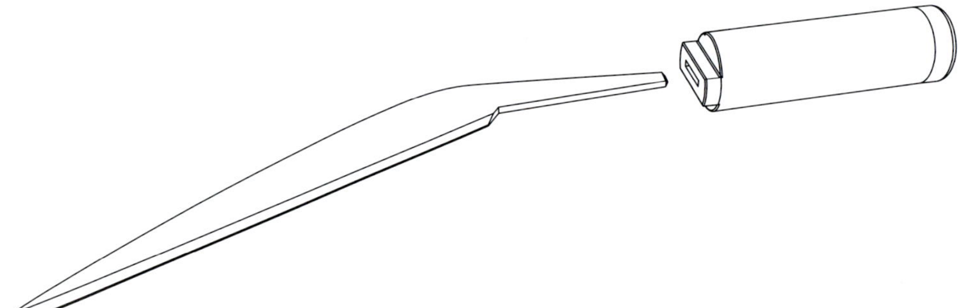

图六　普米族剔骨刀解析图

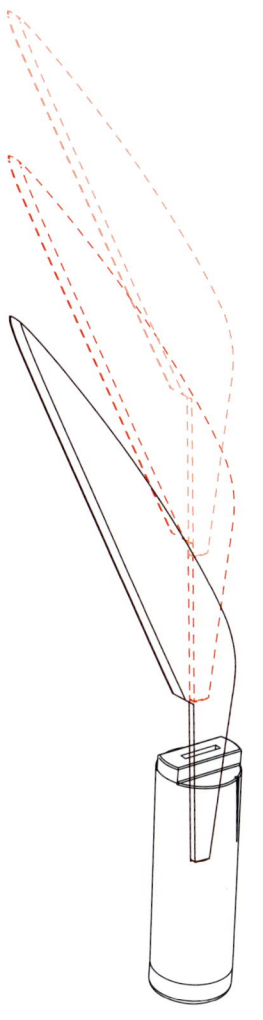

图七　普米族剔骨刀装配演示图

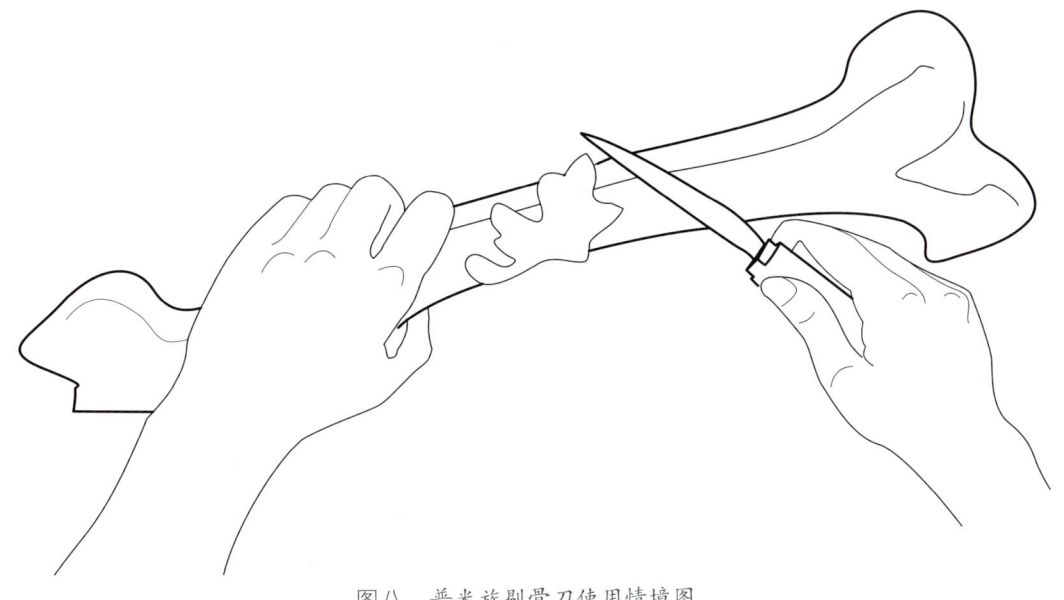

图八　普米族剔骨刀使用情境图

第四章　普米族传统生活用具

普米族羊毛剪

图一 普米族羊毛剪主图

普米族善于纺织，绵羊毛、山羊毛是普米族纺织工艺中主要的原材料，可以用它们来织成生活中的日用品，如羊毛披毡、羊毛垫毡、羊毛布、羊毛被、羊毛带子、腰带等。从动物身上将毛剪下来是获取毛纤维最普遍的方法。羊毛剪子主要是用来剪羊毛和其他牲畜毛鬃的。

本案例结构并不复杂，整体呈鹤嘴形。由两片刀刃相对组合而成，结合点有轴眼，用螺丝和螺帽铆合，将支点放在刀和刀柄之间，利用了杠杆的原理，使用起来方便省劲。手柄处没有像现代的剪刀那样呈"b"形弯曲模样，而是保持了直线形，手柄的上部向外弯曲，在两片手柄之间安置有弹簧片。手柄的设计也充分考虑到实用的特点，整体比较长，侧面整个向内陷，工作时将手握的力量整个引向手柄的中央，使力量更集中。手柄剖面呈弧状，在使用的过程中不会感觉到不舒适，而且整个造型富有流线美。因为弹簧的作用，羊毛剪子在不用时是自然张开的；使用时，只需在手柄处施力，将刀刃合拢，就能剪掉羊毛，依靠弹簧片的弹力手掌一紧一松羊毛剪子就能工作起来。

羊毛剪子设计的成功之处在于充分地利用了弹簧卷的性能，弹簧在受到手的挤压后发生形变，当手松开后弹簧又能恢复原样，羊毛剪子就是利用弹簧这一性质来进行工作的。弹簧的引入使纯手工的羊毛剪子多了一些机械的味道，为实际工作提供了不少便利；而且整个设计具有人性化的特色，在细微的设计中充分考虑到人作用于剪刀时的手感、舒适度；羊毛剪子造型优美，具有流动的线条美。

羊毛剪子是纯手工打制的器具，从一块铁料到最后成型，经过了千锤百炼，而且其中的工序烦琐、技术复杂，对打制者的技能要求也比较高。电动机械剪毛方法使用后，人工剪毛的方法受到挑战，羊毛剪子作为人工剪毛的工具也渐渐受到排挤，但不管怎样，羊毛剪子提供了纯手工时代造物的范本，对于我们今天的设计实践同样具有独特的价值和意义。

图片来源
图一　胡春涛　摄影
图二、图四、图六、图八　蔡克中　制图
图三、图五　贾庭伟　制图
图七　张宛楠　制图
图九　谢涛　制图

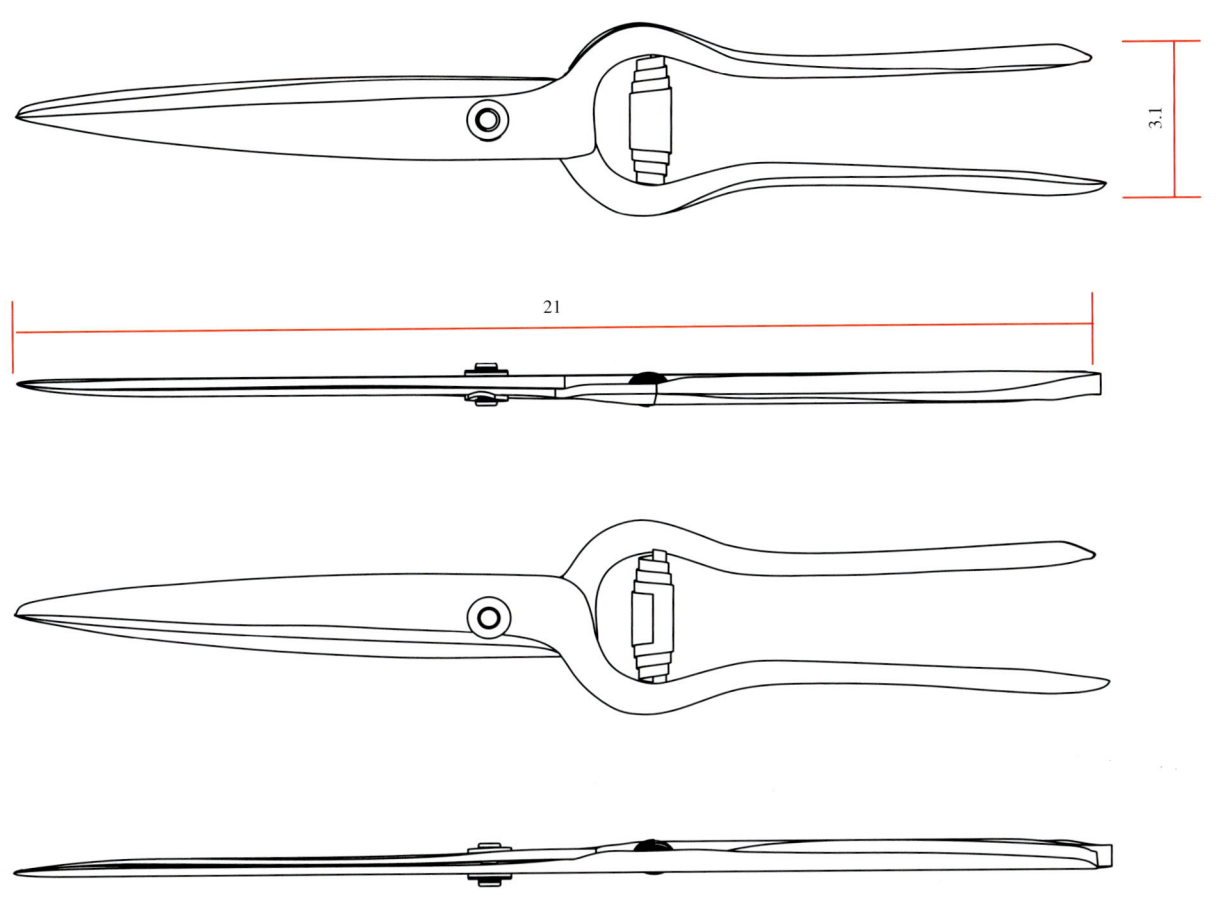

图二 普米族羊毛剪视角、尺寸图（单位：cm）

图三 普米族羊毛剪关闭效果图

第四章 普米族传统生活用具

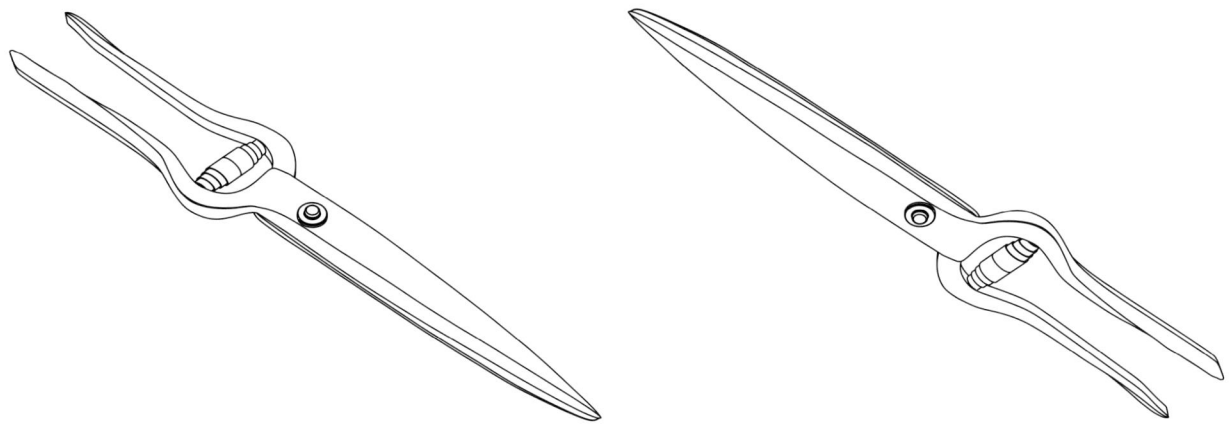

图四 普米族羊毛剪关闭线描图

图五 普米族羊毛剪打开效果图

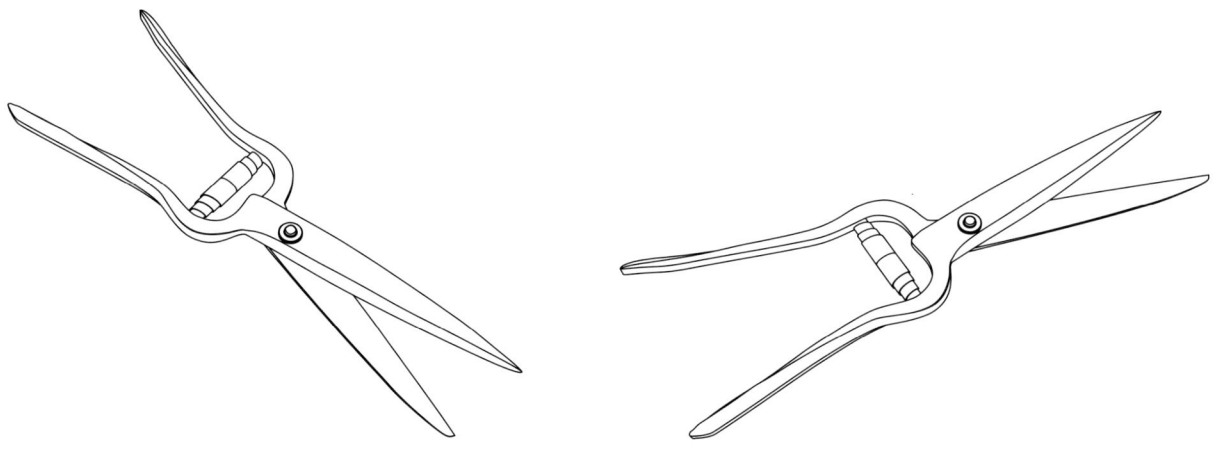

图六 普米族羊毛剪打开线描图

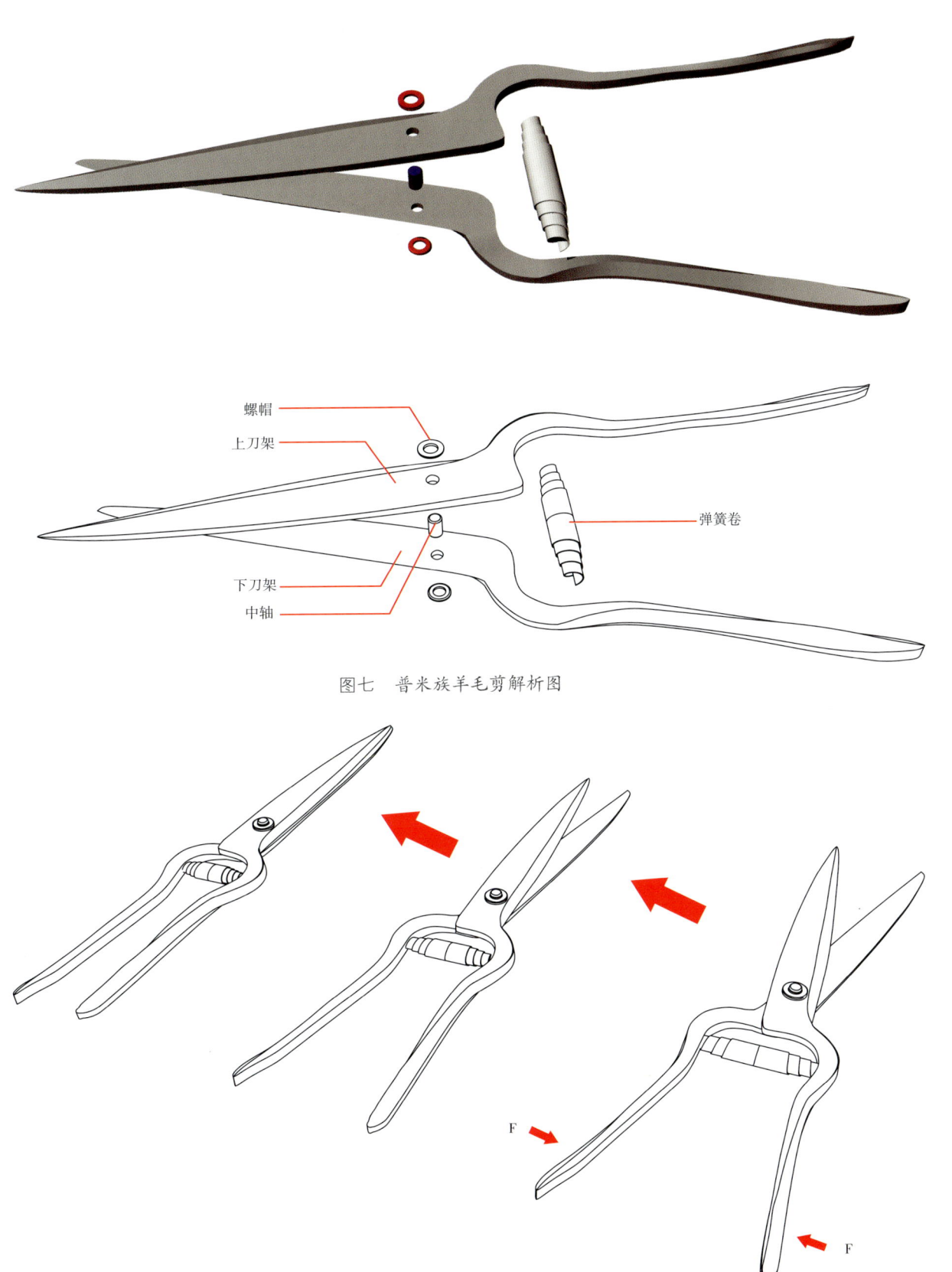

图七　普米族羊毛剪解析图

图八　普米族羊毛剪打开过程示意图

第四章　普米族传统生活用具

135

图九　普米族羊毛剪使用情境图

普米族马辔

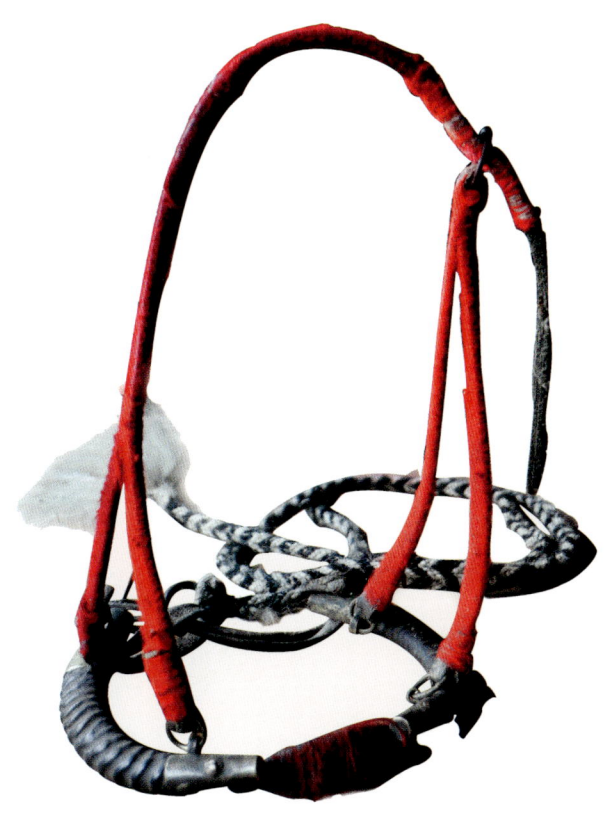

图一　普米族马辔主图

马辔，又称辔头、马勒，是为了驾驭马、牛等牲口而套在其头上的器具，一般由络头、马衔、马镳和缰绳组成。

本案例采选自云南省宁蒗县拉伯乡黑尔甸村。马镳用羚羊角制作而成，两相成对，均进行过修饰，粗端锯平，宽处直径2.8厘米，窄处2厘米，包有铜皮，尖端也包有铜皮，截面为圆形，直径1.1厘米。羊角马镳粗细两头都有两穿孔，都位于包裹的铜皮上，呈十字形错开，分别与络头、马衔连接。络头用废轮胎制作而成，上缠有红毛线，立高40厘米，有活扣，可伸缩，两端呈人字形分叉，分别与马镳的两侧粗细两头的铜环相连。马衔为铁质，长10厘米，略有弧度，呈月牙形，中间宽，两侧窄，两端钮成环与马镳相连，上缠有红色毛线，防止马衔磨破马嘴。

羊角镳两侧粗的一端都穿有牛皮带，一端打结，一条从另一条扣中穿过，长的牛皮带上又套上倒"8"字形的铁环扣，一端连在牛皮带上，一端系有长220厘米的缰绳，缰绳用两股黑白牦牛绳交叉编织而成，缰绳结实有力，黑白交错，绳子尾部露出散开的蓬松白牦牛毛。

整个马辔风格独特,具有浓郁的装饰意味。络头上鲜亮的红色,缰绳上黑白色的交替以及马镳上铜质与动物角质的天然融合,都交相辉映于同一整体之中;而且这副辔头综合运用了铜、铁、角、皮、毛等不同的材质,物尽其用;从其穿插与连接的方式来看,也是环环相扣,又松紧有度,恰到好处。所谓好马配好鞍,马辔也是一样的,据马辔的拥有者介绍,这一副马辔如此的亮丽,故而一直还没有找到与其相配的漂亮的马。

图片来源

图一　胡春涛　摄影

图二至图十　蔡克中　制图

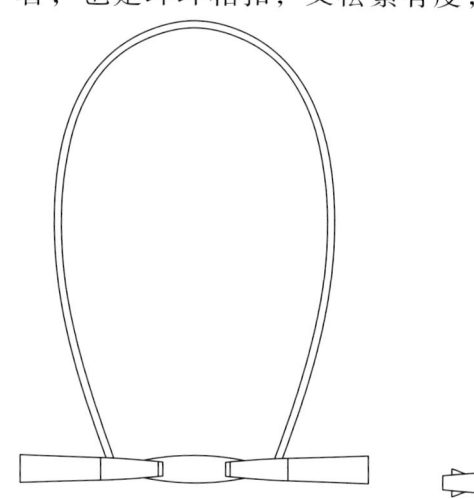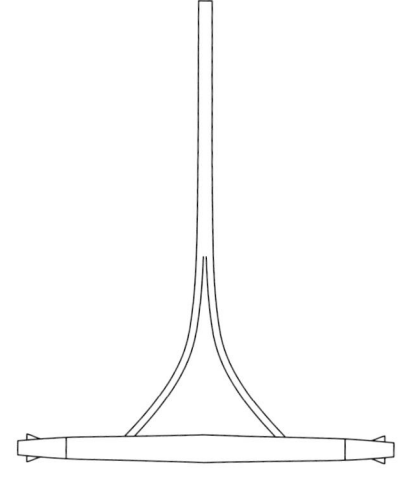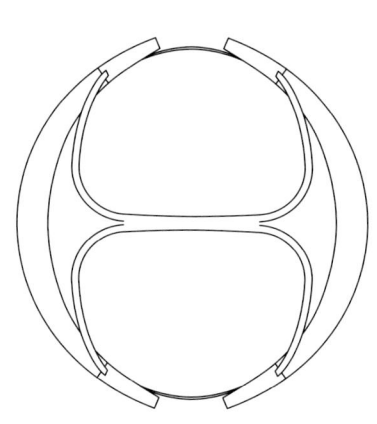

图二　普米族马辔三视图

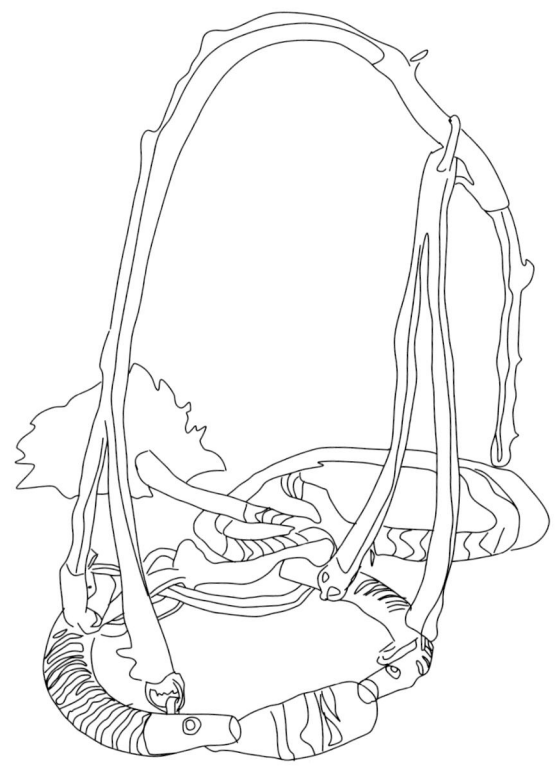

图三　普米族马辔线描图1

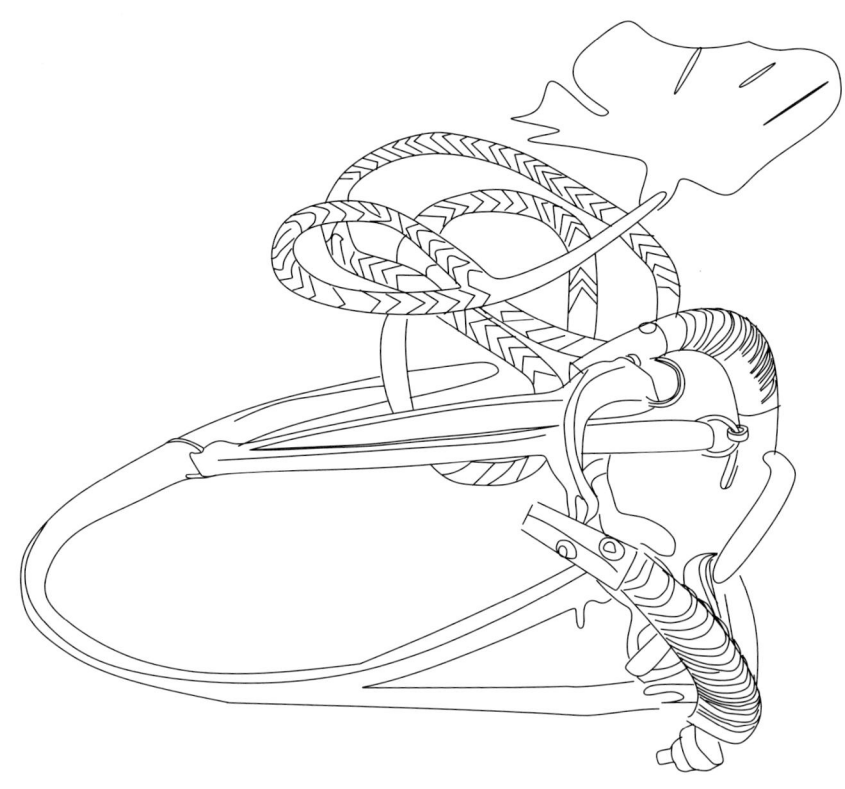

图四　普米族马辔线描图2

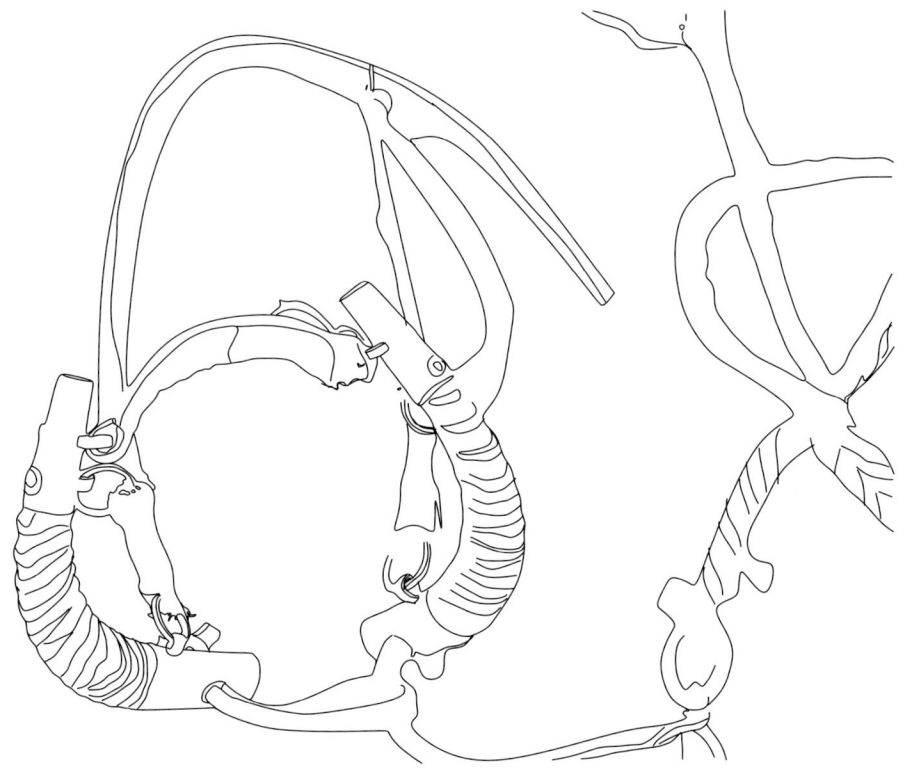

图五　普米族马辔线描图3

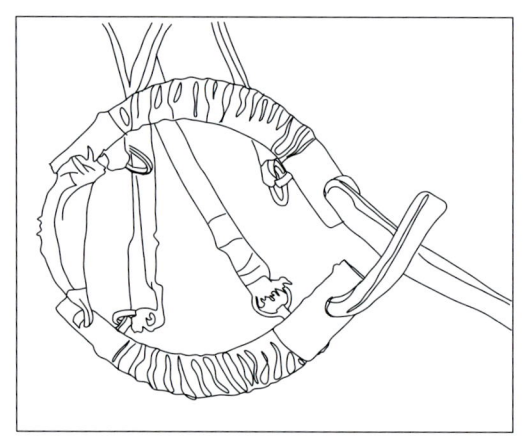
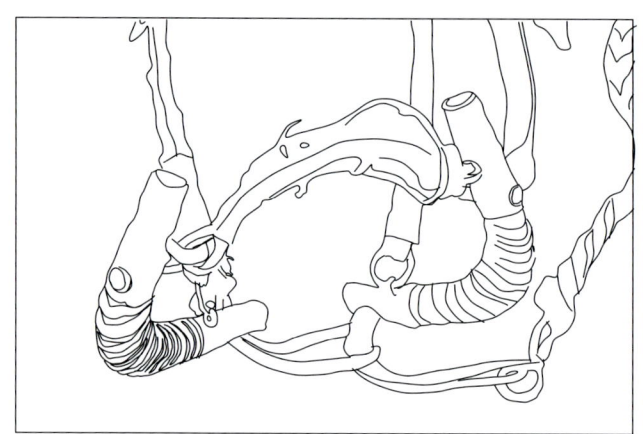

图六　普米族马辔细节分析图1

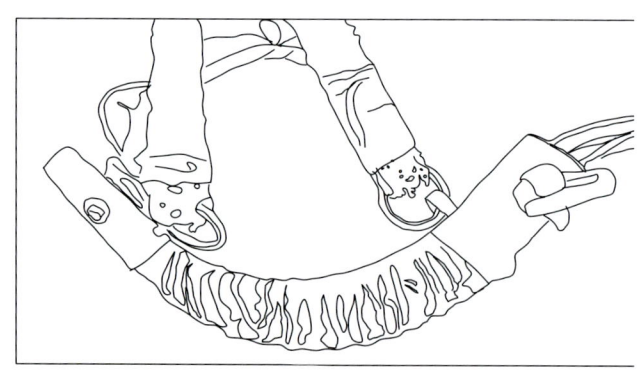

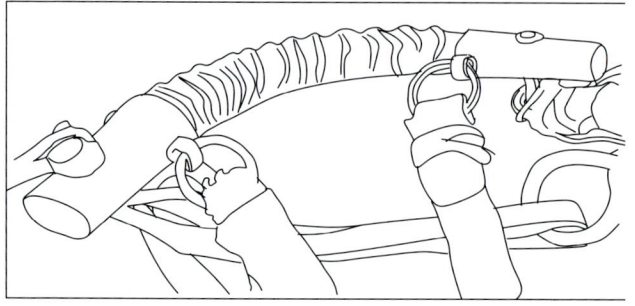

图七　普米族马辔细节分析图2

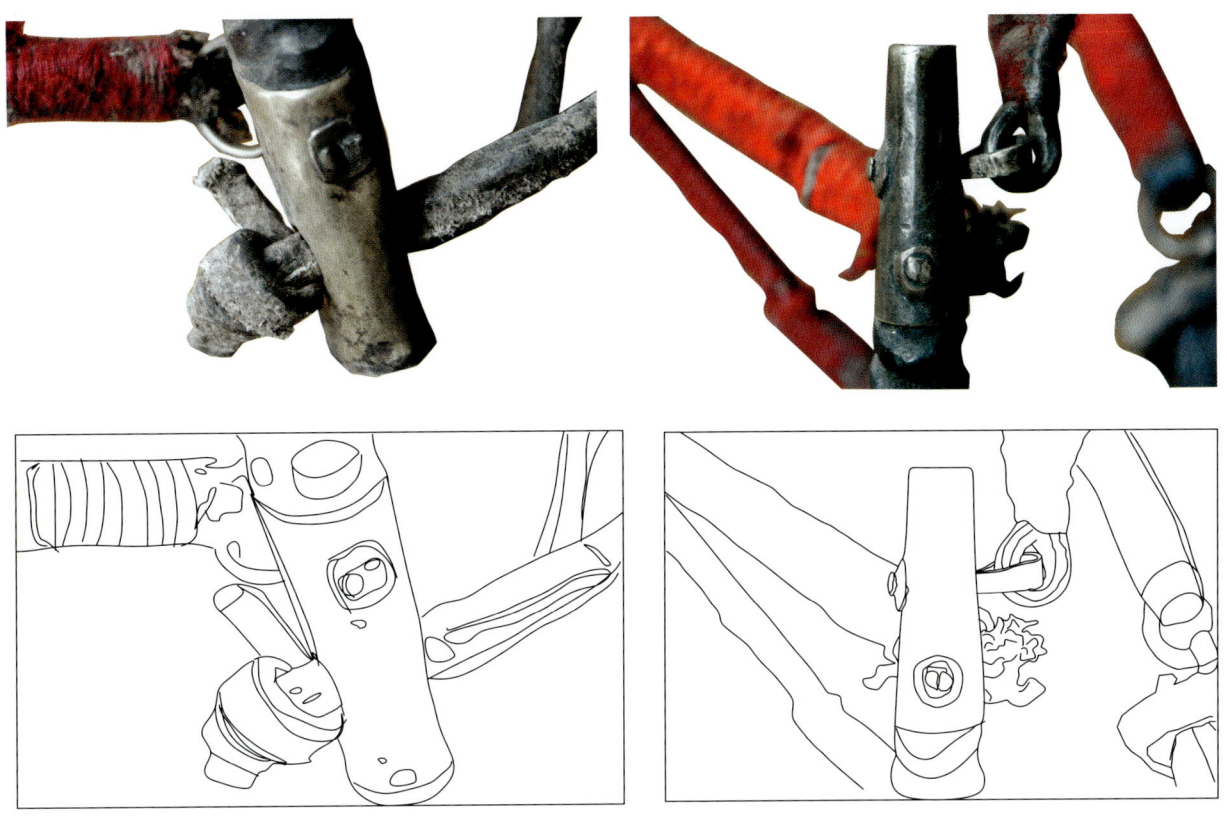

图八　普米族马辔细节分析图3

图九　普米族马辔绳子分析图

第四章　普米族传统生活用具

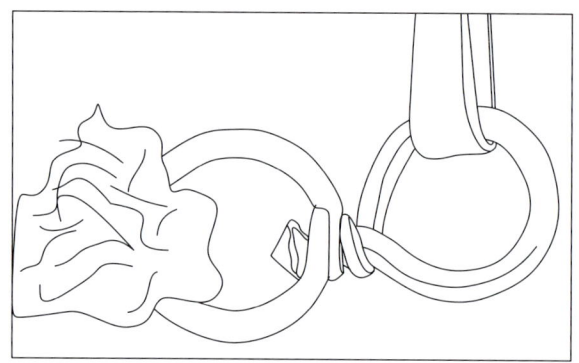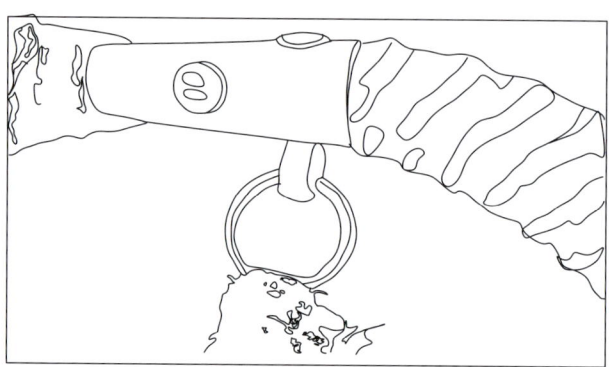

图十　普米族马辔扣环分析图

普米族火药枪

图一　普米族火药枪主图

在普米族，火药枪又叫铜炮枪，是普米族人自卫和狩猎的重要武器，多由外出赶马人和外地商人带入普米族地区。过去一般属大家族或富有人家使用，主要用于防御外来敌人。1949年后，成为狩猎武器，在普米族地区基本普及。

本案例采选自云南省宁蒗县拉伯乡黑尔甸村。整个枪的长度为138厘米，枪管长99厘米，口径1.5厘米。主要结构为枪管、通条、扳机、枪托和背带。枪管、通条、扳机用铸铁打造，枪托用木制，枪口长出木托50厘米，托后15厘米处向下弯曲。另在扳机的斜上方有击锤和火帽，将火帽套在带火门的集砧上，扣动扳机，击锤打击火帽即可引燃膛内的火药。火药枪的发射原理就是利用火药在密封的空间燃烧爆炸后使空气膨胀做功，推动子弹飞速射出。

火药枪使用的火药一般是购买的，也有用木炭等自制，但威力不大。使用的子弹是铅砣和碎生铁。铅砣是将铅块分解成若干条，然后按需制作而成；碎生铁是用旧犁头敲碎制作而成。猎杀大野兽时，需多放火药，铅砣不必多放，可加放些碎生铁，以增加杀伤力；射杀斑鸠等小动物时，可以少放火药不放铅砣，放一些碎生铁或豌豆粒等即可。

普米族还有一种狩猎武器，叫弯弯枪，因枪把弯曲得名。由枪管、枪把、引火线夹构成。它与铜炮枪最大的不同是通过点燃引线来推动子弹。枪管为铁铸，尾部一侧有一小孔，用来插引线。枪把木制，枪管和枪把用树皮套固。枪把的右侧安放引火线的铁夹，距枪管尾部约5厘米，便于点火引炮。引火线由树皮搓成，这样燃烧时间更长。

火药枪的使用体现了比之弓弩较为先进的科技含量，普米族火药枪除了进行狩猎以外，在节日庆典、宗教祭祀、民族体育等活动中也会进行鸣放。

图片来源
图一　胡春涛　摄影
图二至图十　蔡克中　制图

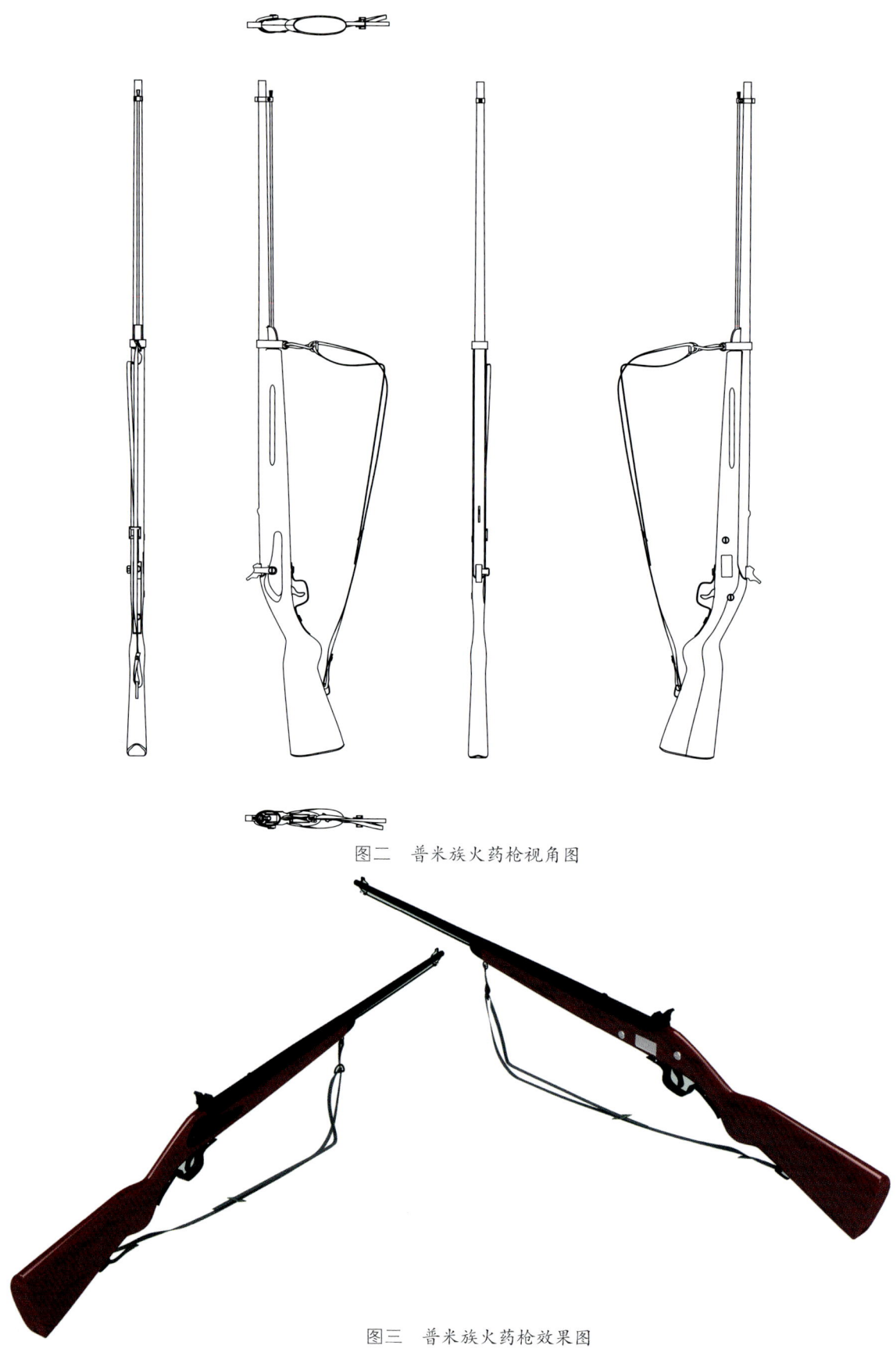

图二　普米族火药枪视角图

图三　普米族火药枪效果图

144

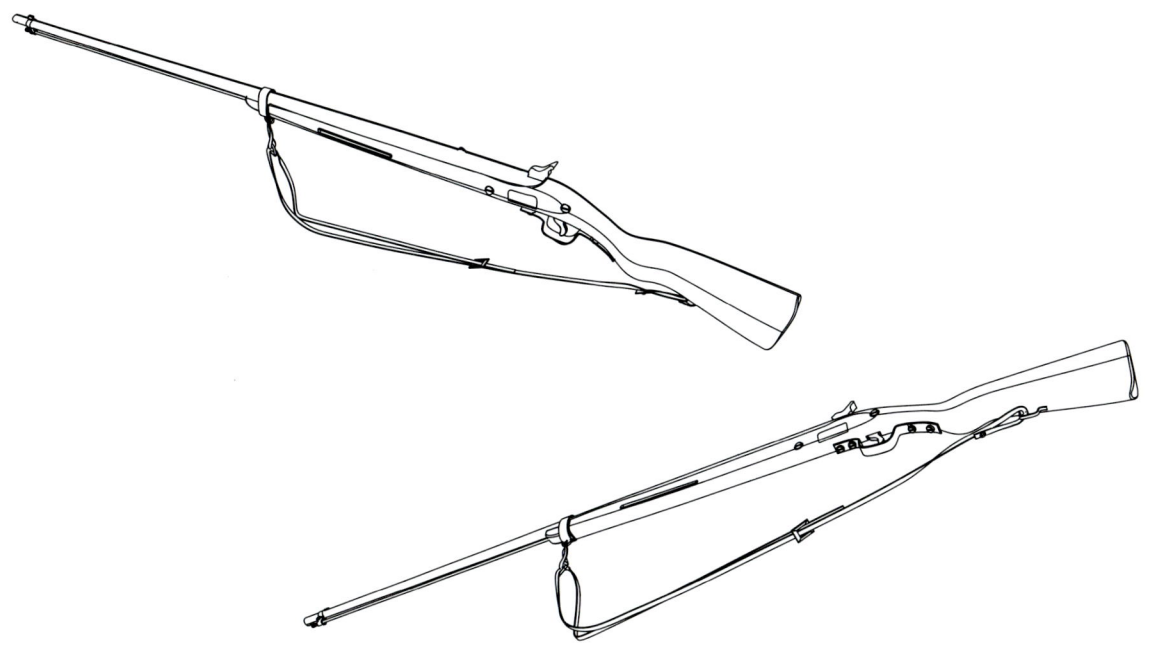

图四　普米族火药枪线描图

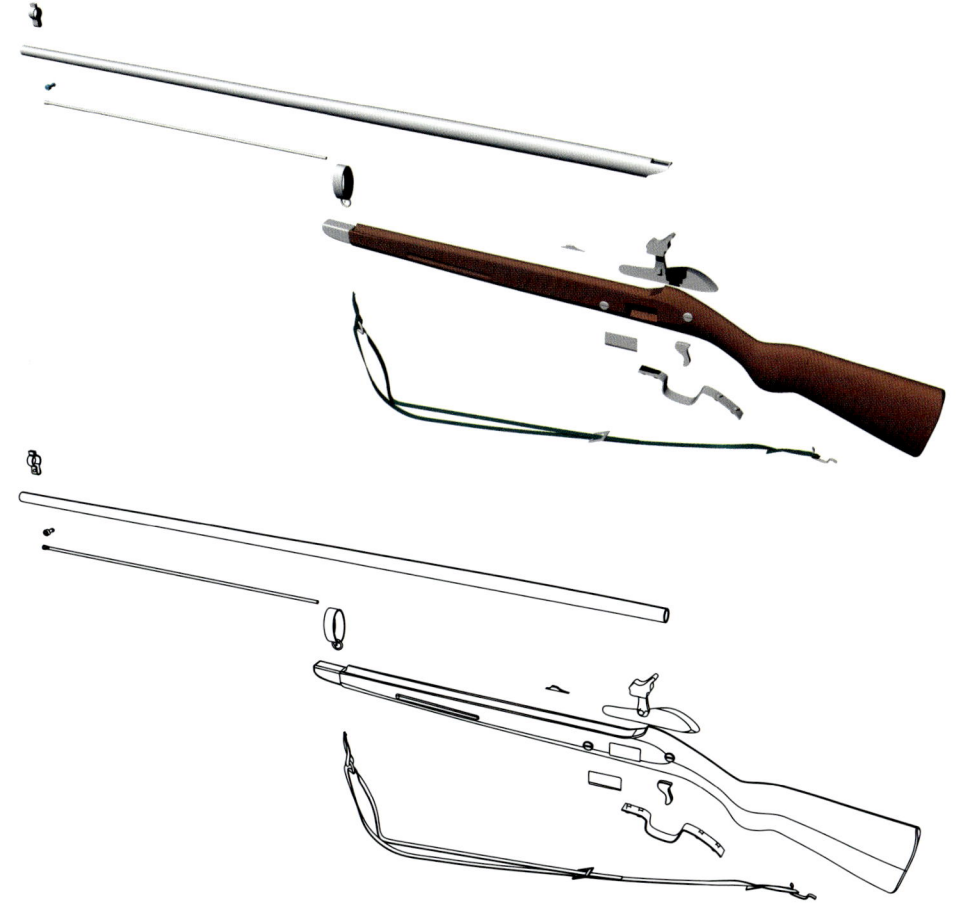

图五　普米族火药枪解析图

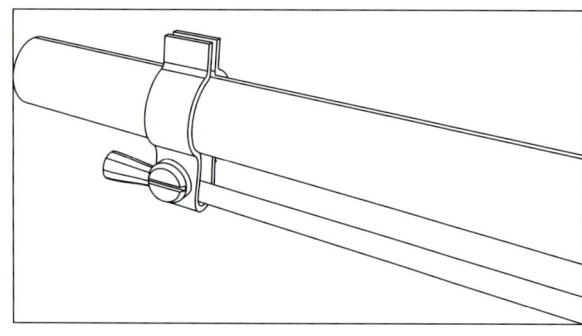
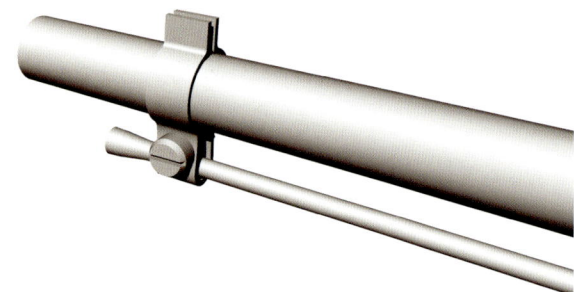

图六　普米族火药枪枪头分析图

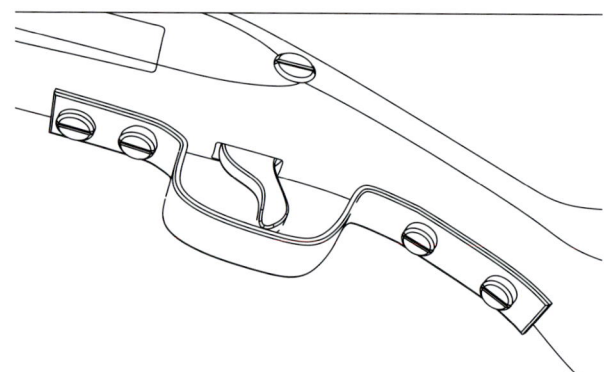

图七　普米族火药枪扳机分析图

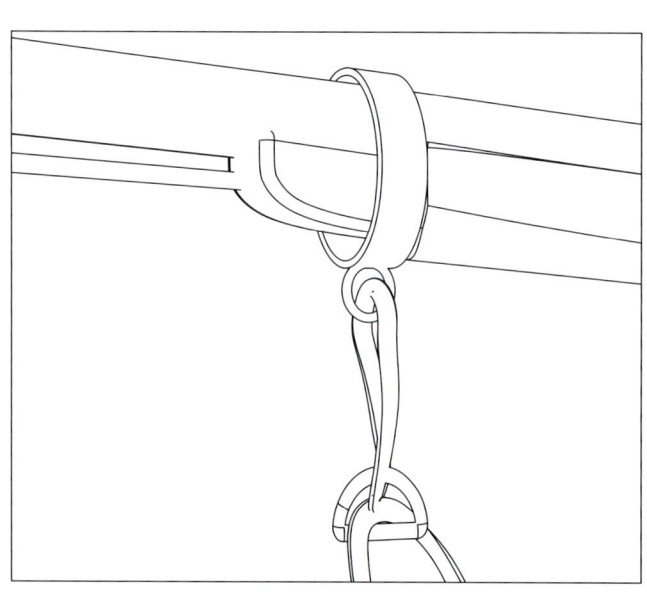

图八　普米族火药枪背带连接方式分析图

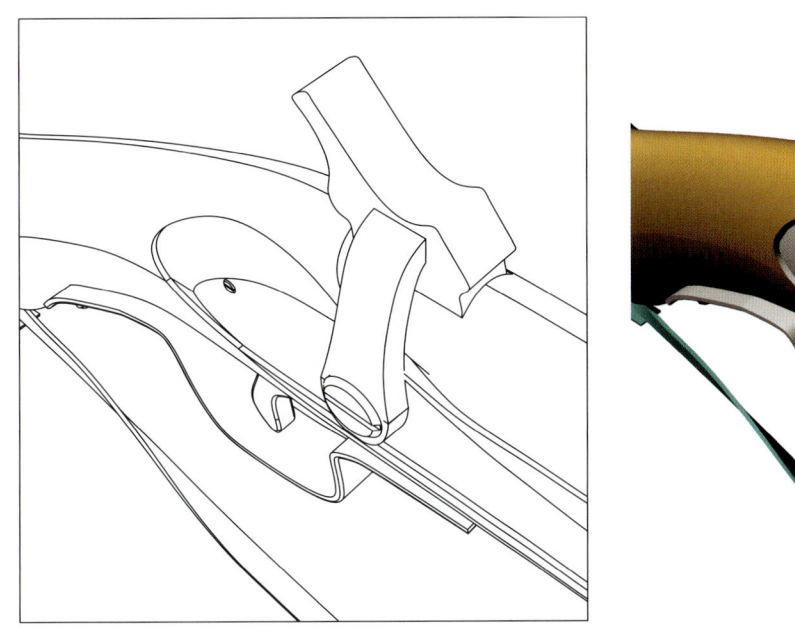
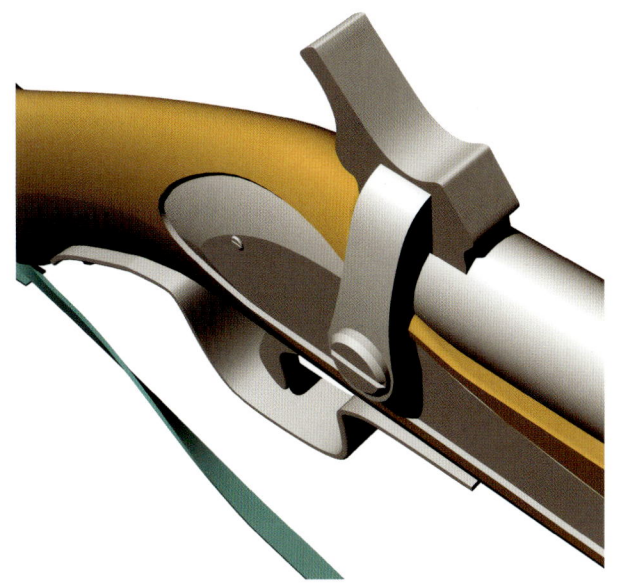

图九　普米族火药枪击锤分析图

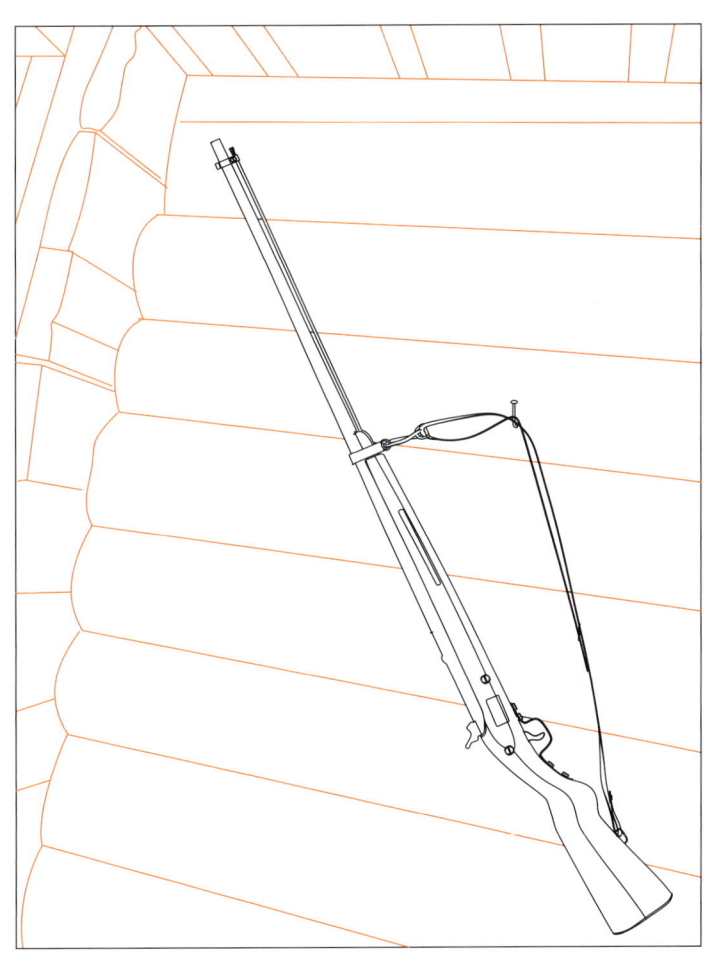

图十　普米族火药枪靠墙悬挂示意图

第四章　普米族传统生活用具

普米族弹药袋

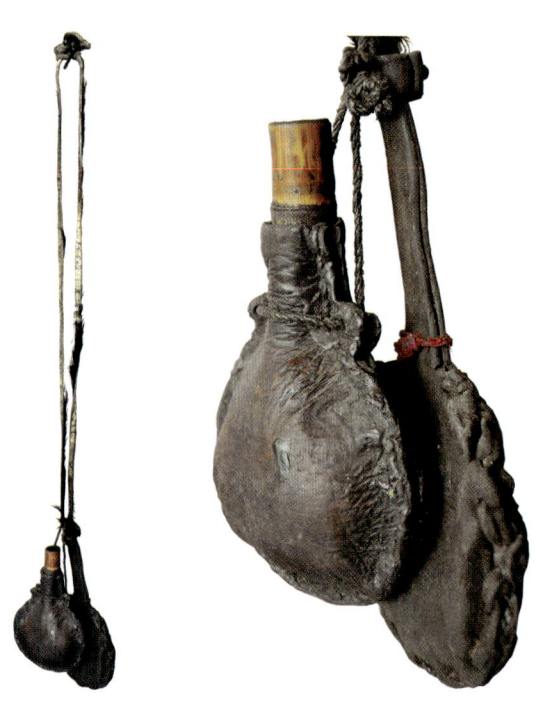

图一　普米族弹药袋主图

　　本案例采集自云南省宁蒗县拉伯乡黑尔甸村。分为火药袋和子弹袋两种形制，火药袋原有的背带破损或丢失，现在吊在子弹袋的带子上。

　　火药袋整体呈葫芦形，口径2.8厘米，颈高3厘米，两肩有耳，耳上穿绳，连于火药袋上。袋身为圆形，直径10厘米，鼓腹，腹高6厘米。竹塞塞口，塞长9厘米，斜口，侧面直径1.5厘米。火药袋内有木胎，先用木料刮削成一个球形，一剖为二，掏空后以生漆黏合。球胎外用牛皮包裹，用粗线缝制边缘，孔盖为小竹筒塞，小竹筒既可作为盖塞，又可以作为火药的量具，口处理成斜口，方便将火药塞入枪膛。火药为硫黄、硝石、木炭混合而成的黑色粉末。

　　子弹袋扁腹，口宽2.5厘米，整高20.5厘米，颈高11厘米，带子长65厘米。整体呈瓶状，腹椭圆形，上下长度10厘米，左右宽度9.5厘米。用牛皮制作，将皮剪成对称的两个瓶形，从中间对叠，袋腹用牛皮线缝制。与火药枪的缝制不同，子弹袋用的是宽线缝制，针脚更粗，在袋颈配上束圈，可束缚颈口，另用熊皮剪成细长条作为背带。子弹袋内装的子弹为铅粒或铁块。

　　总之，弹药袋是狩猎时必备的用具，一般用动物皮手工缝制而成，一种鼓腹，一种扁腹；一种有塞，一种配束圈；一种光润，一种毛糙；一种针线粗，一种针线细；一种磨边，一种粗边。本案例的两种器物顺应了不同的毛皮的质地、肌理，同时展现了皮革

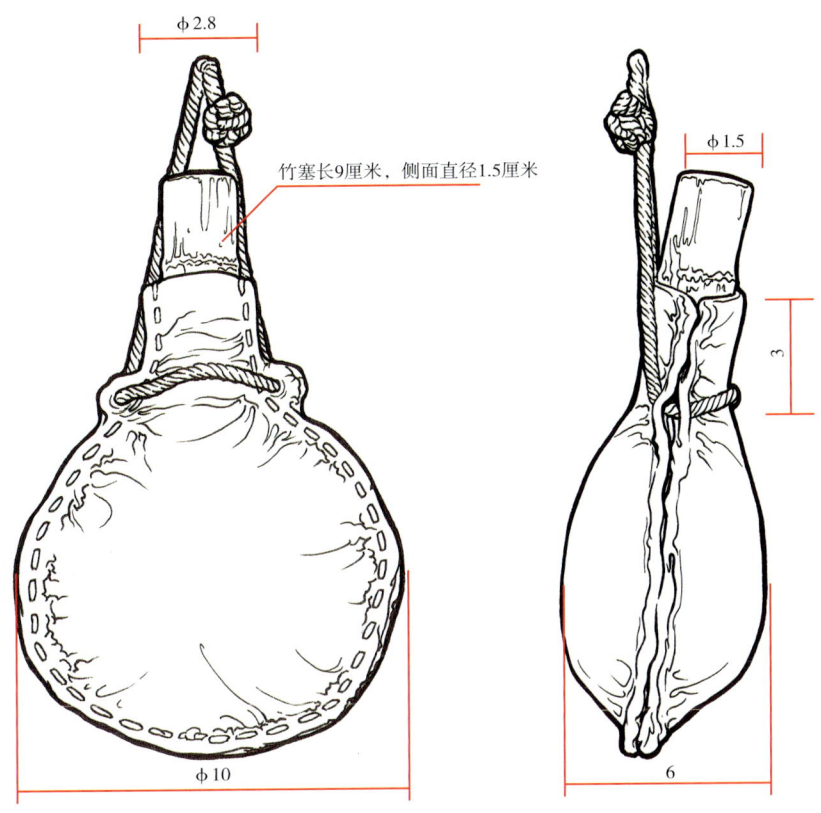

图二　普米族弹药袋尺寸图1·火药袋（单位：cm）

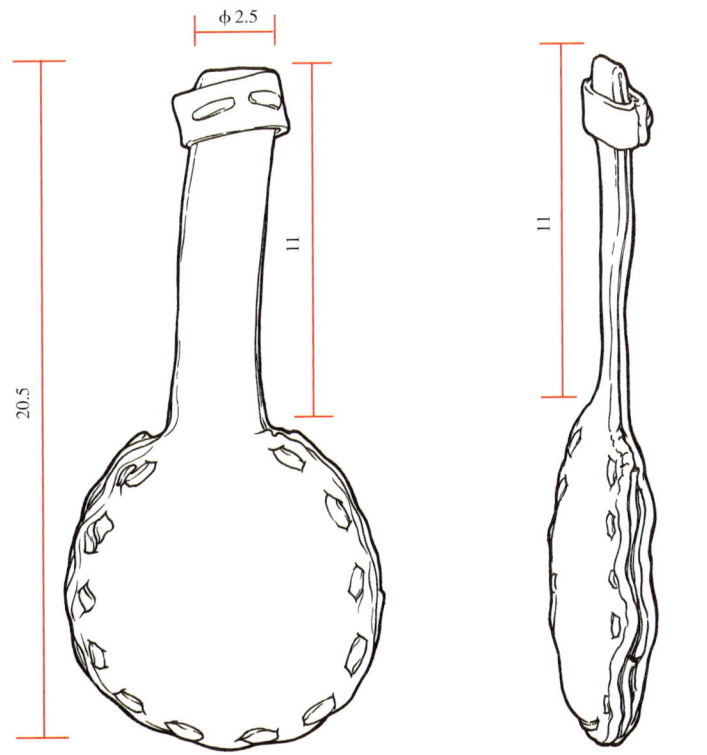

图三　普米族弹药袋尺寸图2·子弹袋（单位：cm）

第四章　普米族传统生活用具

多样的缝制、收口方式，体现了普米族人娴熟的工艺技巧，更为重要的是展现了普米族人因不同功能需要区别对待的设计理念。

图片来源
图一　胡春涛　摄影
图二至图六　齐瑞文　制图

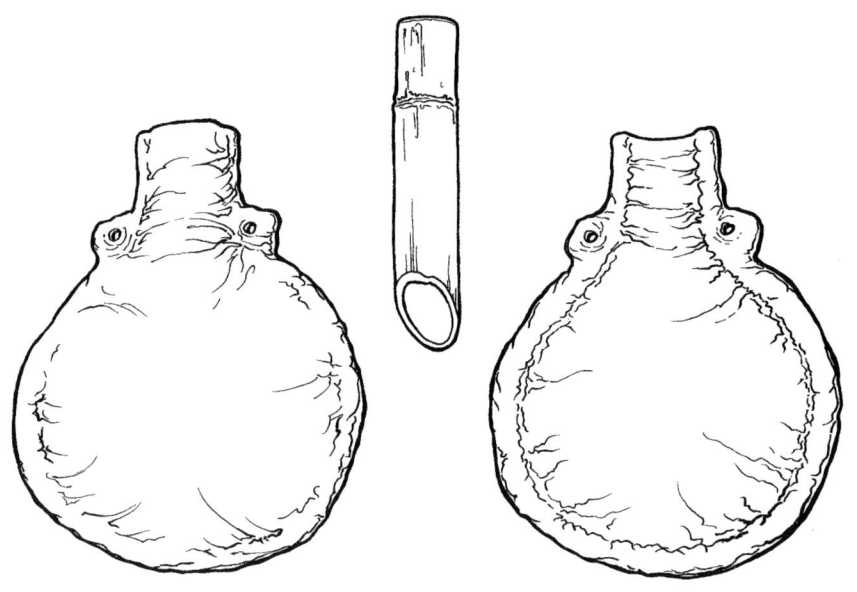

图四　普米族弹药袋结构图1·火药袋

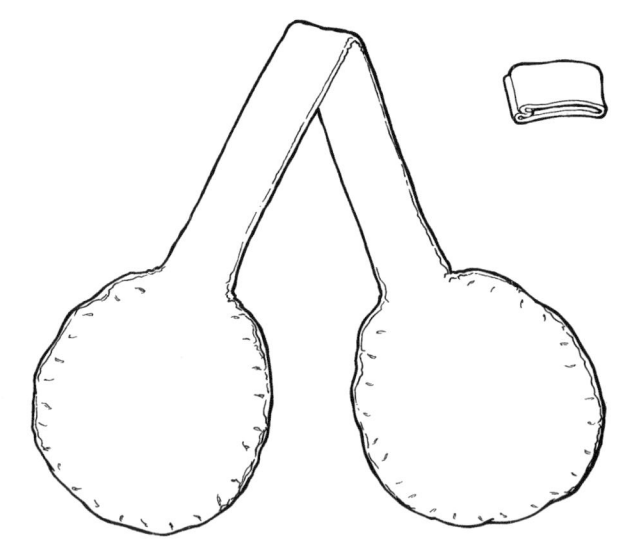

图五　普米族弹药袋结构图2·子弹袋

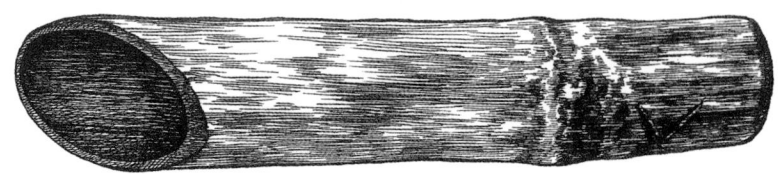

图六　普米族火药袋竹塞

普米族竹管烟锅

图一　普米族竹管烟锅主图

普米族是嗜烟历史悠久的民族。普米族不论男女老少基本都吸烟。外出干活时，腰间插着烟锅，背上挎着火镰包，闲时就拿出来吸草烟。

本案例采选自云南省兰坪县罗古箐村，烟嘴已被磨得发亮，烟杆也已发乌，据现在的使用者介绍这个烟锅已经两代人使用过了。烟锅构造简单，由烟锅头、烟锅嘴和烟杆三部分组成。烟锅头呈鹤嘴形，高11厘米，上大下小，上部平面呈圆形，直径4厘米，下部呈尖状，直径约为2厘米，用木削制而成。在烟锅头的顶部和侧面中间各开一个洞，并使其贯通，顶部开的洞是用来塞烟丝的，侧面开的洞则用来连接烟杆。此烟锅头没有过多的装饰，仅在下部两侧留有一些刀痕，有些烟锅在此部位会有更多的装饰内容。烟杆长63厘米，用普通的小毛竹制作而成，小竹子是做烟杆很好的材料，竹子的每一个竹节都能起过滤作用，能使烟抽起来口感更纯正。小竹子一定要挑老的，节数越多越密越好，还要有微小的弯曲度，而且一定要一头粗一头细，近烟锅头那边粗且节密，近烟嘴那边细小，俗称"老鼠尾巴"。然后把小竹子用小钢丝钻通，定好长度，把烟锅头套到小竹子粗的那头。烟嘴长3厘米，是铝质的，好一点的有铜质的，也有的不用烟嘴。烟嘴一般镶在细的那头竹子上，套的时候要使烟锅头和烟杆紧密衔接在一起。这样一杆烟锅就制作完成了。抽烟的烟丝一般是自家种的烟草经过风干或晒干后切成的丝，当地称草烟。以前打火用火镰，吸烟时，左手拿着火石，火石下部压着火草，右手拿着火镰对准火石向下打去，强烈的摩擦产生火星，火星落在火草上点燃火草，点燃的火草放在烟锅上引燃草烟，就可以开始享受吸烟的乐趣了。

此类烟锅小巧、制作简单、价格低廉，也便于携带，因而成为普通劳动者的吸烟用具，多为赶马人和庄稼人所用。普米人使用的烟锅还有铜、铁、金、石等材料打造的，制作的烟锅造型有直的，有弯的，有装饰繁复的，也有装饰简单的，形态各异，品种繁多，工艺技巧也不一样。烟具记录了烟草发展的历史，也记录了民俗文化的发展踪迹，可从侧面反映出造物者们的聪明与智慧。

图片来源
图一　胡春涛　摄影
图二至图十　蔡克中　制图

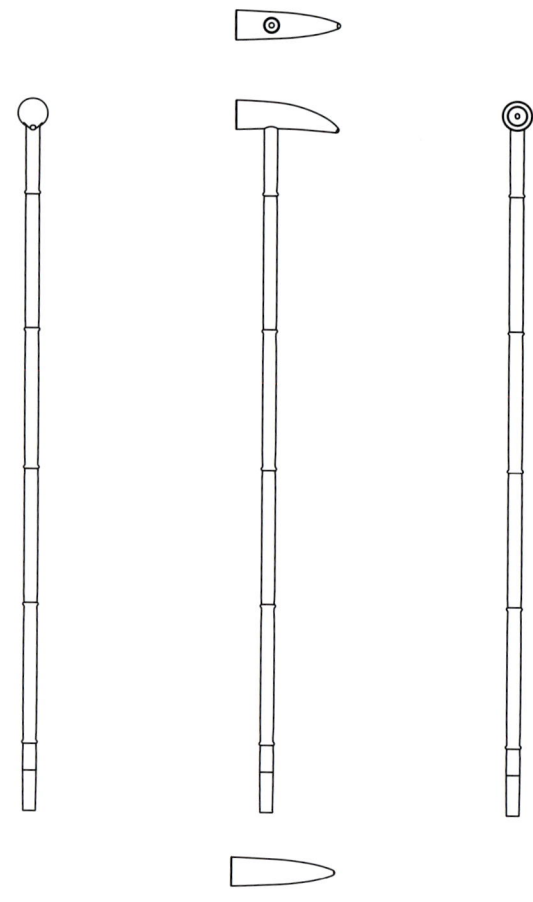

图二 普米族竹管烟锅视角图

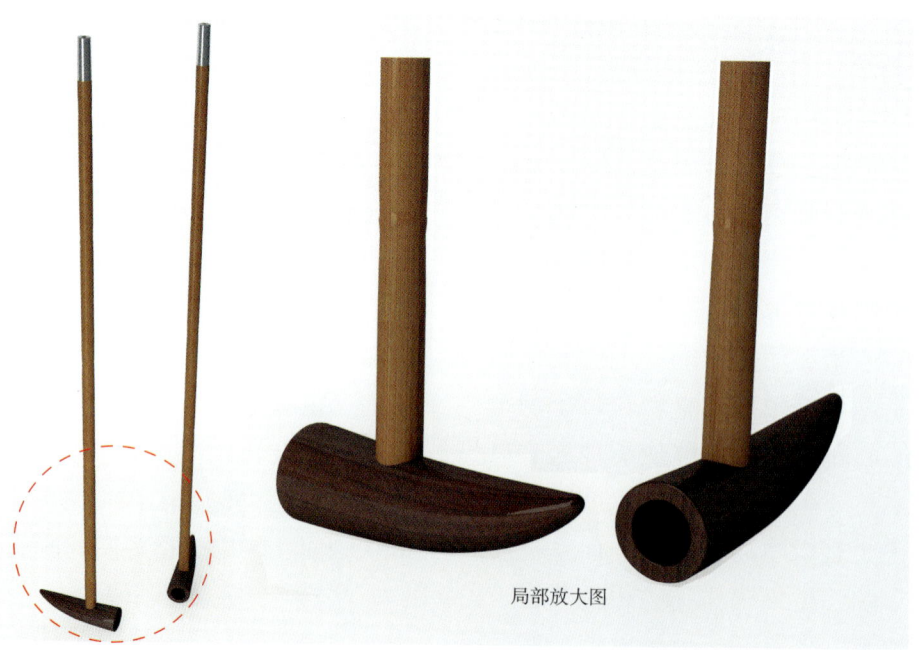

局部放大图

图三 普米族竹管烟锅效果图

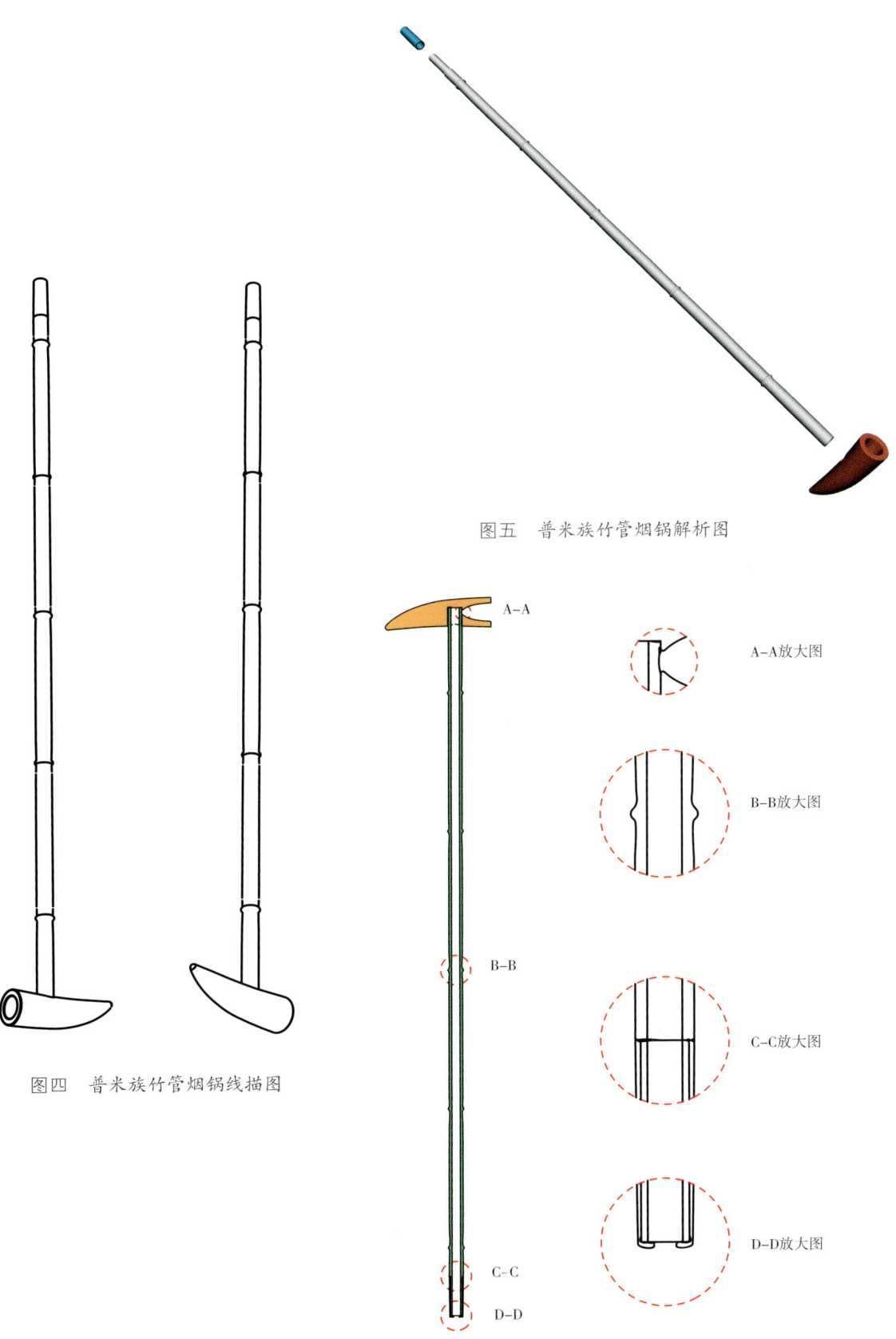

图五 普米族竹管烟锅解析图

图四 普米族竹管烟锅线描图

图六 普米族竹管烟锅细节分析图

第四章 普米族传统生活用具

153

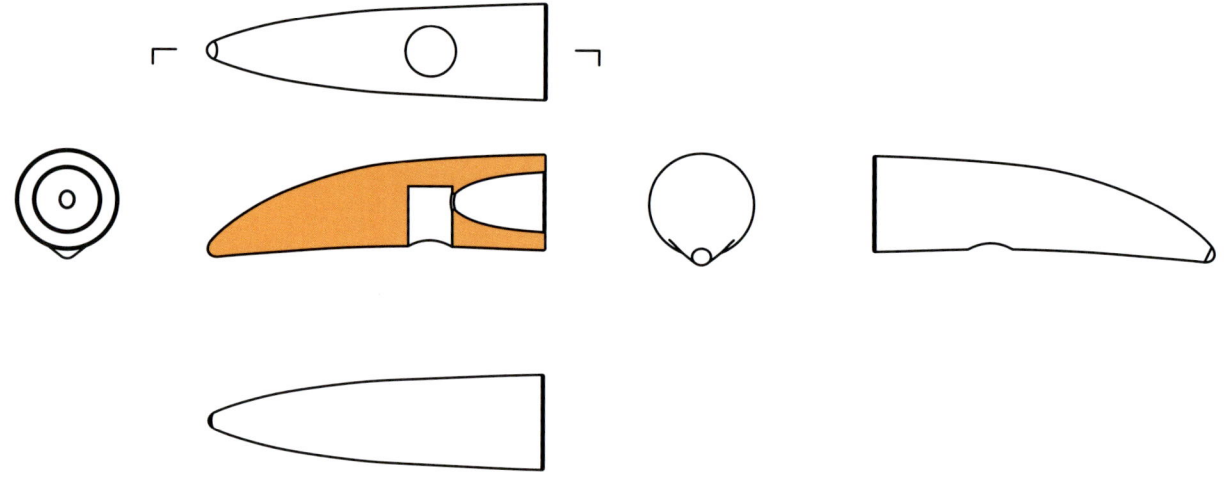

图七 普米族竹管烟锅烟锅头视角图

图八 普米族竹管烟锅烟锅头分析图

图九 普米族竹管烟锅吸嘴视角图

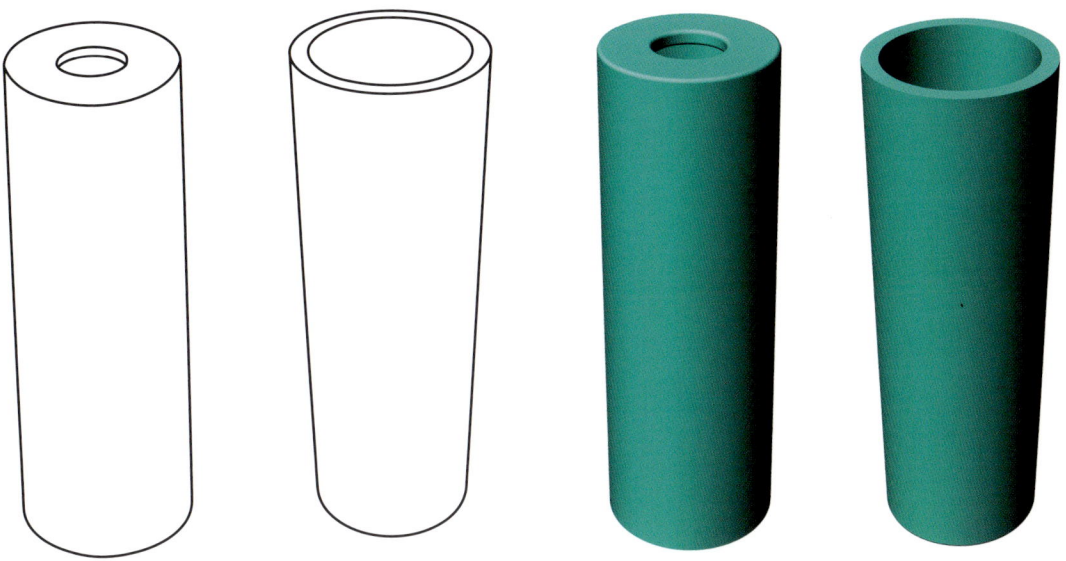

图十　普米族竹管烟锅吸嘴分析图

普米族背水桶

图一　普米族背水桶主图

本案例采选于云南省民族村普米族村寨。背水桶为木制运水工具，住在山区的普米族人喝山泉水，但远的水井离寨二三公里，甚至三四公里。山路崎岖，不便挑抬，故采取用木桶背水的办法。

背水桶整体呈椭圆柱体，高56厘米，口径宽25厘米，厚18厘米，用一整块圆木凿空内部制成，桶壁厚3厘米左右，桶身左右两侧留出桶耳，上凿孔，在距桶口4厘米处和桶底处用3厘米左右宽的树皮缠绕，然后以桐油粘贴牢固。之后在桶内外都刷上一遍桐油，待干后即可使用，涂上桐油是为了防腐蚀、防虫蛀。最后编织一条背桶带，材料是竹子，将老竹子削成细篾片进行编织，绳索中间较宽，两头逐渐收缩，两端缠在桶耳孔中。使用的时候将木桶置于背上，手上举抓牢背带，这样的桶可盛30千克左右的水，除了背水外，也可用来背运其他物品。有的背水桶高度可达1米左右，呈圆柱状，上大下小，是用杉木或松木剖片、拼制后，经削、箍等工序制作而成，上端两侧突起木块与桶盖卯榫相扣，外箍四道篾绳，用扁铁箍桶壁和桶底，涂以桐油，放干后就能使用。

背水桶是普米族生活中的必备之物，就地取材，制作简单，不事雕琢。其桶身粗糙，还保持了刀斧砍斫的痕迹，有的地方还有剥去树皮后木料的质感，整体厚实饱满，是普米族生活状态的重要物质化载体，凝结了普米族群的生活记忆。

图片来源

图一　胡春涛　摄影

图二至图十一　蔡克中　制图

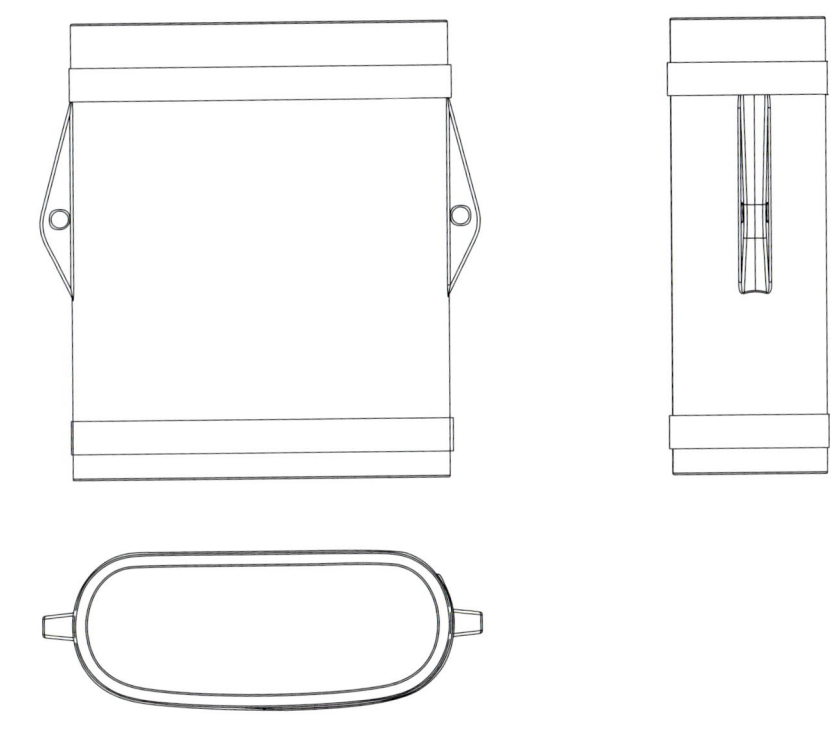

图二　普米族背水桶三视图

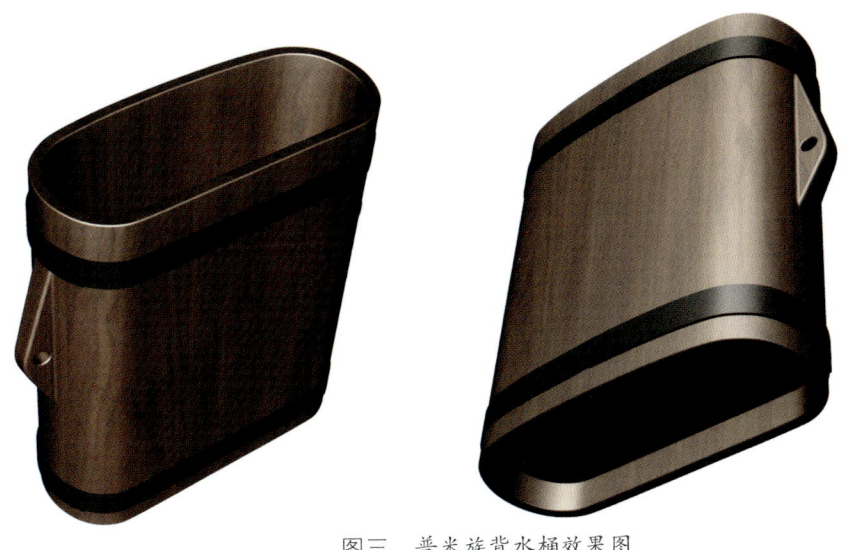

图三　普米族背水桶效果图

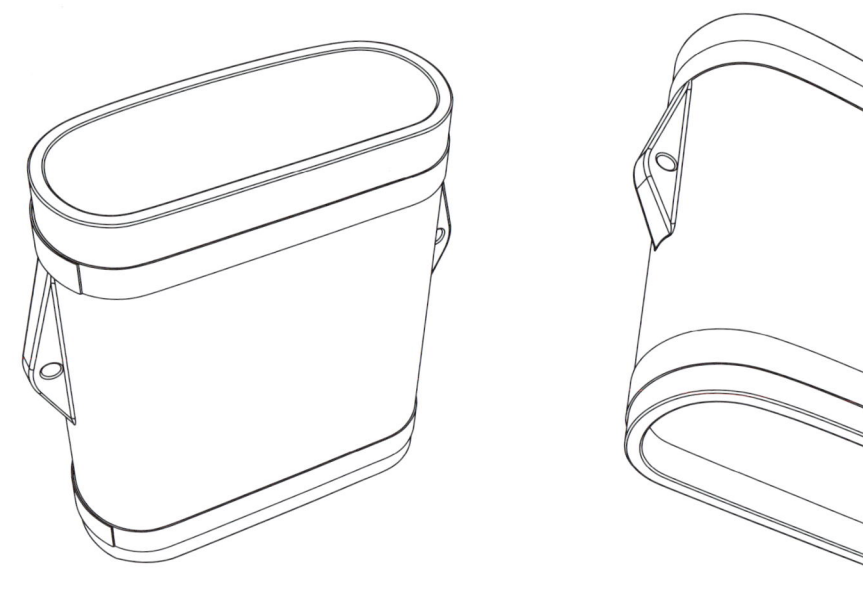

图四 普米族背水桶线描图

图五 普米族背水桶解析图

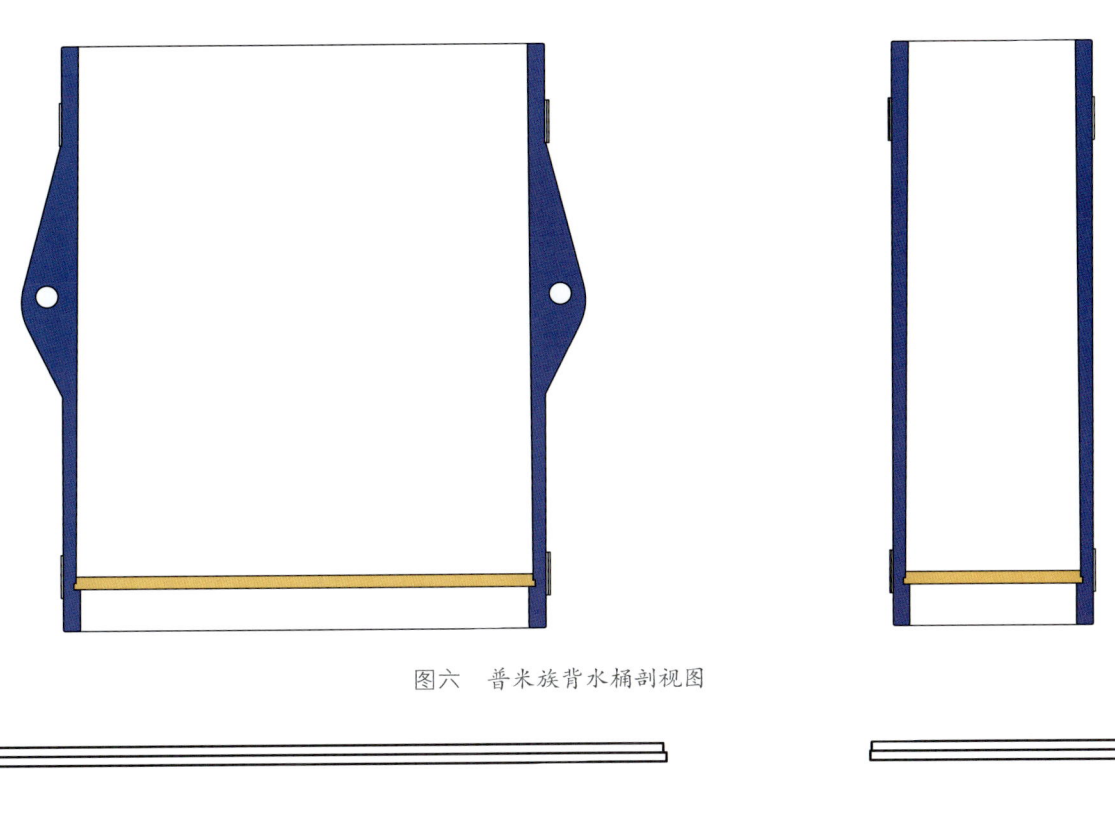

图六 普米族背水桶剖视图

图七 普米族背水桶底板三视图

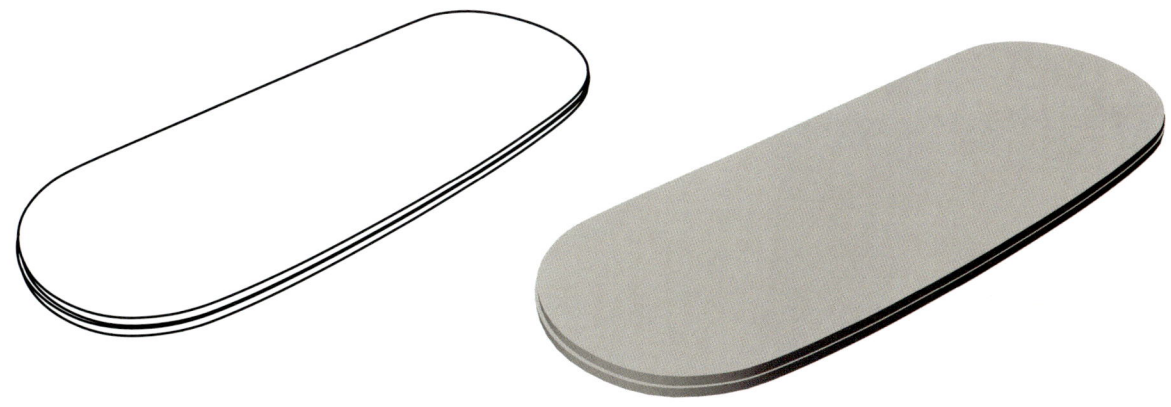

图八 普米族背水桶底板分析图

第四章 普米族传统生活用具

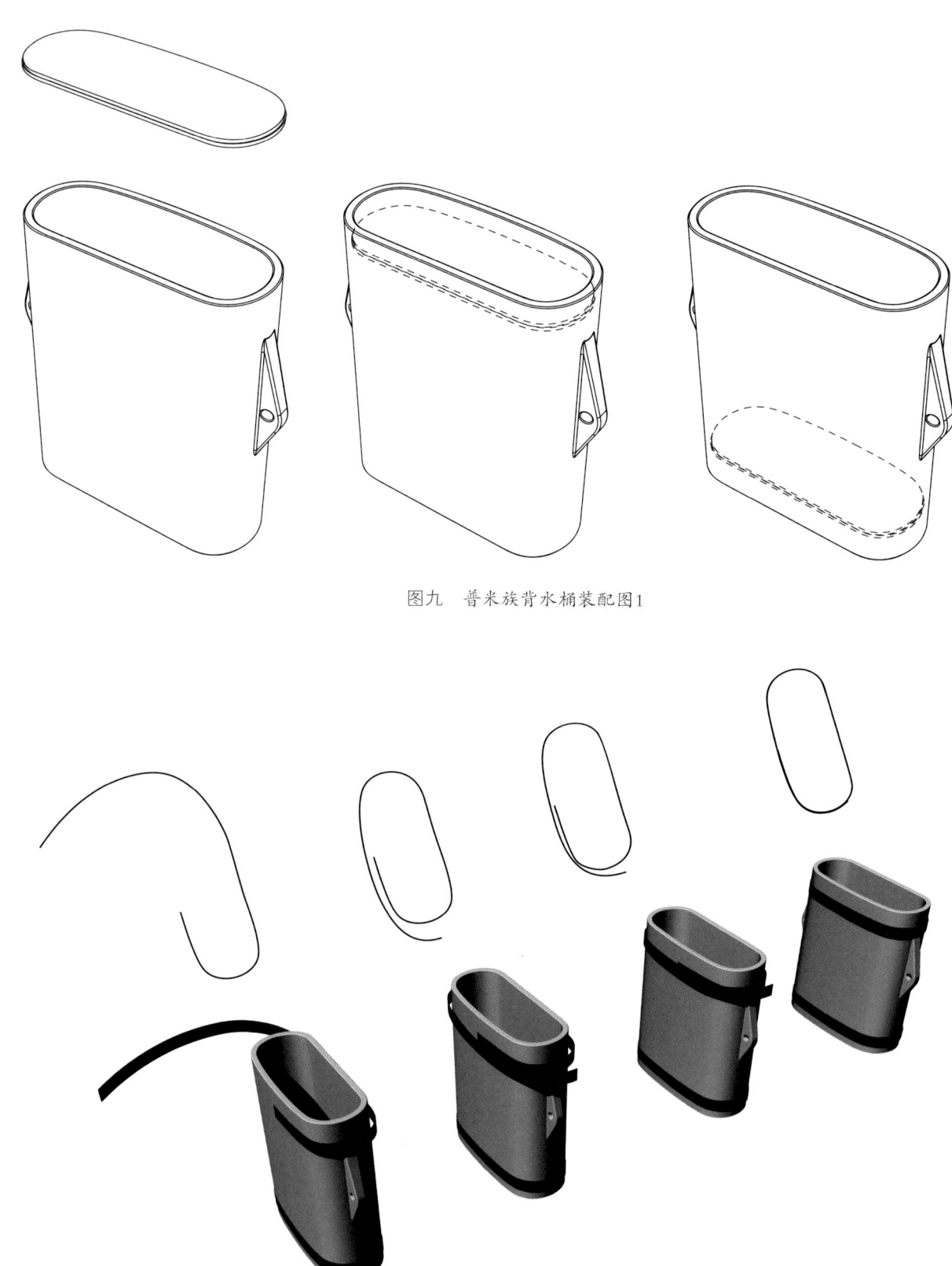

图九 普米族背水桶装配图1

图十 普米族背水桶装配图2

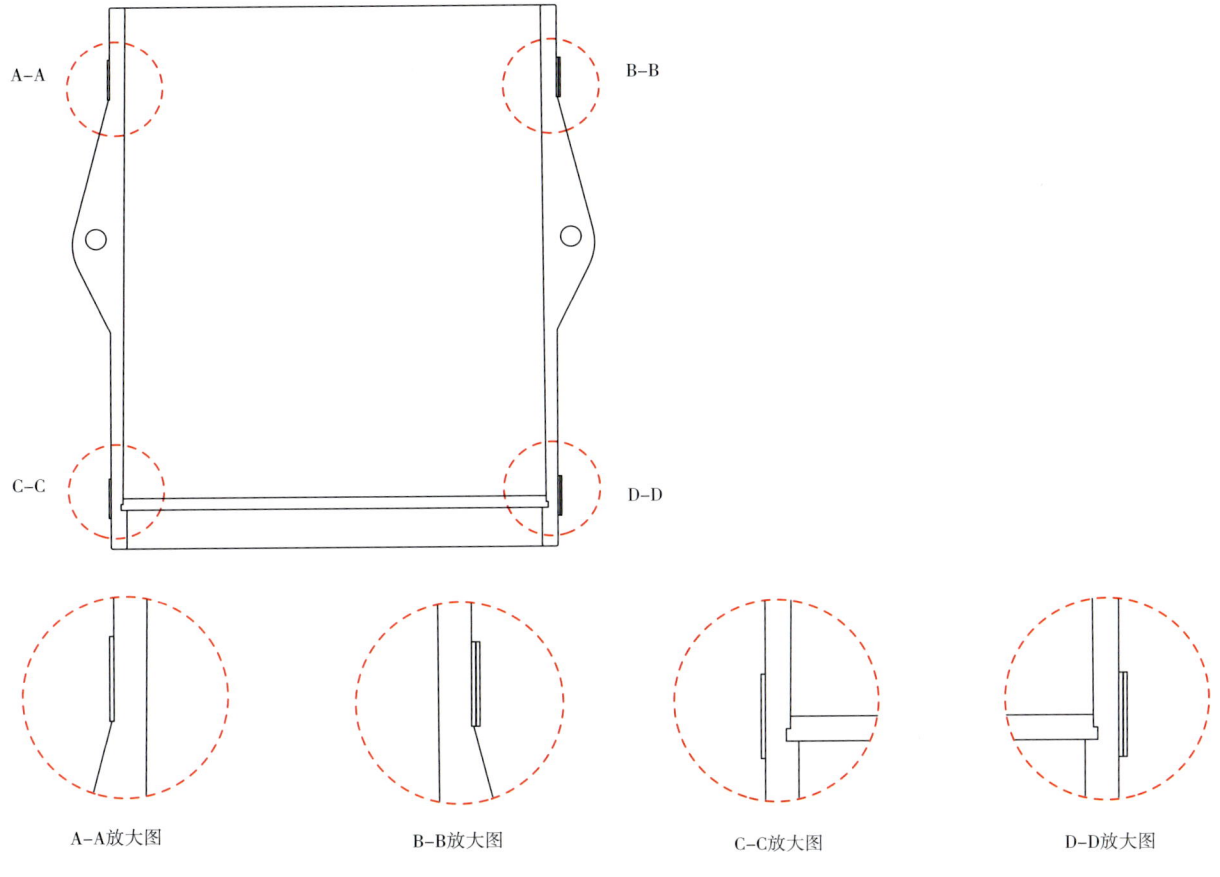

图十一　普米族背水桶细节分析图

普米族竹编捕蜂器

图一　普米族竹编捕蜂器主图

生活在山区的普米族人收捕野蜂比较普遍，几乎家家户户都收养野蜂。本案例采选于云南省宁蒗县拉伯乡黑尔甸村，是用来收捕分蜂团和野蜂的竹编器具。捕蜂器整体呈钟状，高48厘米，敞口直径27厘米。

捕蜂器构造简单，由柄、罩、挂绳组成。制作时先取一段50~60厘米的毛竹，留出竹节以上10厘米作为手柄，竹节以下剖成13根竹片，以此作为纬，然后用事先剖好的宽约2厘米的细竹篾为经，按照挑一压一的编织方法上下穿插缠绕13根纬。每一圈结束，往下压一压，从小圈一直到大圈，最后采用绕卷扎结收边。在器口缘将经篾剥薄折返收边后，另取宽厚竹片在口缘内外侧圈夹，再用薄篾绕卷扎结收边。结束这道工序后在编织的内外壁抹上湿泥，防止透光。最后一道工序是在手柄处钻一眼小孔，穿上绳子，方便不用时将其挂在墙壁上。

发现野生蜂的蜂巢后，要准备好刀、斧、凿、锄、艾条（或刺柏）、捕蜂器、蜂箱、面网、蜜桶等用具。猎捕树洞或土洞中的蜂群时，先挖开洞口，经过震动，大部分蜂会吸蜜爬离巢脾（蜜蜂的蜂房），燃烧艾条或刺柏从洞口向内熏烟，促使蜂脱离巢脾在空处结团；然后凿开或挖开洞穴，使巢脾暴露出来；继而割取巢脾，收捕结成团的野蜂。收捕时在捕蜂器内涂少许蜂蜜或粘上小块巢脾，将捕蜂器紧贴在蜂团上方，用蜂刷驱赶蜂团入器。等野蜂全部进入后，将其抖落在准备好的蜂箱里。

收捕回来的野蜂，均放入蜂箱里。有用一段掏空的圆木当作蜂箱，两头封口，留出数个小孔，供野蜂进出；也有用几块木板围成四方桶，上盖木板当屋檐，在宁蒗县拉伯乡黑尔甸村也有将其放入粮仓屋椽下任其繁殖。

捕蜂器这一器物，虽然轻巧，但也精致，构思奇特，是普米族人生产生活中经验积累的结晶，体现了普米族人利用自然、征服自然的独特智慧。

图片来源
图一　胡春涛　摄影
图二至图九　蔡克中　制图

图二　普米族竹编捕蜂器视角图

图三　普米族竹编捕蜂器效果图

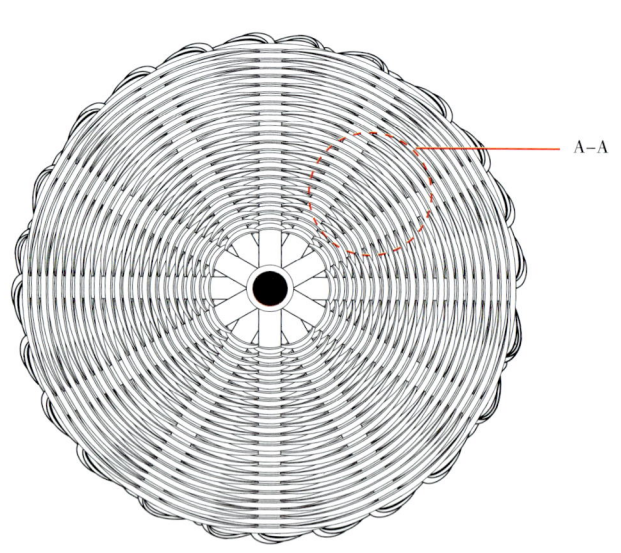 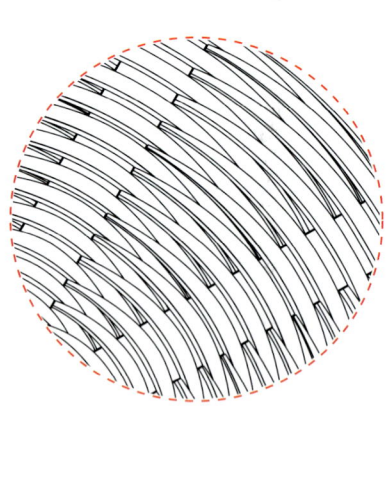

A–A

A–A 放大图

图四　普米族竹编捕蜂器细节放大图1

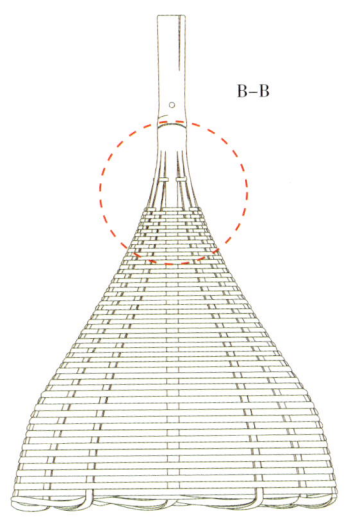
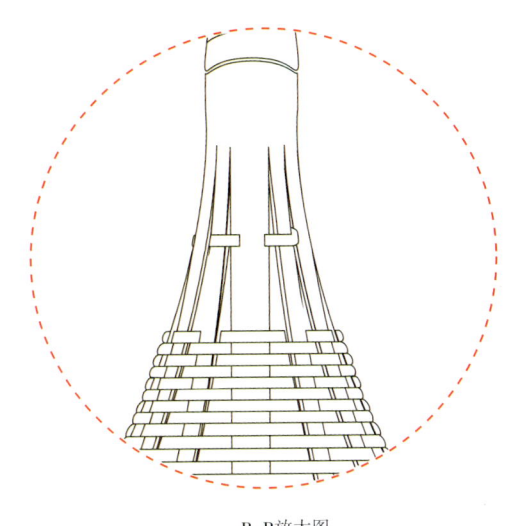

图五 普米族竹编捕蜂器细节放大图2

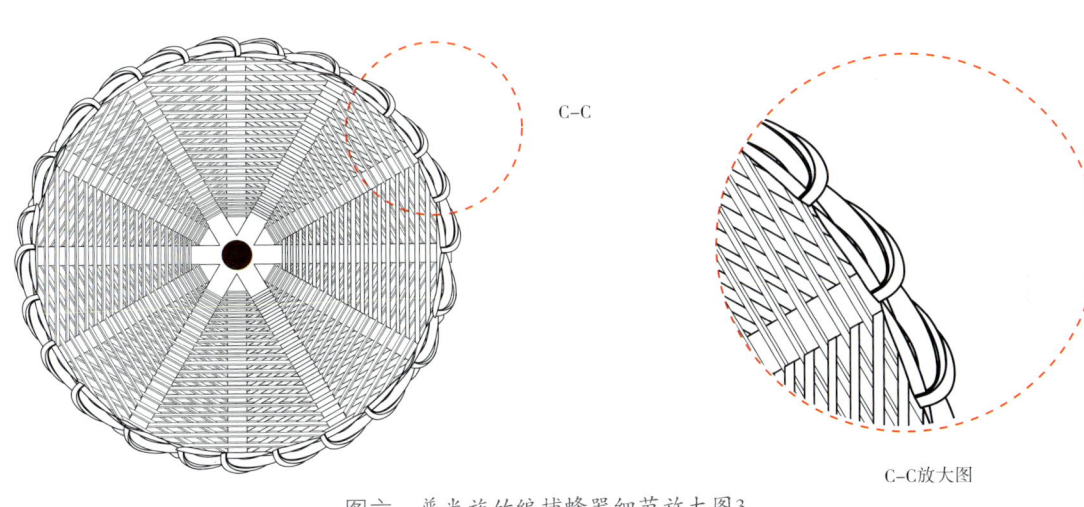

图六 普米族竹编捕蜂器细节放大图3

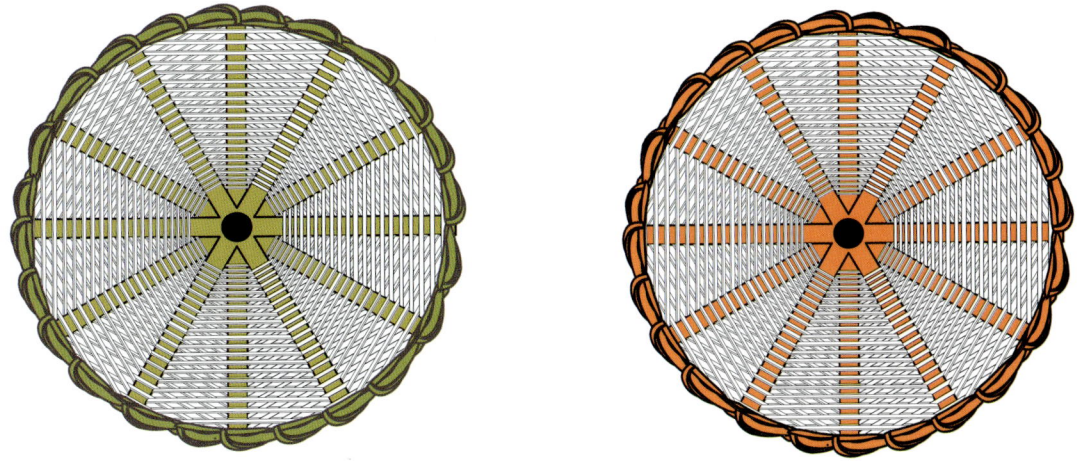

图七 普米族竹编捕蜂器编织分析图1

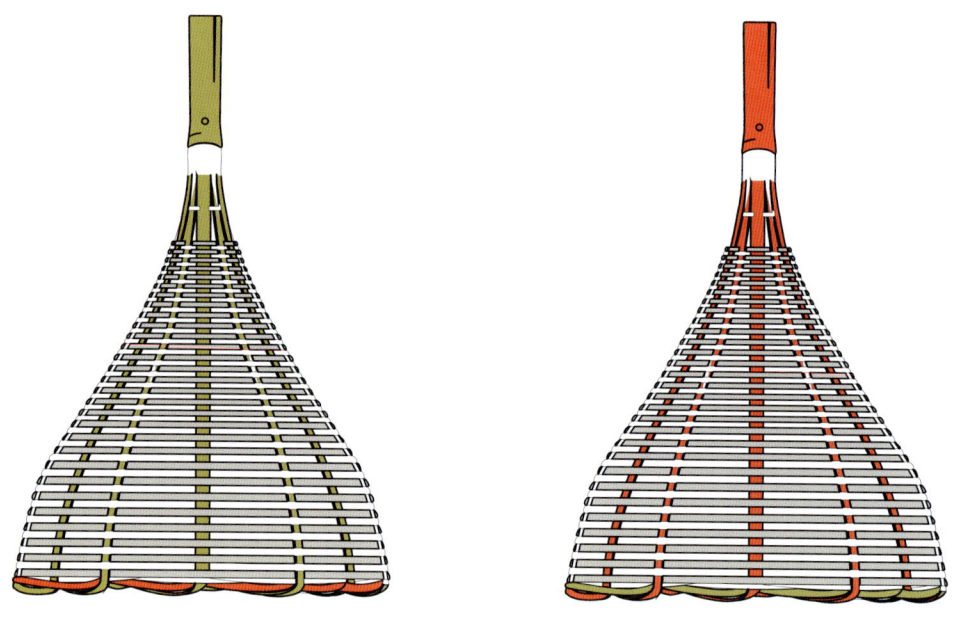

图八　普米族竹编捕蜂器编织分析图2

图九　普米族竹编捕蜂器捕蜂示意图

普米族铜锁

图一 普米族铜锁主图

锁是随着人类步入私有制社会、出现了社会财富的剩余后产生的，它是人类历史发展的缩影。本案例的铜锁收藏于中国民族博物馆，以黄铜铸造，属于簧片结构锁中的一类。正面呈"凹"字形，由四部分构成：锁体、锁栓、分离弹簧片和开锁滑槽。汉族锁具大都是侧面横开锁，在锁体上有钥匙孔，但普米族铜锁在锁体的下部有两道开锁滑槽，并有一道缺口，为开锁孔，钥匙就是从这里插入打开铜锁的。这把铜锁为底开挑簧锁，在上锁之前钥匙是取不下来的。锁栓的一部分为锁梁，用以挂锁，另一部分为栓梗，用以固结分离弹簧片的一端。钥匙呈鸭嘴状，是根据钥匙孔的位置与形状、弹簧片的结构而设计。锁体表面采用的是錾刻的工艺技术，字体颇有生趣。制作工序中，雕花在整个过程中有着重要地位。图案形式多样，有花卉鸟兽，也有文字书法。铜锁制作工艺独特，造型奇巧而且蕴含机趣，图案优美而且变化多端，质地坚固耐用。

铜锁综合运用了几何原理、物理结构和逆向思维设计而成。一般情况下，簧片凸出锁芯表面而插入锁体的凹槽中，使锁芯不能任意转动，插入钥匙后，钥匙齿分别推拉簧片，使之顶端与锁芯表面取平，锁芯即可自由转动，从而实现开关动作。上锁时，锁栓上的弹簧片因弹力作用而张开，弓卡在锁体的壁内；开锁时，钥匙头恰可挤压钳制张开的弹簧片，使锁栓滑动与锁体分离，通过簧片的弹力使其关闭，钥匙压缩簧片，锁便可推开。

铜锁显现出古代科学技术上的精巧工艺，锁管中的又小又薄的簧片，锁孔的形态、走势和钥匙造型无不变化多端。昔日的安全防盗器具，随着时代日益变迁，逐渐退出了历史舞台，取而代之的是简单实用的焊钩锁、叶片锁、弹子锁等。但这些凝聚着普米族人智慧，有着丰富的历史文化底蕴的器物，不仅体现着岁月的变迁，见证着历史的步履，还能为研究普米族的五金行业发展情况提供丰富的信息。

图片来源
图一、图九　胡春涛　摄影
图二至图八　郭林森　制图

图二　普米族铜锁高调素描图

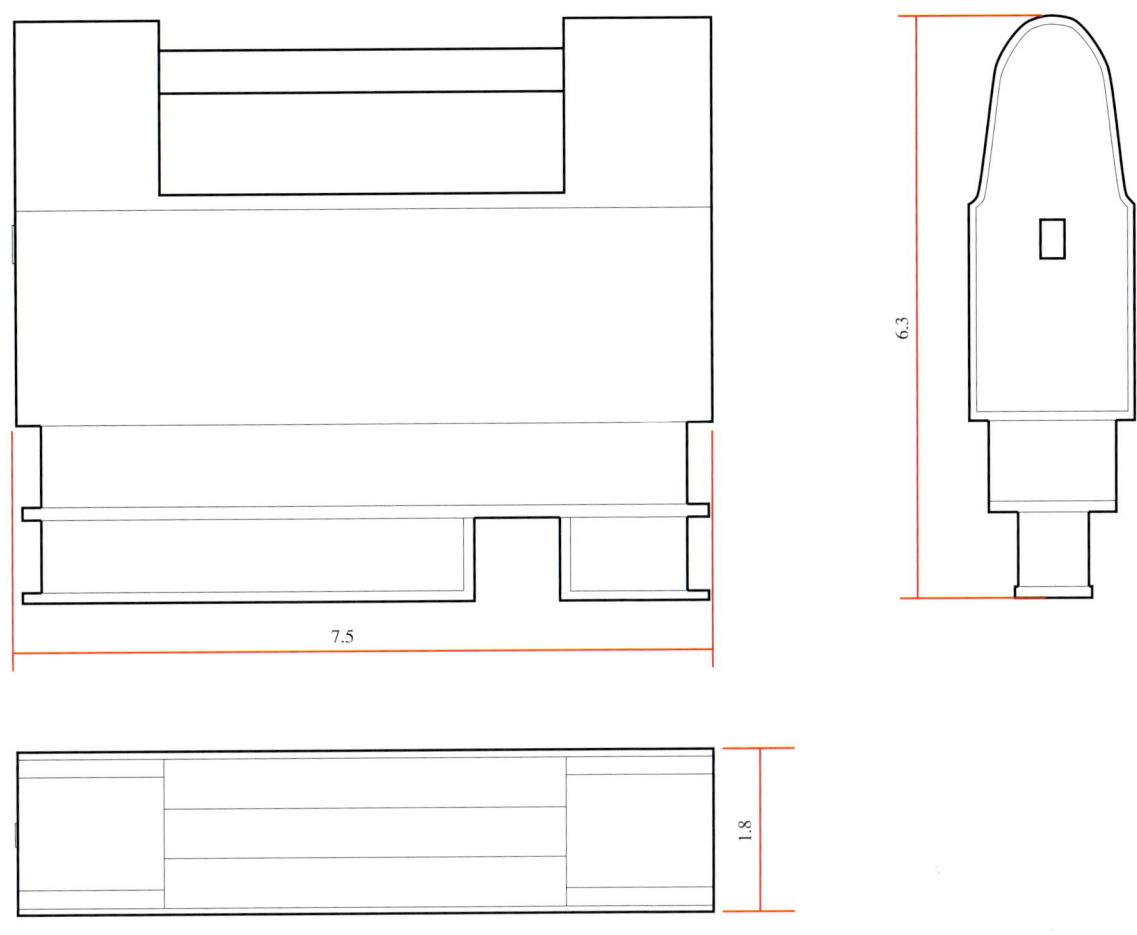

图三　普米族铜锁三视、尺寸图（单位：cm）

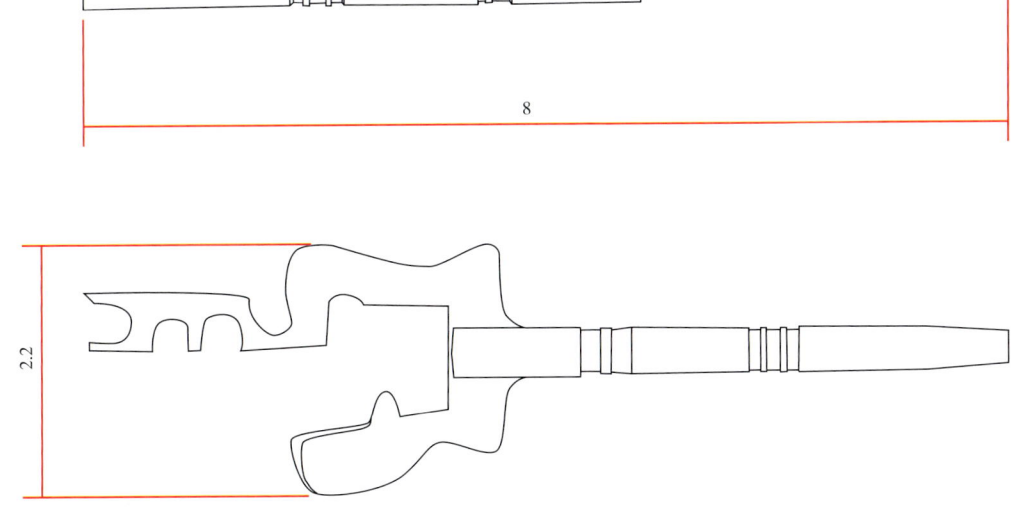

图四　普米族铜锁钥匙视角、尺寸图（单位：cm）

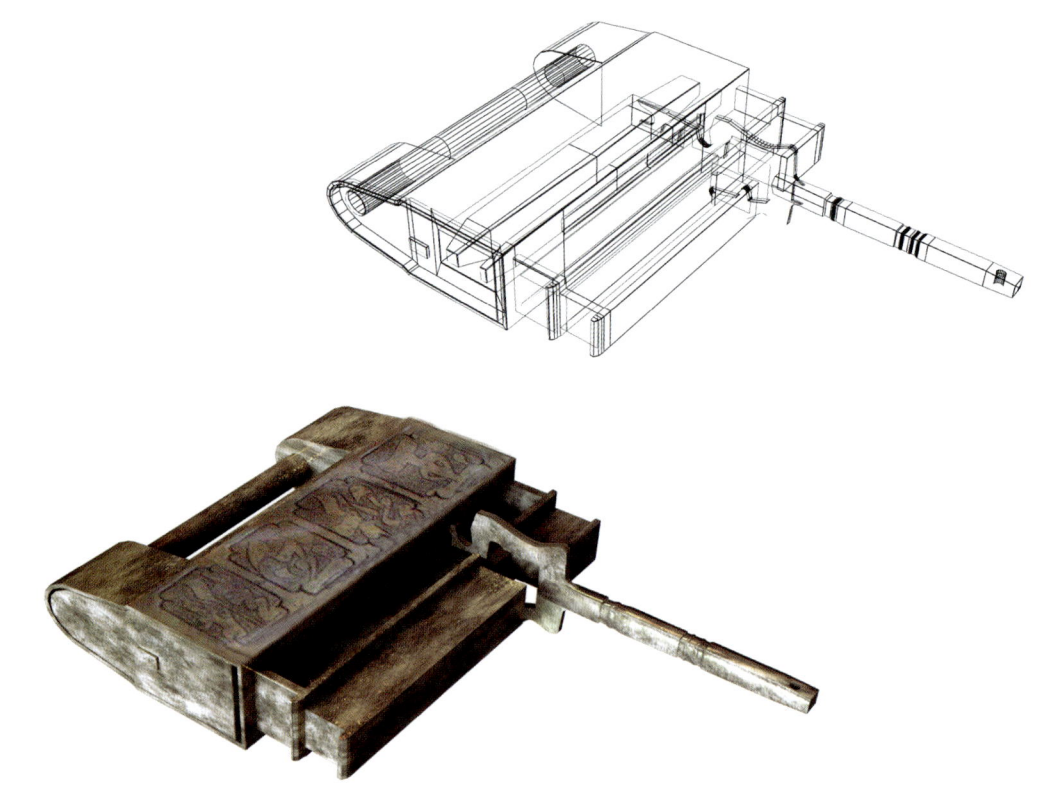

图五　普米族铜锁效果图1

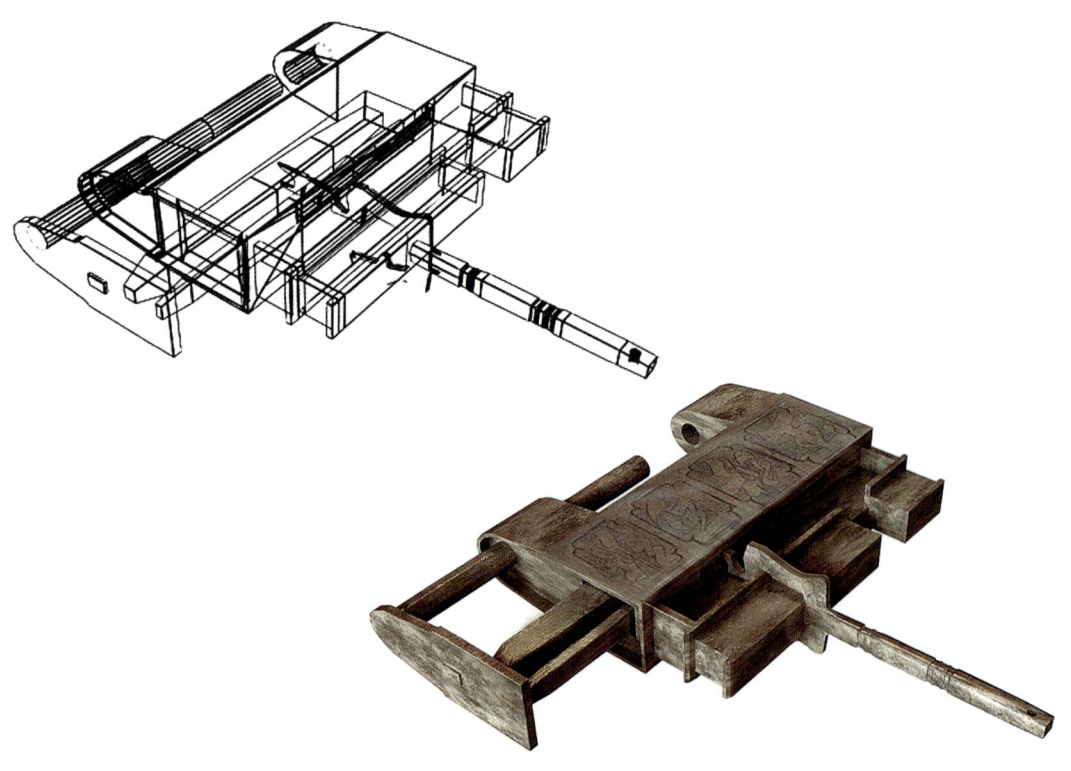

图六　普米族铜锁效果图2

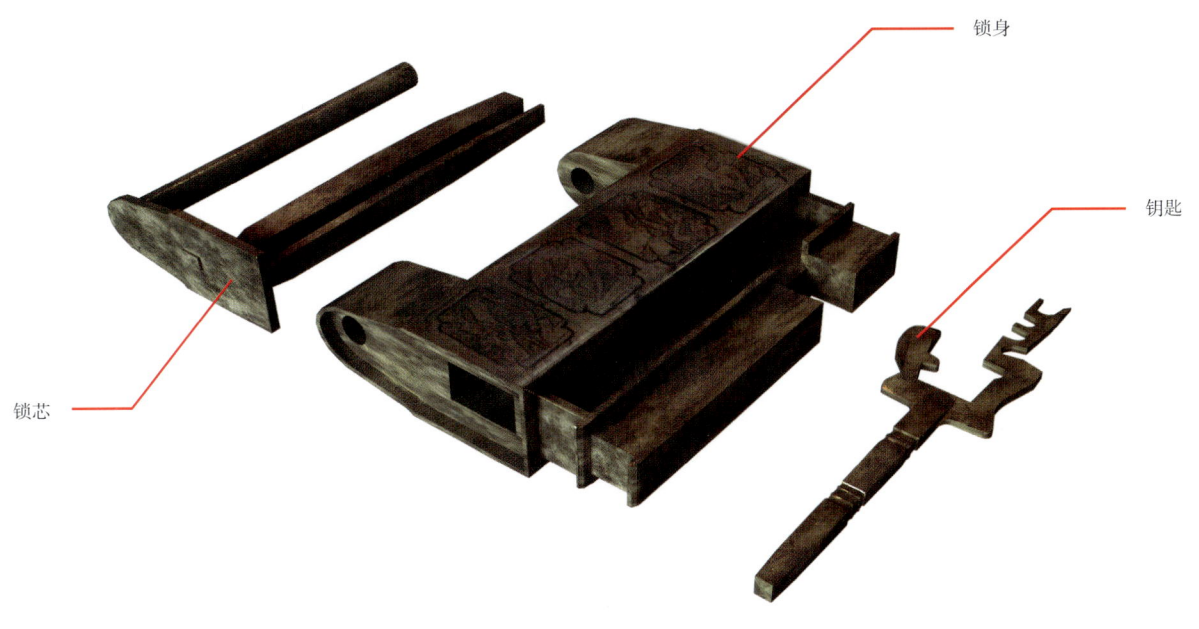

图七　普米族铜锁解析图

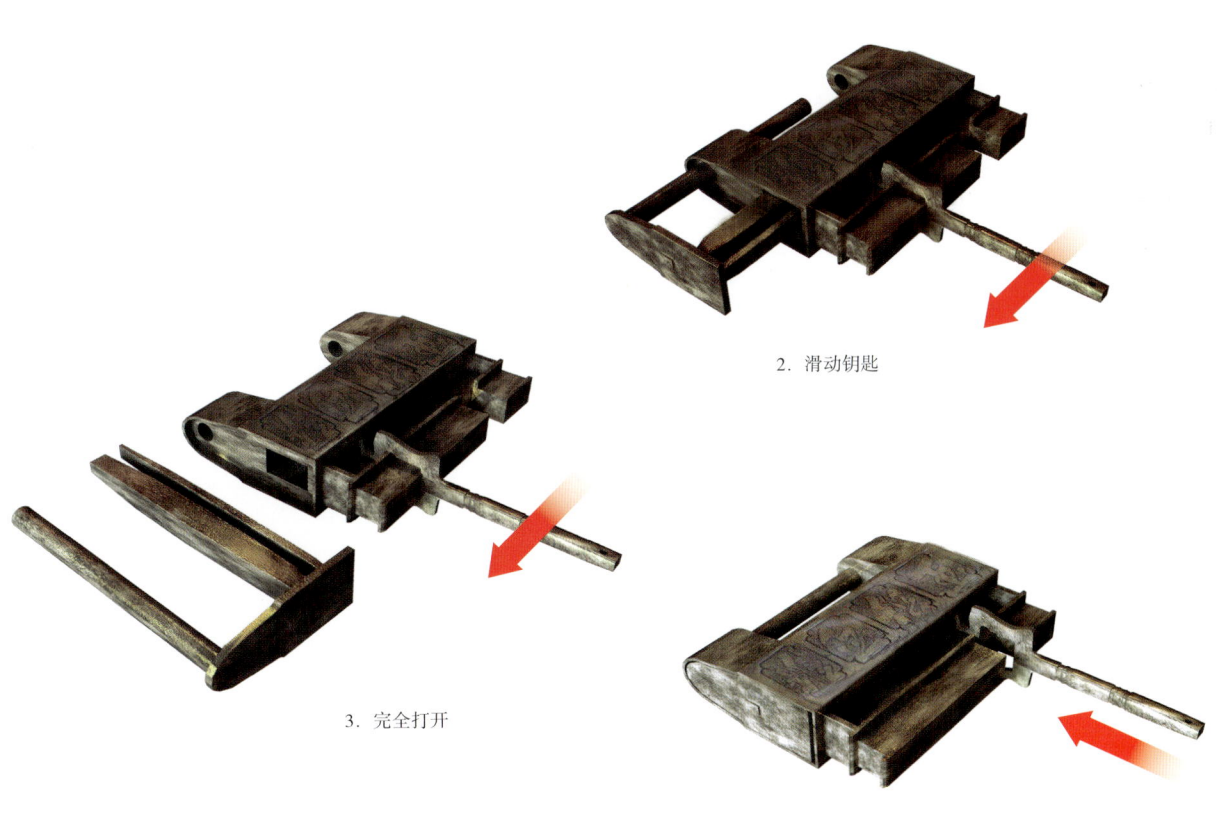

图八　普米族铜锁打开方式示意图

图九　普米族铜锁使用情境图

普米族篾盒

图一 普米族篾盒主图

篾盒，普米语称"笃笆"，是普米族人竹编织品的代表。"笃笆"可以用来盛放食物，也可以用来存放祖传的珍贵之物，同时也是馈赠稀客的珍贵礼品。

本案例采选自云南省兰坪县罗古箐村。篾盒分两部分：盒盖和盒身，盒盖直径26厘米，高13厘米；盒身直径23厘米，高12厘米，有6厘米是和盒盖重叠在一起的部分。

篾盒小巧精致，显示了普米人精湛的编织技艺。编织"笃笆"的材料是竹子，在普米人生活的山林中生长着各种竹子，麻竹是编织的主要材料。将麻竹去皮，破成篾状，越薄越好，宽度约0.5厘米为最佳；把破好的篾片连接起来，依据要编的大小决定连起来的宽度。把连接好的篾片用稻草盖起来，为的是让竹子的颜色变黄，这样编制出来的篾盒会更美观。根据要编篾盒的大小，选用不同数量的篾片开始编制盒身。块状的盒身编制到长约30厘米后，用剪刀把它修剪成圆形或椭圆形。开始用三对竹篾编制盒盖，待盒盖编好后，在盒盖周围开始编制花边。把编好的盒盖和修剪好的盒身合编在一起，这样篾盒就编制好了。

如今，篾盒已经越来越超越实用的范畴，由"笃笆"与木楞房墙壁花纹组成的图案成为普米族的标志，象征吉祥、友爱、神圣和幸福。"笃笆"凝结着普米族的深情厚谊和传统美德，是普米族悠久传统的见证物。普米族人都把它视为丰足、幸福、吉祥和安定的象征。"笃笆"又是喜庆活动中不可缺少的用物，送礼、宴客都要用到它。尤其是在1992年，"笃笆"曾作为吉祥物献给在昆明举办的中国第三届艺术节，并因其美观的式样，精致的工艺，吉祥的寓意，成为普米族民族工艺品的典范，越来越受到人们的关注。

图片来源

图一　胡春涛　摄影

图二至图十一　蔡克中　制图

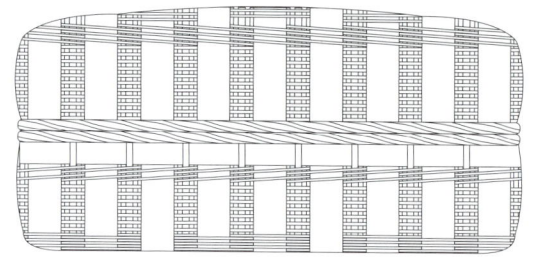
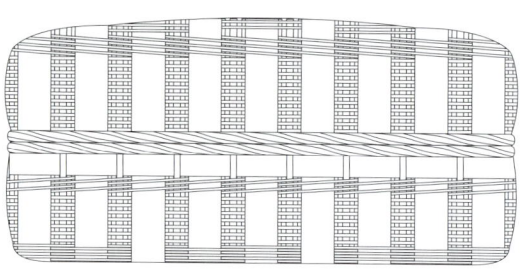
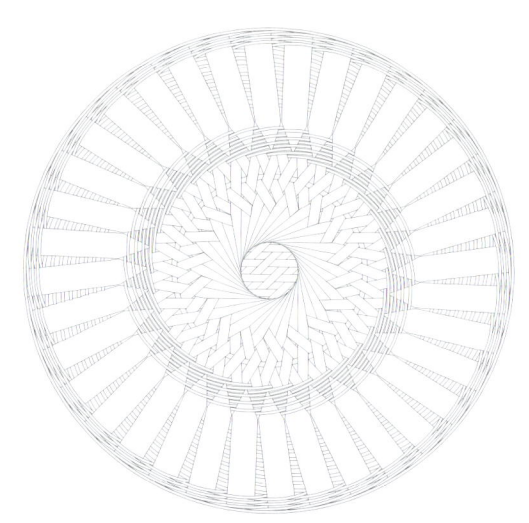

图二　普米族篾盒三视图

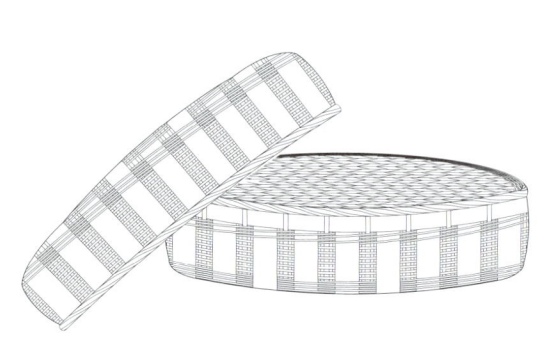
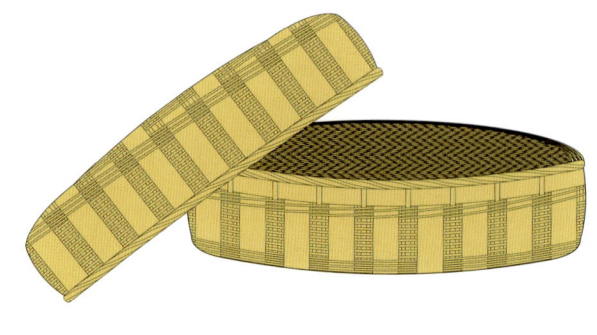

图三　普米族篾盒透视效果图

图四 普米族篾盒正视效果图

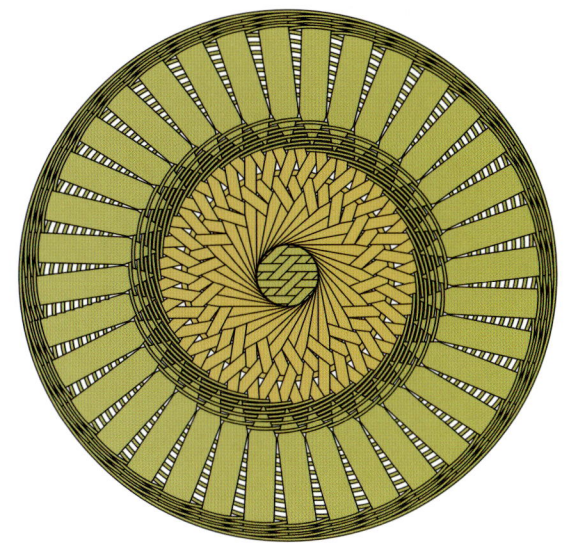

图五 普米族篾盒俯视效果图

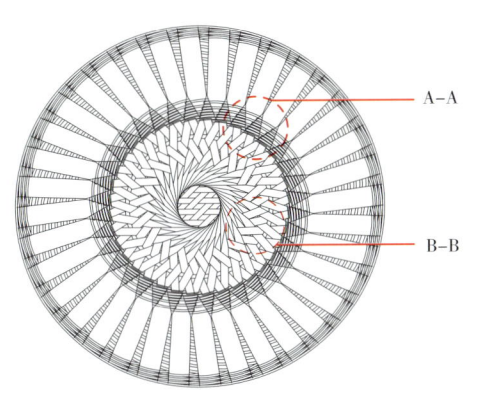
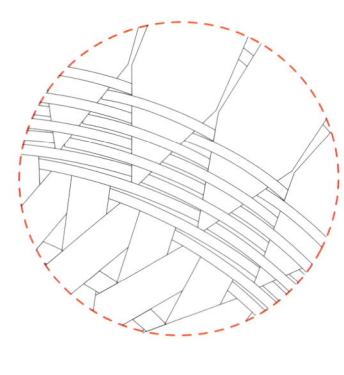
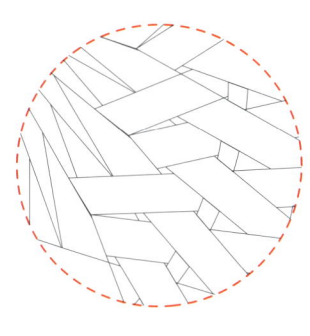

A-A放大图　　　　　　　　　B-B放大图

图六 普米族篾盒细节分析图1

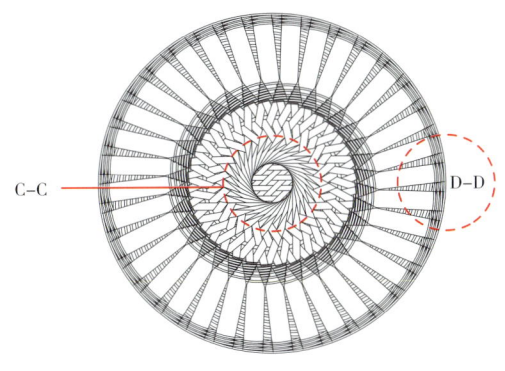
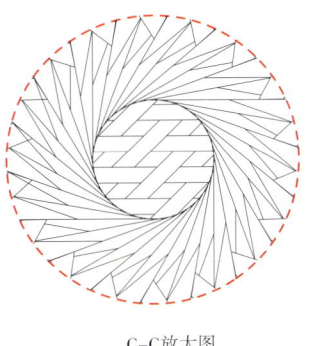
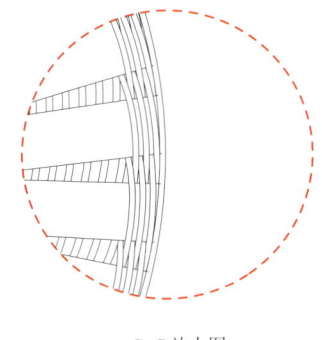

C-C放大图　　　　　　　　　D-D放大图

图七 普米族篾盒细节分析图2

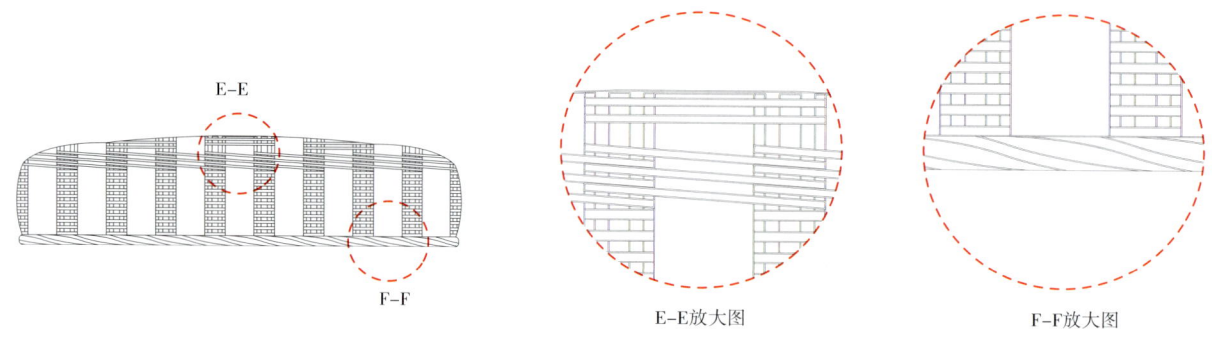

图八　普米族箧盒细节分析图3

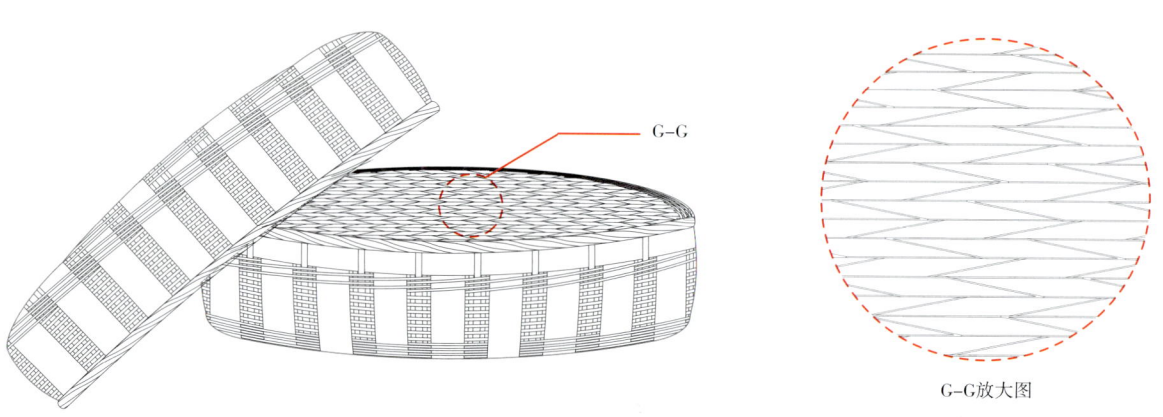

图九　普米族箧盒细节分析图4

图十　普米族箧盒使用情境图

图十一　普米族篾盒编织示意图

普米族竹篓

图一　普米族竹篓主图

编织是普米族男子在农闲季节进行的一项专业劳动，原材料主要是竹子、藤条等。普米族男子根据家庭生活需要能编织出几十种类型各异的生产、生活用品，这些用品主要供自家使用，少量用来进行出售。编织的物品主要有："卡"（篮子），用来背运物品；"哲子"（筛子），用于筛选粮食；"八子"（酥油盒），存放酥油或茶的盒子；"索卡"（箩筐），用于背松毛、麦秆、草类等的大篮子，四周有孔，孔径较大；"调溜"（小篮子），用于盛粮食等物品；"拉雅"（簸箕），用于清运垃圾、尘土的用具。编织的各种器具根据用途在材料尺寸、形状样式、做工精细程度上有较大区别。普米族妇女还用菖蒲草编织"荣铺"（垫子），铺在床板上使用。

本案例采选自云南省宁蒗县拉伯乡黑尔甸村，在日常生活中用于盛放食物或运输果蔬。竹编织品与普米族的生产、生活密切相关，是普米人实用精神与审美意识、材质工艺与意匠营构、竹编外观的物质形态与民族精神意蕴的和谐统一的体现，普米族的竹编器物无不体现着对"和"与"宜"的造物理想的追求。从材与艺等因素之间的关系来看，普米族的竹编器物也完美地体现了"因材施艺"的造物观念，既注重竹子材料的自然天性，又不断地探求竹编工艺中的审美旨趣。

图片来源
图一　胡春涛　摄影
图二至图九　蔡克中　制图

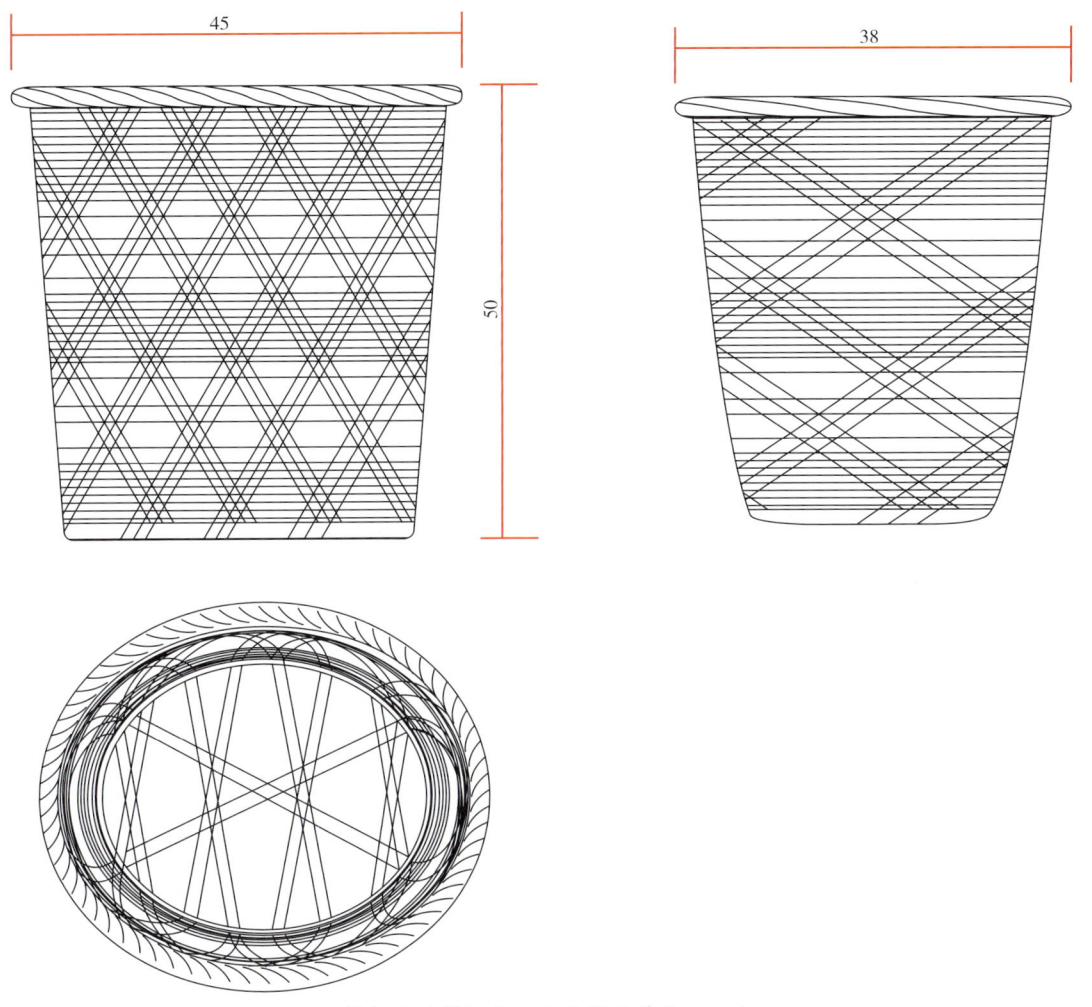

图二 普米族竹篓视角、尺寸图（单位：cm）

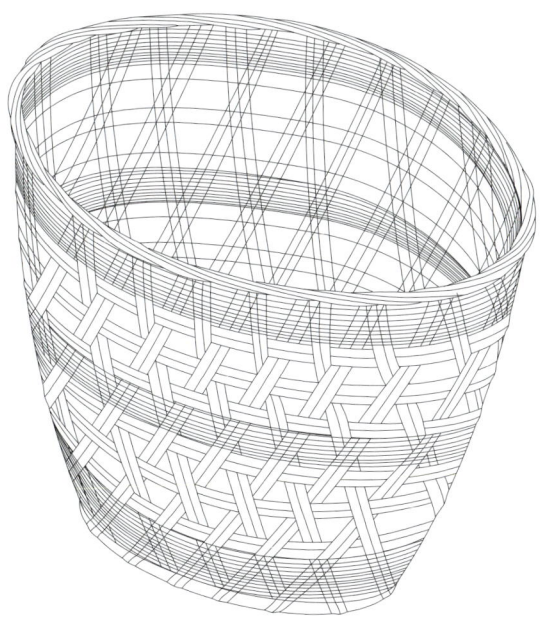

图三 普米族竹篓结构线描图

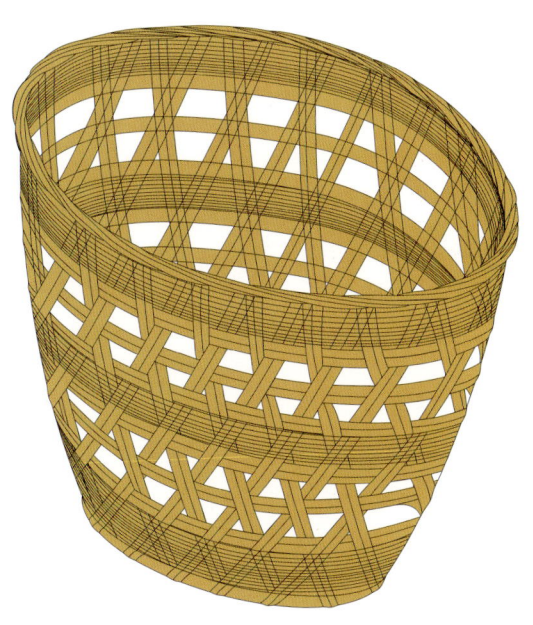

图四 普米族竹篓效果图

第四章 普米族传统生活用具

179

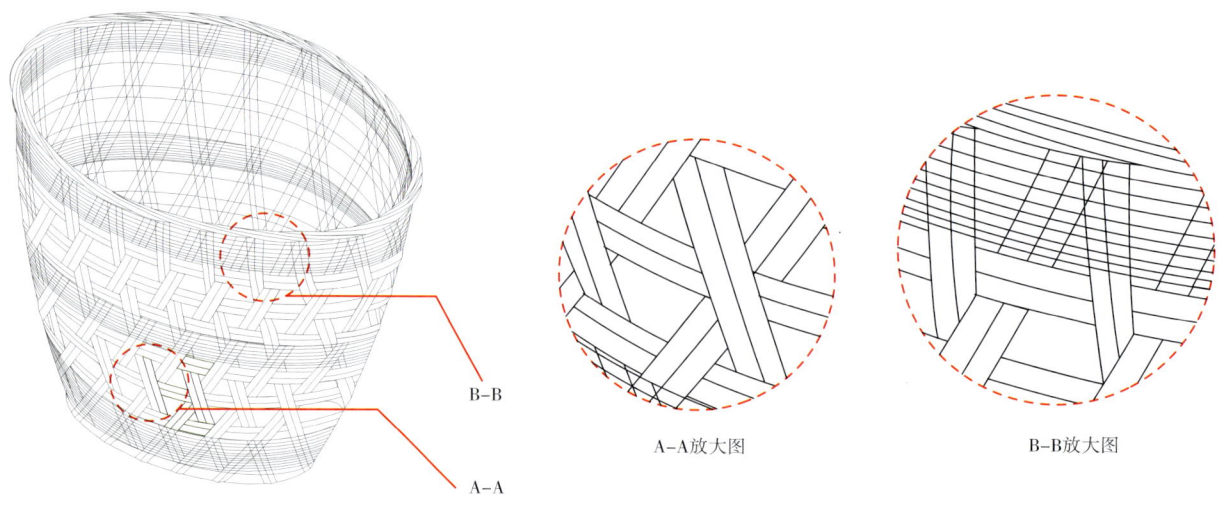

图五　普米族竹篓细节放大图

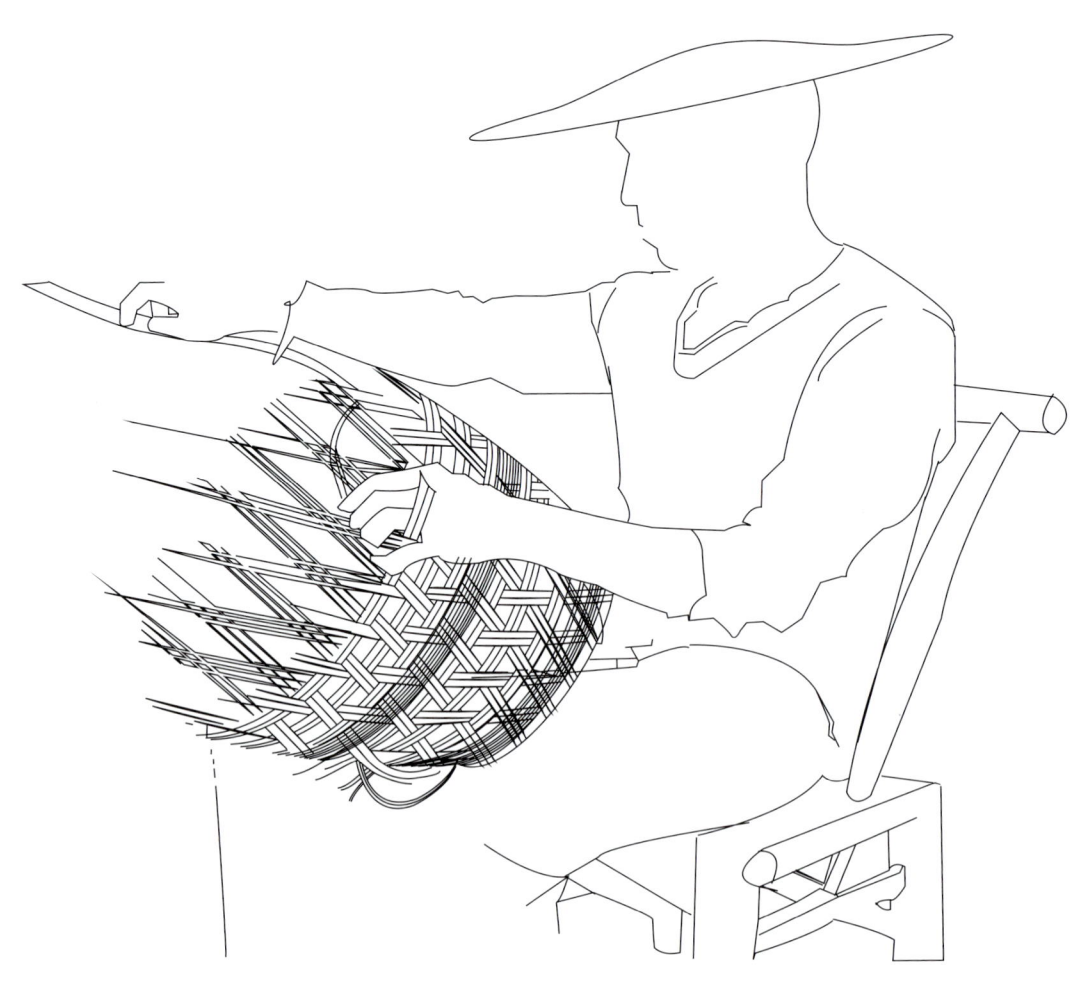

图六　普米族竹篓编制方法示意图

图七　普米族竹篓使用情境图1　　　　　图八　普米族竹篓使用情境图2

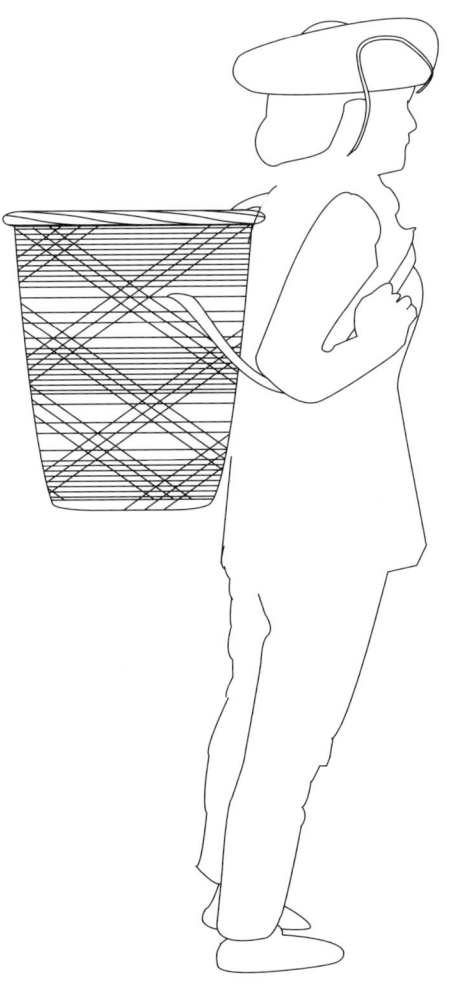

图九　普米族竹篓背篓方式分析图

第四章　普米族传统生活用具

普米族熊皮箭包

图一　普米族熊皮箭包主图

　　弩弓是普米族原始的狩猎工具，是在使用火枪狩猎之前主要的狩猎用具。箭包是用来装竹箭的皮袋子。普米族人外出时常腰佩砍刀，肩扛弩弓，身挎箭包。本案例采选自云南省民族村普米族村寨。箭包整高88厘米，由箭袋和背带组成，箭袋宽20厘米，高54厘米，箭袋里面装有三个小竹筒，竹矢就分格放于其中，一个箭袋可以放20~50支箭。箭的长短、粗细是由弩来决定的，而箭的长短又决定了箭包的长短。箭包还缀有背带，宽约4厘米。

制作箭包时，将猎杀的熊剥皮，简单处理后将熊皮裁剪成制作熊皮袋所需的三块，一块为细长条形作为背带，一块裁成箭袋的正面面料，另裁一块长于箭袋正面的皮料作为里面与盖子的皮料。裁剪好皮料后，将箭袋的底部、两侧、背带两端用皮线缝合，而最长的那块皮料依据竹矢的长度从上往下翻折下来作为箭包的盖子。口沿处用嫩竹篾压边，并以竹索分段扣牢实，这种处理，既有美观上的考虑，也是为了开盖方便，同时还可保护盖沿使其免于磨损。制作的熊皮箭袋尽量使熊毛顺畅，缝合处不露痕迹。

用熊皮为材料制作而成的箭包结实耐磨，制作中有粗放，也有细致。熊皮的质地、熊毛的光滑通过视觉和触觉，给人带来心理上的各种感受。以所猎取的动物皮毛做成狩猎辅助工具，彰显了狩猎人的勇气和智慧，充满了荣誉感，极大满足了猎人的精神与心理的需求，也给其以后的行动予以激励。

图片来源

图一　胡春涛　摄影
图二至图七　齐瑞文　制图

图二　普米族熊皮箭包线描、尺寸图（单位：cm）

图三 普米族熊皮箭包开启效果图

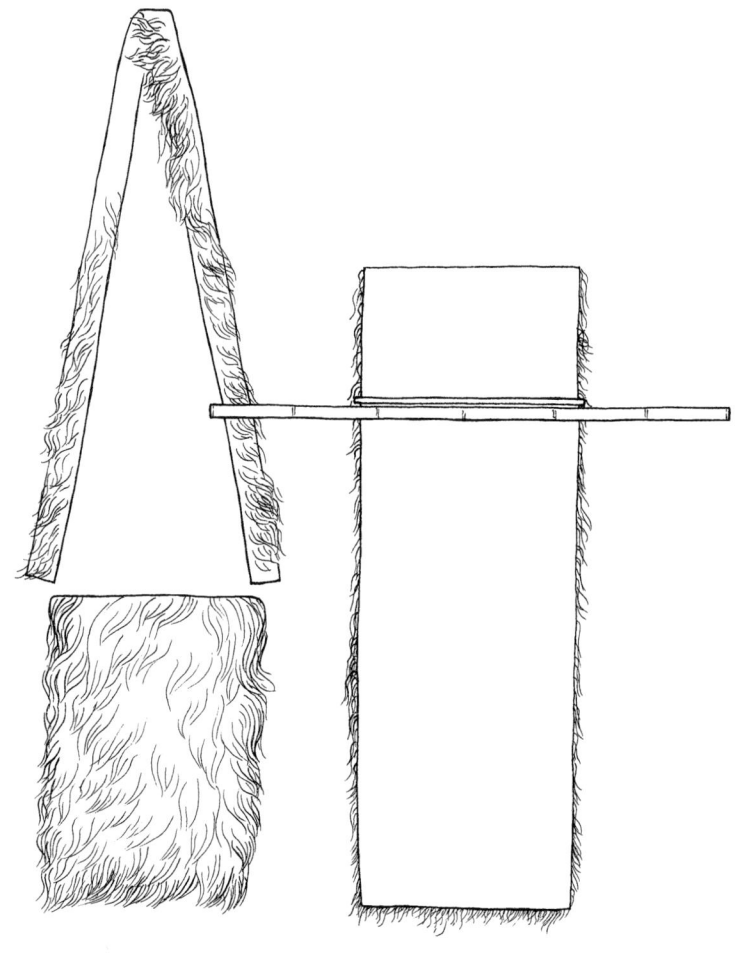

图四 普米族熊皮箭包解析图

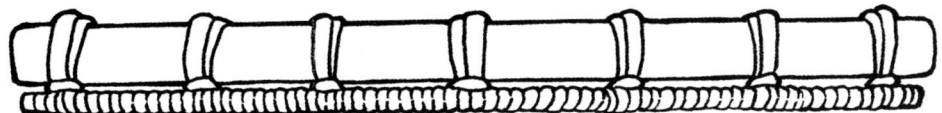

图五　普米族熊皮箭包口竹编示意图

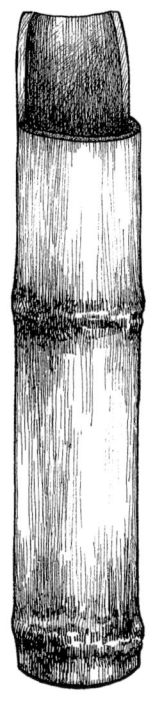

图六　普米族熊皮箭包内竹筒示意图

图七　普米族熊皮箭包背包方式示意图

第五章 普米族传统生产工具

普米族木犁

图一　普米族木犁主图

普米族主要从事农业生产，以农产品为主要经济来源。近代普米族社会已普遍进入犁耕阶段，生产中普遍使用犁、铧、锄头、镰刀、砍刀和斧头等劳动工具。为适应山区碎石坡地垦殖，许多农具的制作具有本民族的特点。

普米族的犁分三节犁、四节犁、琵琶犁、水铧犁、抬桢犁等。最初使用的犁主要是"二牛抬杠"。犁，普米语称"冬"，犁的结构简单，由铧、犁架、扶舵及犁箭组成，铧为铁质或是用坚硬木料制成的，有的前部包着一层薄铁皮。铁制的铧重6.5~7.5公斤，木质犁架（直辕）长2.4米，扶舵高1.03米，犁箭、犁架、扶舵三个部件构成一个三角形。犁架（直辕）的一端接一根横木杠（两端套索，使用时套在牛脖上，索以麻绳搓成，也有用宽篾片编织而成），另一端接操作柄，柄下接铧。

普米族通常为二牛一犁或一牛一犁，二牛一犁普米语称"热叠"，一牛一犁称"热顶"。二牛一犁最早的记载见于《汉书·食货志》，指用两牛三人进行耦犁的耕作方式。另有记载唐代云南地区的二牛抬杠："每耕田用三尺犁，格长丈余，两牛相去七八尺，一佃人前牵牛，一佃人持按犁辕，一佃人秉耒。"乾隆年间《丽江府志略》卷下也有记载："耕用二牛、前挽、中压、后乿。"这种犁地的形式必须由3个人操作完成。由于使用时将前端的横木架在双牛肩上，通称"二牛抬杠"。由于所居山地土质较厚实，只用一头牛不能很好地对土地进行深耕，普米族一般用犁都采用二牛抬杠式，即犁地时在犁辕的前面架一长木杠，使两头牛并排拉，然后一人扶杠，一人扶犁，一人平土或撒种。通常把三个人工加上一架牛每天耕种的土地面积称为一架地。犁地深度六七厘米,一天能犁0.5亩(1亩约为666.7平方米)左右,土质松软的耕地,也可犁1.5亩左右,但夹生地多。直到今天,很多农区仍还在使用这种二牛抬杠的耕作方式。

在普米族地区一般采用的犁仍为直辕犁,这种犁结构简单,铧薄而大,一定程度上适应了山地的土壤类型,易于截断草根、树根,避开石头,但与后来直辕犁基础上发展起来的曲辕犁相比还是有些滞后,工作效率低下,而且操作方式是二牛抬杠,这些都是粗放型的农业生产方式的体现。

图片来源
图一 胡春涛 摄影
图二、图四、图六、图八至图十 蔡克中 制图
图三、图五 贾庭伟 制图
图七 蔡克中、贺雪岚 制图
图十一、图十二 谢涛 制图

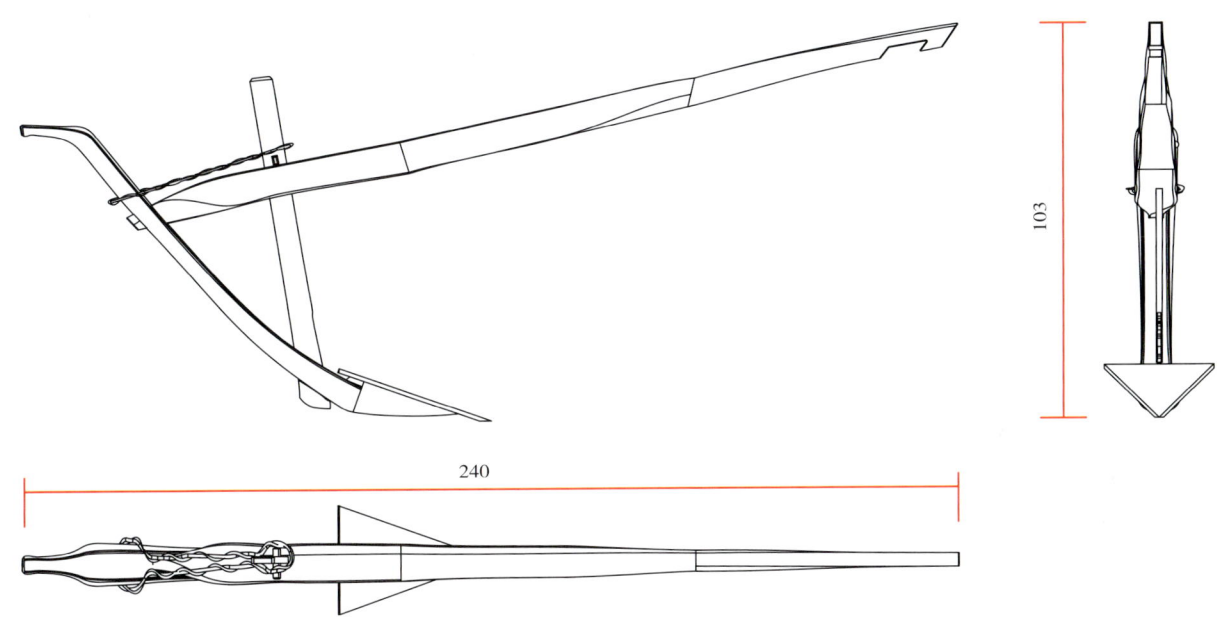

图二 普米族木犁视角、尺寸图(单位:cm)

图三 普米族木犁效果图1

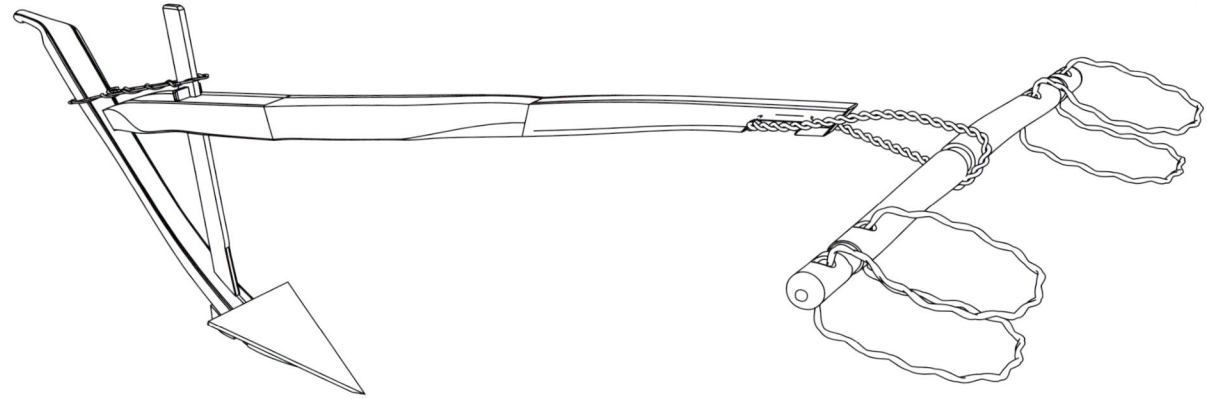

图四　普米族木犁结构线描图1

图五　普米族木犁效果图2

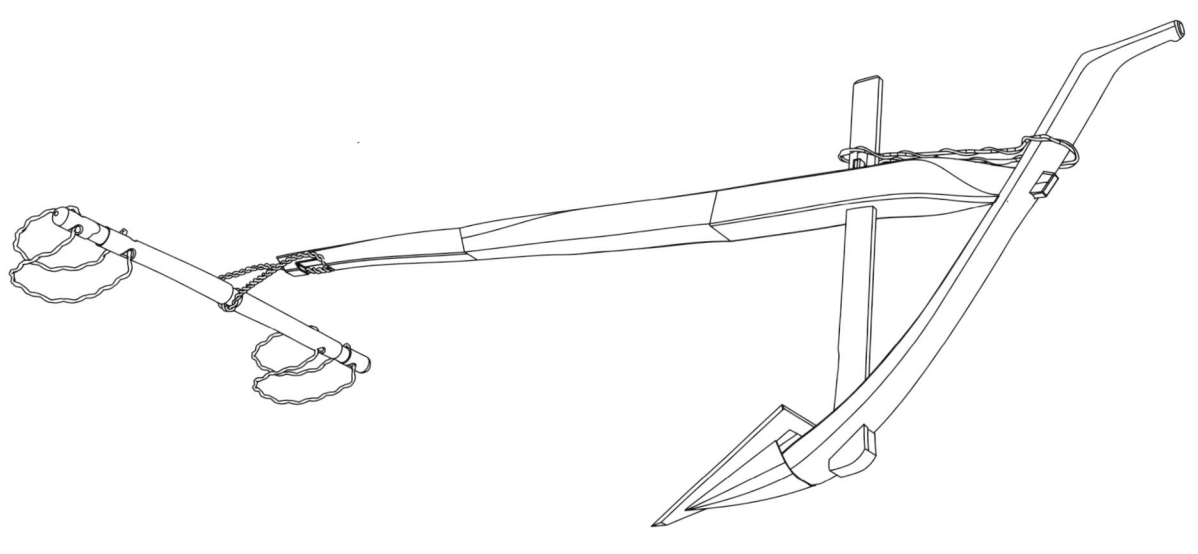

图六　普米族木犁结构线描图2

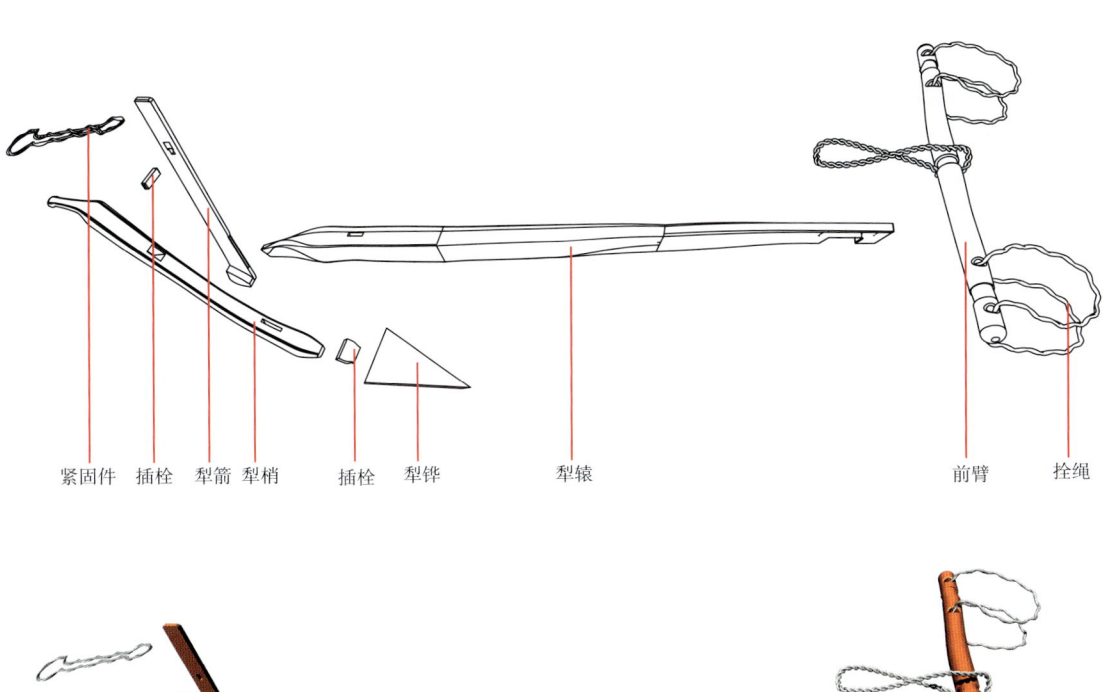

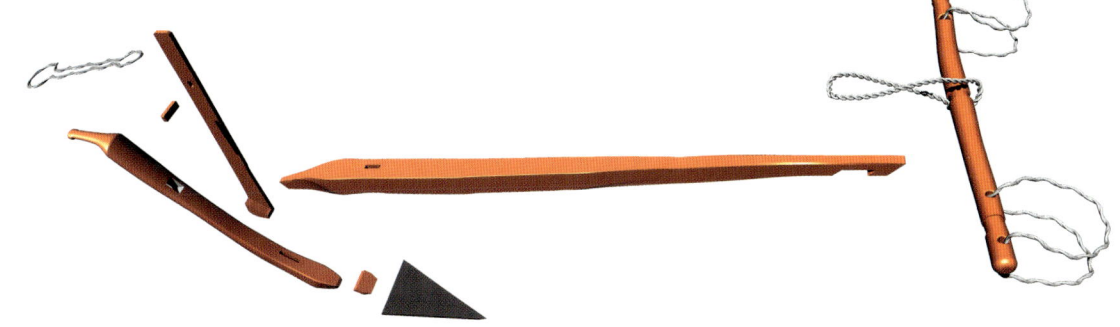

图七 普米族木犁解析图

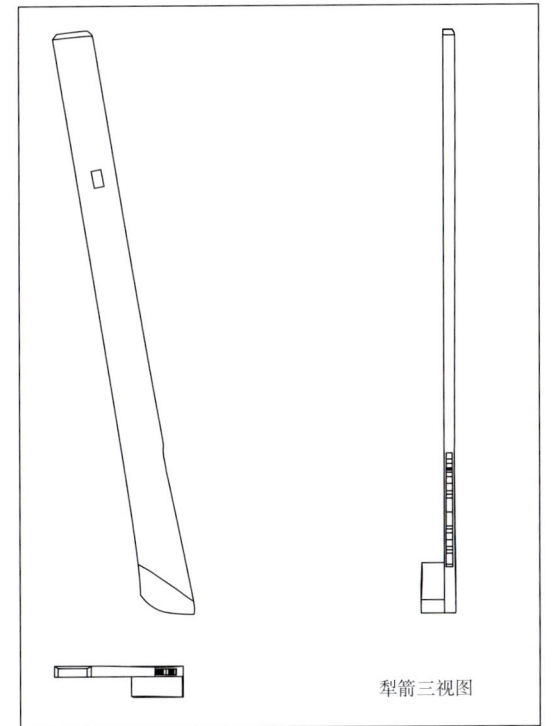

犁箭三视图

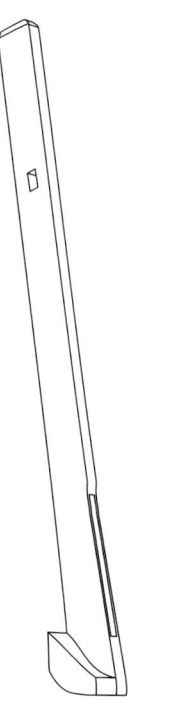

犁箭结构图

图八 普米族木犁犁箭分析图

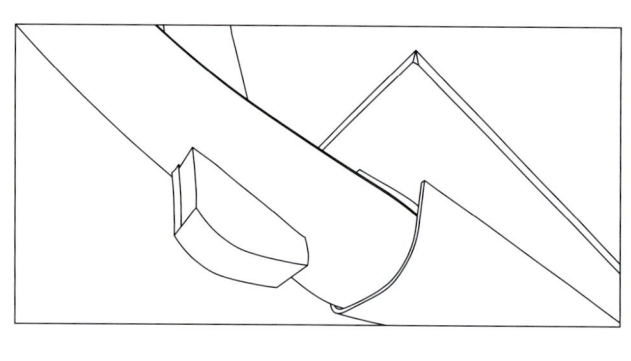

图九 普米族木犁细节放大图

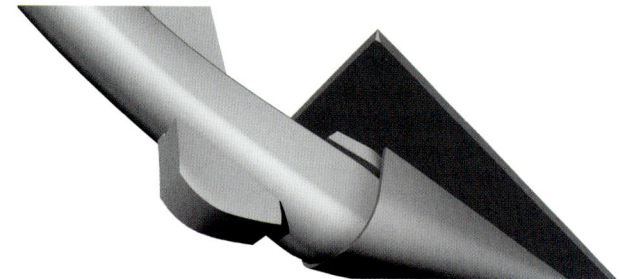

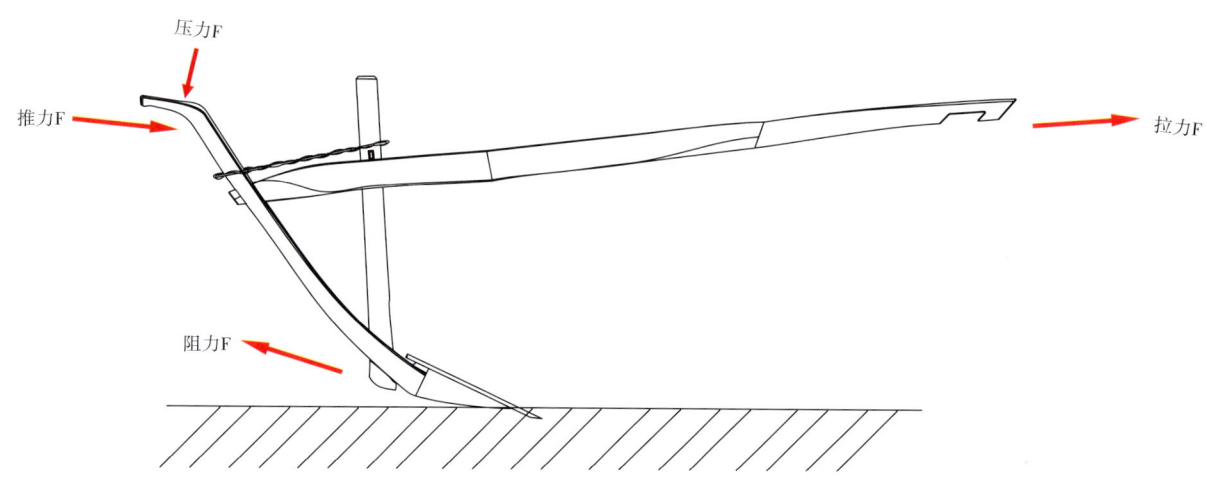

图十 普米族木犁受力分析图

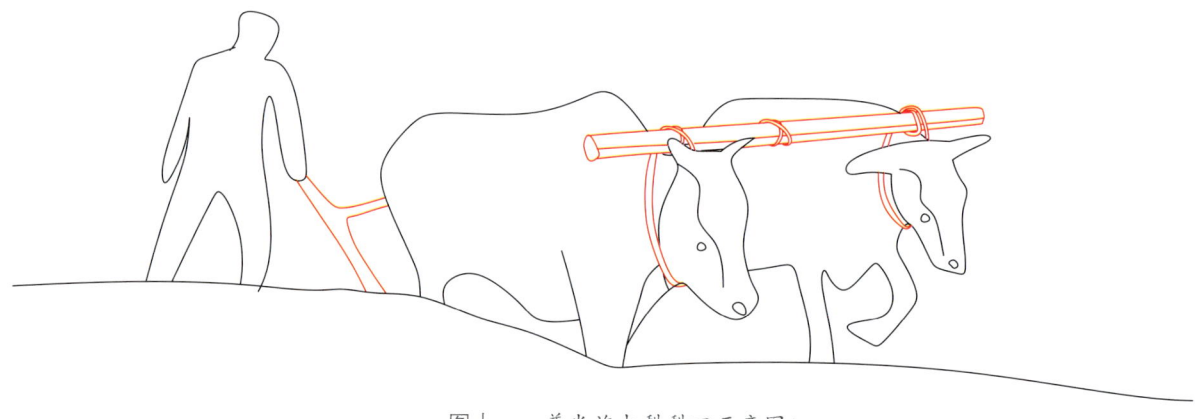

图十一 普米族木犁犁田示意图1

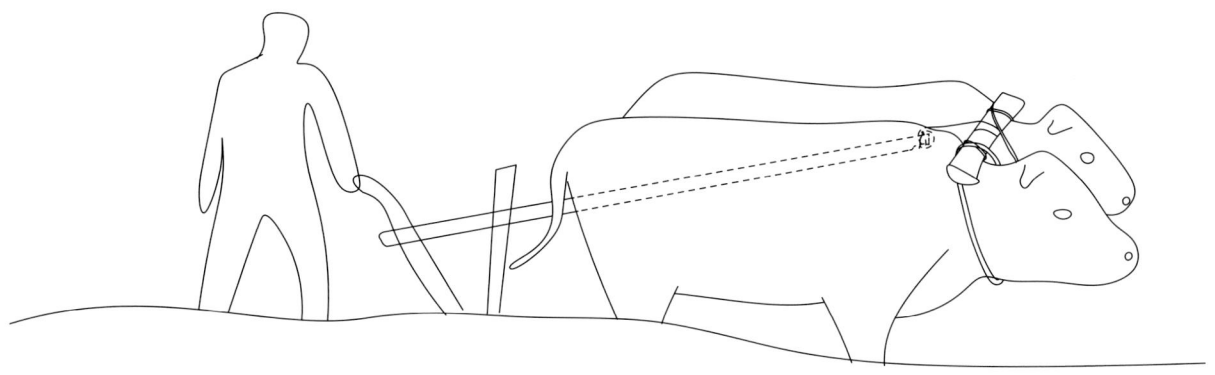

图十二　普米族木犁犁田示意图2

普米族纺车

图一　普米族纺车主图

本案例的普米族纺车采选于中国民族博物馆，属于手摇纺车。它由车架、锭子、绳轮、手柄四部分组成。锭子与绳轮、手柄分处两边，中间用绳弦传动。锭子一端穿过两木柱之间，另一尖端伸出木柱之外，伸出柱外的一端可套竹管或芦管，为使锭子可以自由回转，从绳轮过来的绳弦则套在两木柱间的锭杆上。绳轮一般首先以二竹片制作成两个圆环，两者相距20~25厘米，分别用竹片为辐支撑于轴上，每个圆环由6根辐组成，辐条宽10厘米左右，先以四根列成"井"字状，再用另两根竹片交叉钉于其上。圆环外侧用细篾片环绕，形成外圈。用绳子在两竹环之间交叉缠绕就形成纺车的绳轮，再用绳弦绕轮周与锭子连在一起。本案例的手柄并没有安置在轮轴伸出木柱的头端，而是在辐的交叉处配上一根小木棍作为手柄。

其实，纺车是一个高效的卷绕加速结构，其工作原理是利用大轮（绳轮）和小轮（锭子）的大小差异，以大轮带动小轮，使小轮提高卷线的速度与效率。工作时先摇手柄带动大轮，此时，摇手柄与大轮的角速度相同，但大轮线速度明显要大；然后，大轮用轮绳传动带动直径较小的小轮——锭子，在线速度不变的情况下使小轮的角速度要大；总的效果是卷绕的效率大大提高。若是在纺车上同时安上多个锭子，即一个大轮带动多个小轮，则卷绕效率又可成倍增加。

纺车的使用提高了纺纱的效率，纺车的利用还提高了丝和麻纺织品的质量。另外，它可以根据织物的要求，纺制粗细不同的纱线。这是由于它可以根据织物性质的要求，进行弱捻或强捻。纺坠虽然也可借助纺轮的大小、轻重来给不同纤维纱线加上不同的捻度，但加捻总不如纺车来得均匀。

本案例的纺车除了挂锭子的环为铁质的外，其余都是竹子、木材和麻线等方便获取的材料，而且使用很长时间后，组成辐轮结构的竹片还可保持光滑亮泽的外表，充分展示了材质的美感。另外，这些材料的使用减轻了绳轮的重量，可使工作时节省用力。本案例更为精妙之处还在于纺车各部件的结合方式上，尤其体现在辐轮上，竹片和竹片的交接点不是用铁钉固定的，而纯粹是运用比较原始的方法以竹钉铆合、以竹钉支撑和分离，有效地完成了纺车结构的延展与建构。

图片来源
图一　胡春涛　摄影
图二、图四、图六至图十一　蔡克中　制图
图三、图五　贾庭伟　制图

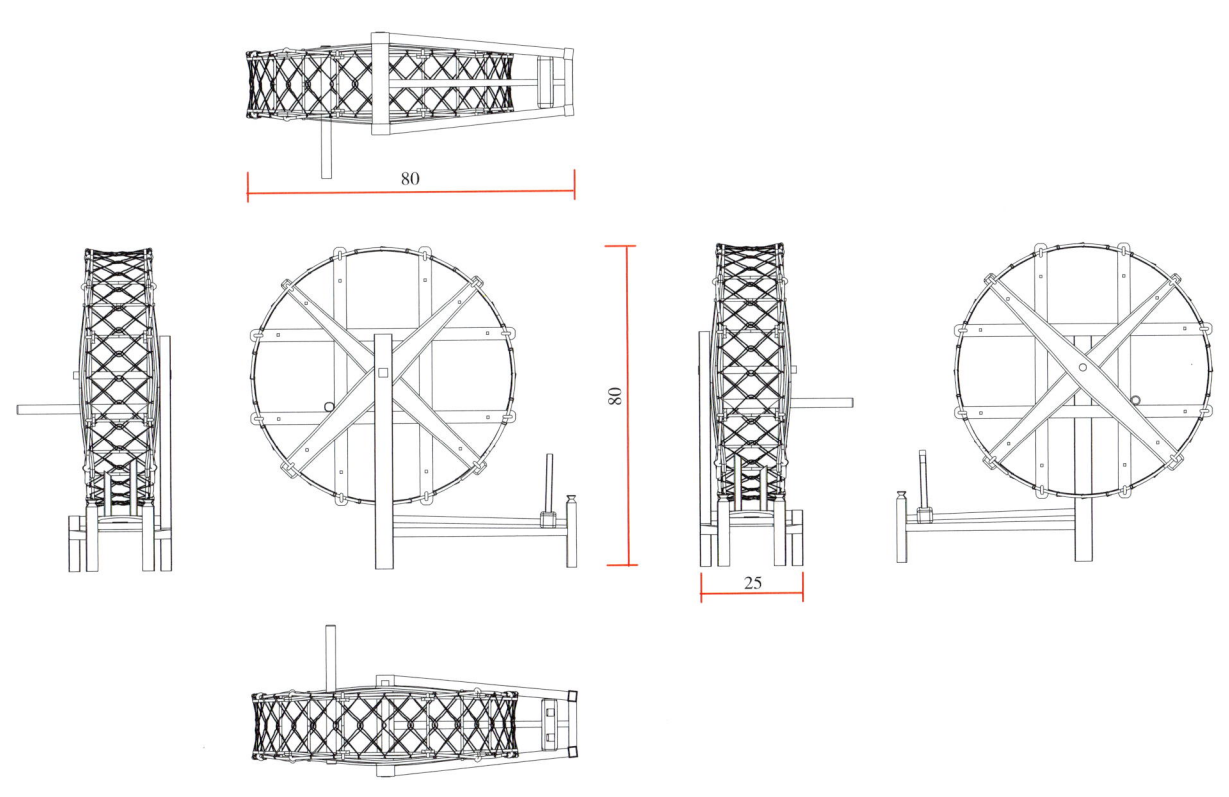

图二　普米族纺车视角、尺寸图（单位：cm）

第五章　普米族传统生产工具

图三 普米族纺车效果图1

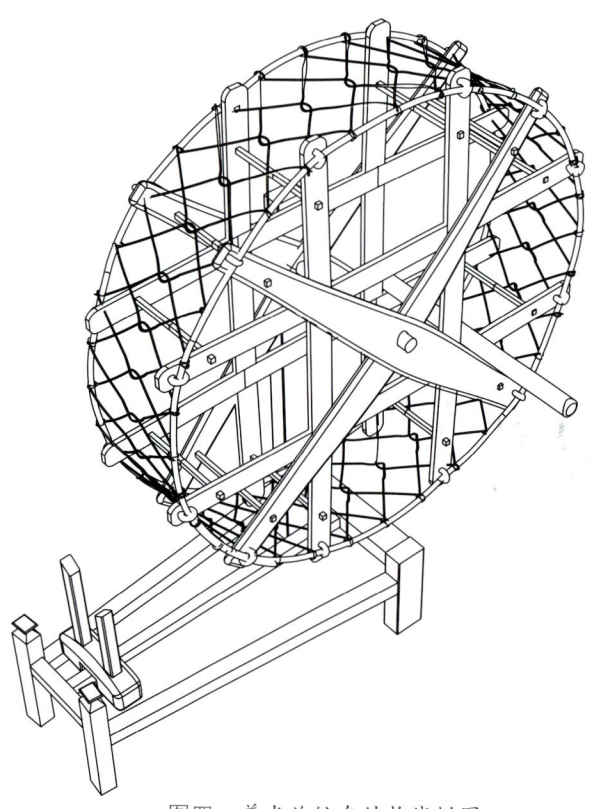

图四 普米族纺车结构线描图1

图五 普米族纺车效果图2

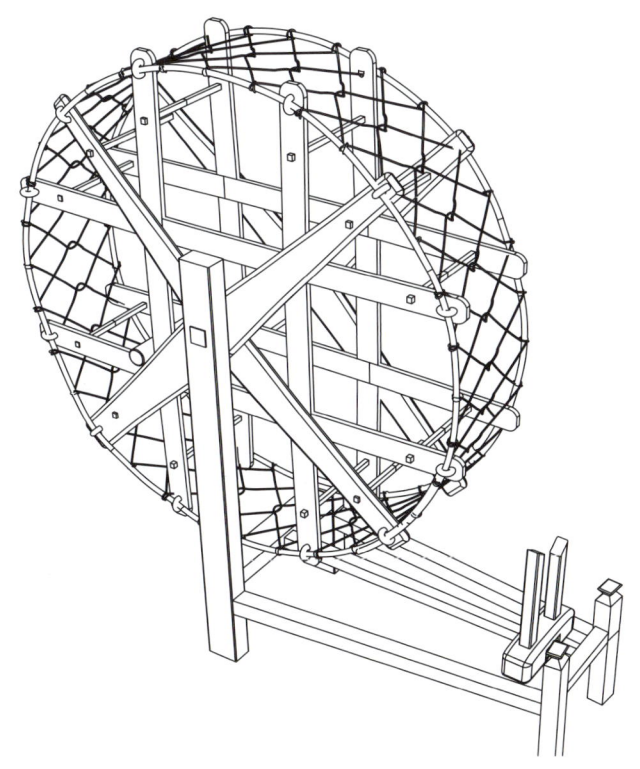

图六 普米族纺车结构线描图2

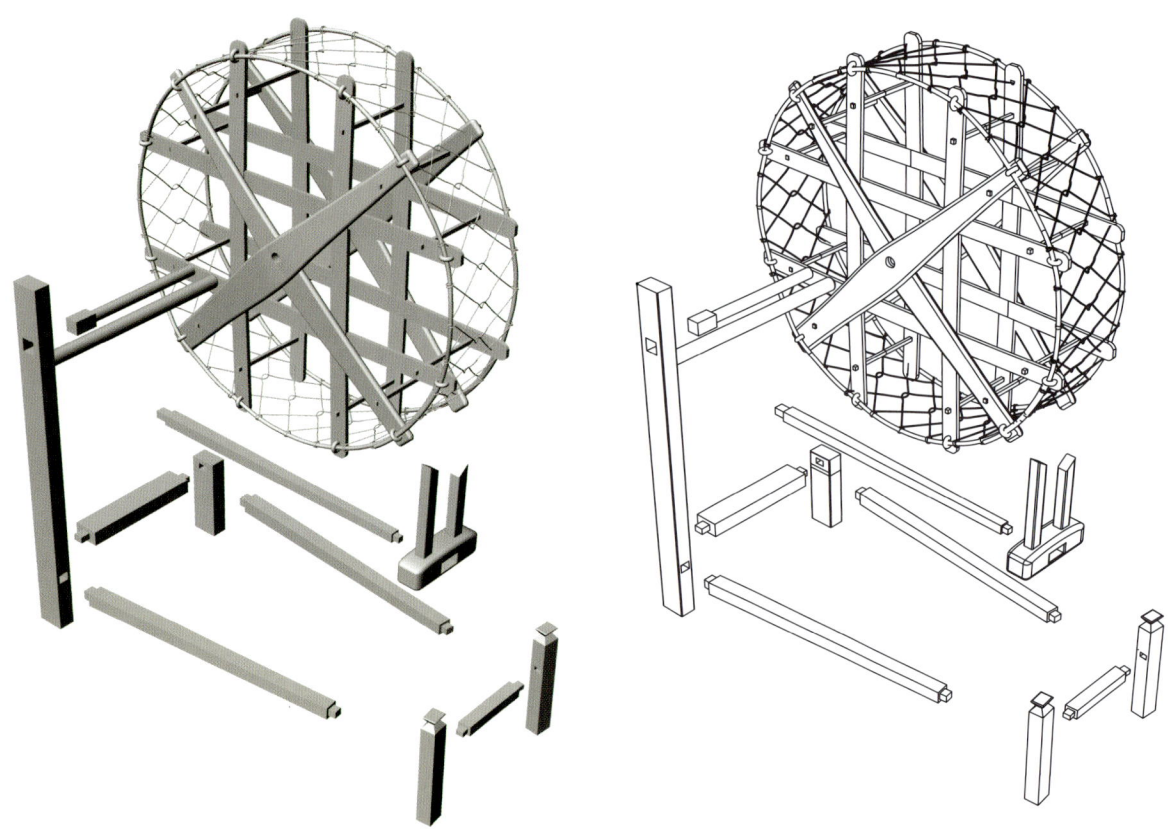

图七　普米族纺车解析图

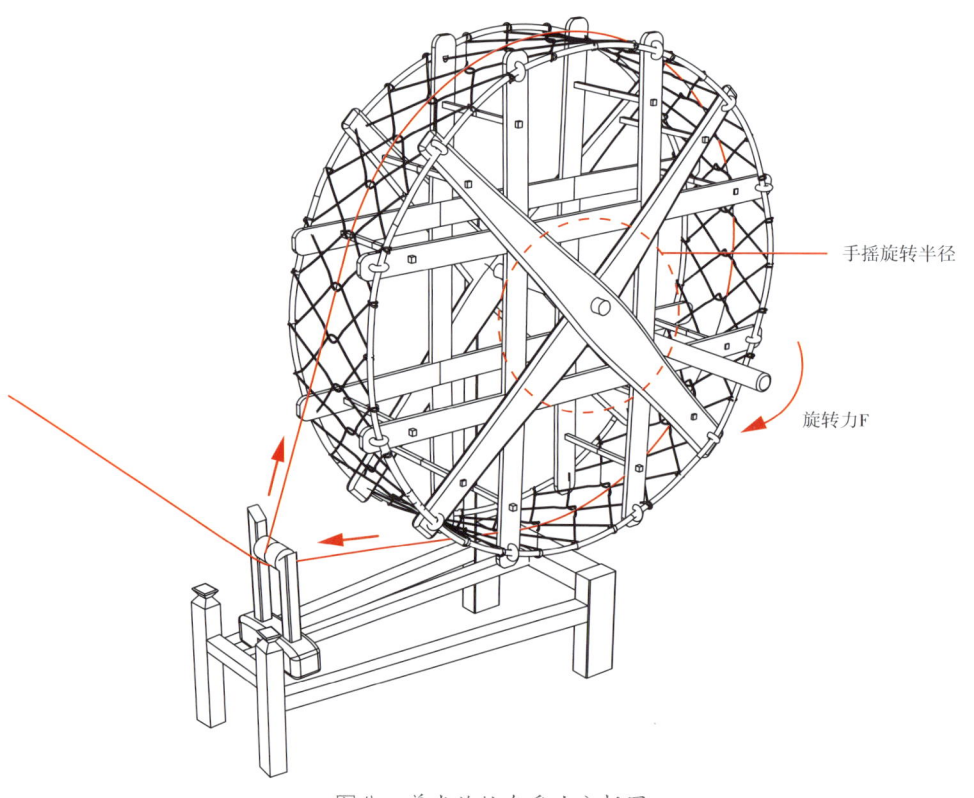

图八　普米族纺车受力分析图

 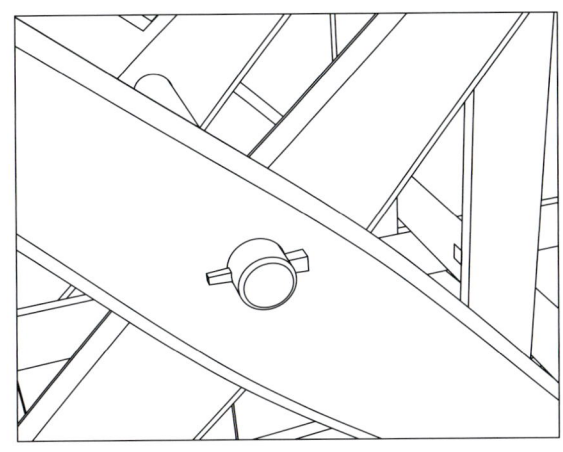

图九 普米族纺车细节分析图1

 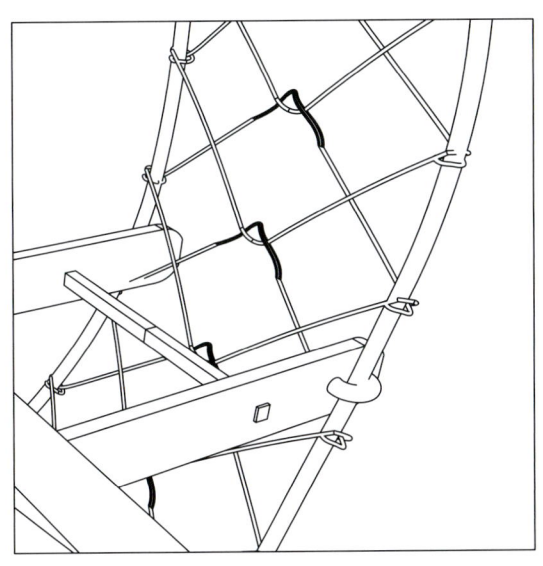

图十 普米族纺车细节分析图2

199

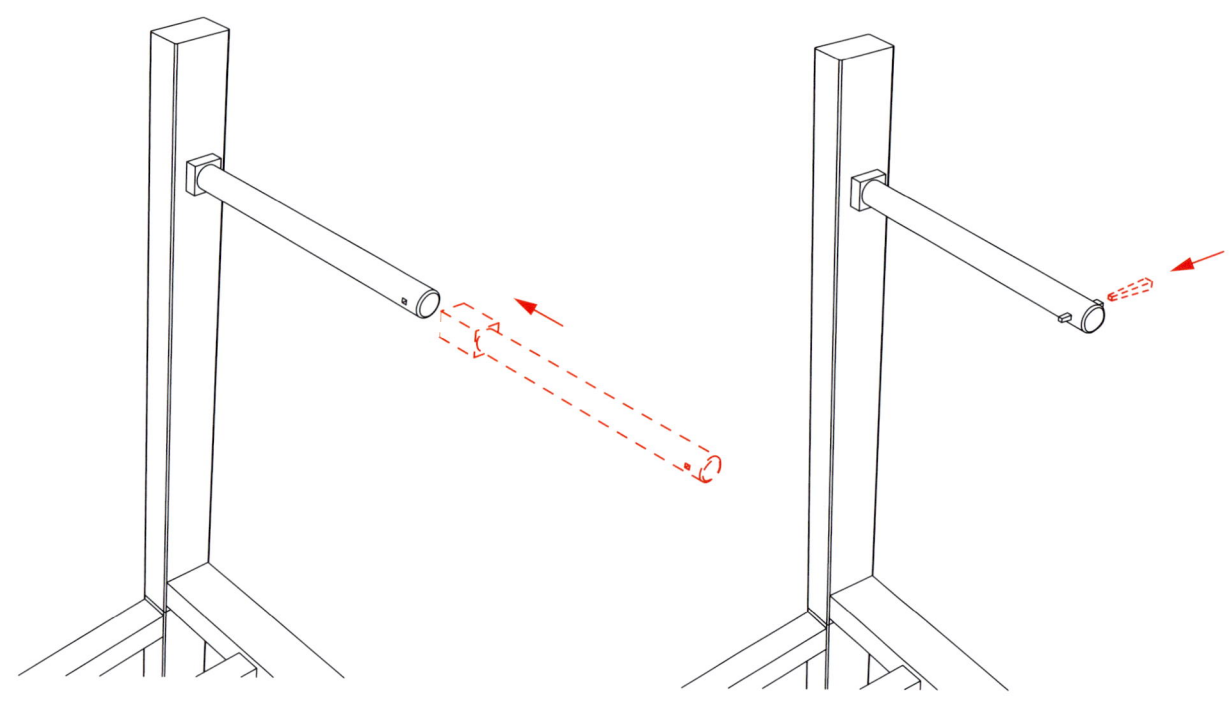

图十一　普米族纺车连接部件分析图

普米族石臼

图一　普米族石臼主图

　　石臼是用以砸、捣、研磨日用粮食的器具，一般搁置在厨房里，需要研磨时随时拿出来使用。本案例采选自云南省兰坪县罗古箐村，由三部分组成：臼钵、手柄、石杵。臼钵呈圆柱体，上大下小，上部直径为15厘米，进深为6厘米，底部直径为13厘米，臼壁厚5厘米；手柄里大外小，长5厘米，宽3厘米，连接臼钵体部分高5厘米，另一侧为3厘米；石杵为不规则长方体，长14厘米，底部稍圆，上部有切面，边缘宽处5.5厘米，窄处4厘米。有的家庭用石臼没有柄，造型与此案例也有不同，整体呈覆斗形，在中间挖一个上大下小的圆锥体。

　　打制一件石臼，需要准备凿、锤、钎等铁质工具，选择质地坚硬的岩石如花岗岩作为制作的材料。首先打坯样，准备粗石坯，据不同的造型备好不同形状的石料，并在石料上画好草图；第二步就是依据草图用铁锤和凿子配合挖去内部无用的石料，用铁钎进行初部塑型，即将内部修整成圆锥体；第三步是剔去外部无用的石料；最后一步是进行修饰，石臼外部保持凿痕，无须进行打磨，臼钵里面用磨砂石打磨，使其光滑。石杵不需要刻意用石头雕琢，只需找一块稍长的长条形鹅卵石充当即可。

　　石臼的工作原理是在石制的容器里,靠冲锤的直接冲打、挤压来粉碎食料。普米族还有一类比石臼要大的粉碎粮食的工具:手碓和脚碓。手碓比厨房用的石臼要大,杵为大木棒,用于需要研磨大量的粮食时。脚碓需要用脚协助来工作,是大型的研磨粮食的器具。脚碓由石支撑架、木碓杆、石碓和石臼几部分组成,石碓和石臼用的是同一种石材,石舂连在圆木上,由一人踩踏,有节奏地起落,一人手拿小扫帚,随着石舂的升起快速拨动石盆里的粮食。普米族生产的小麦、玉米、高粱、荞麦等粮食都可以通过石臼加工成粉。

　　石臼和石杵是最传统的生产器具,早在人类原始社会时期就已经掌握了制作石杵、石臼、研磨盘的技艺了。普米族人沿用了这种相对原始但实用的生产技艺,只不过在制作工具上大大进步了。

图片来源

图一　胡春涛　摄影

图二至图八　蔡克中　制图

图二　普米族石臼效果图

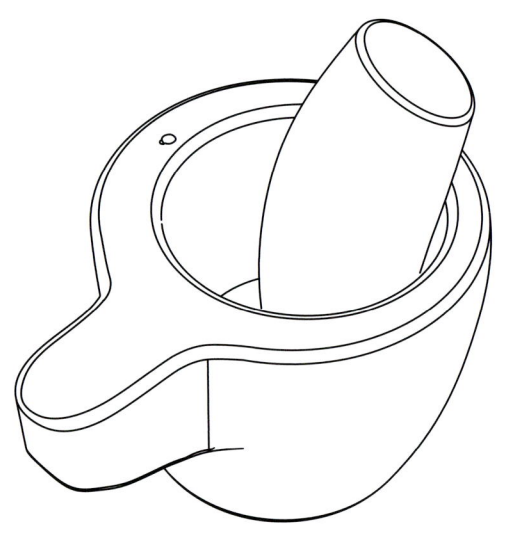

图三　普米族石臼线描图

图四　普米族石臼结构名称图

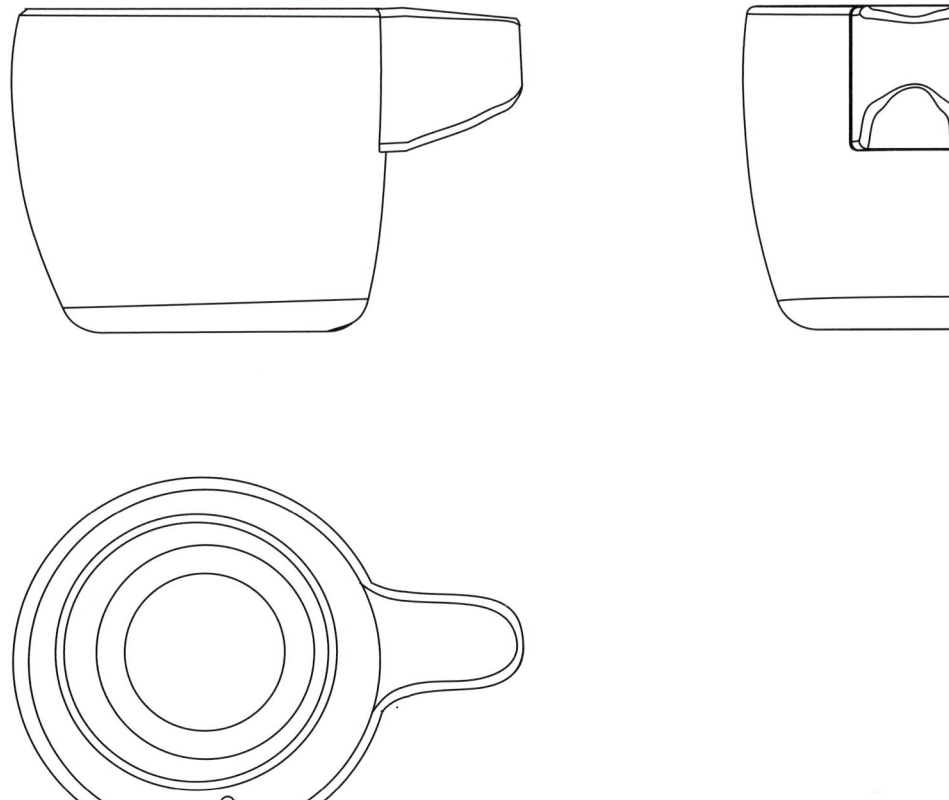

图五　普米族石臼三视图

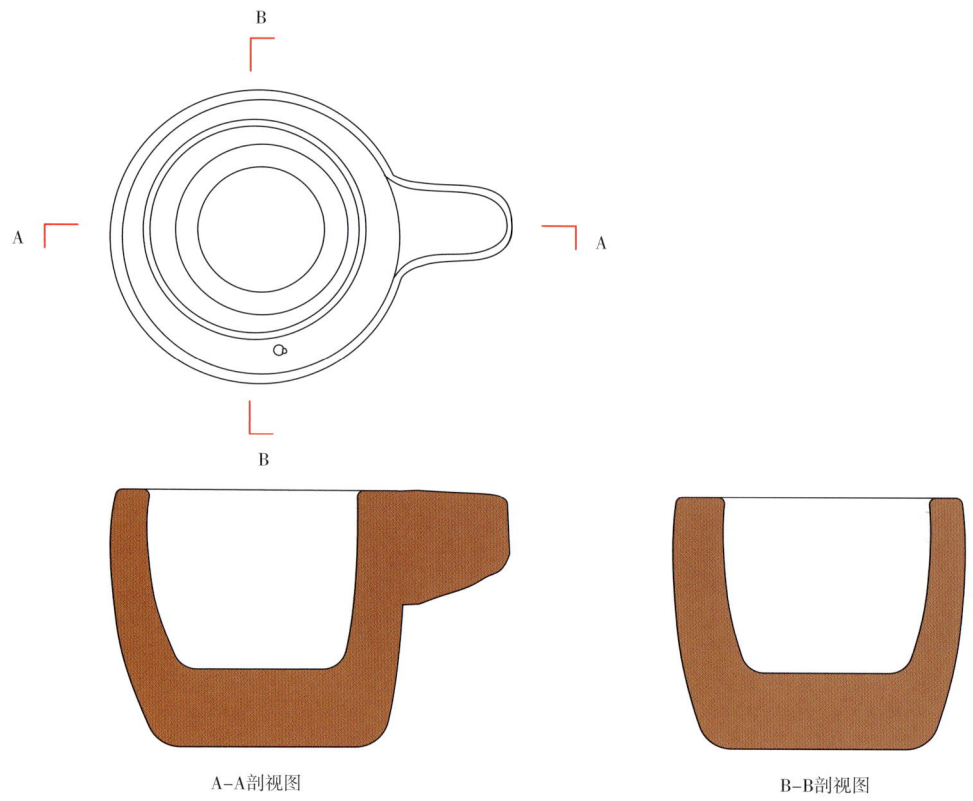

图六 普米族石臼剖视图

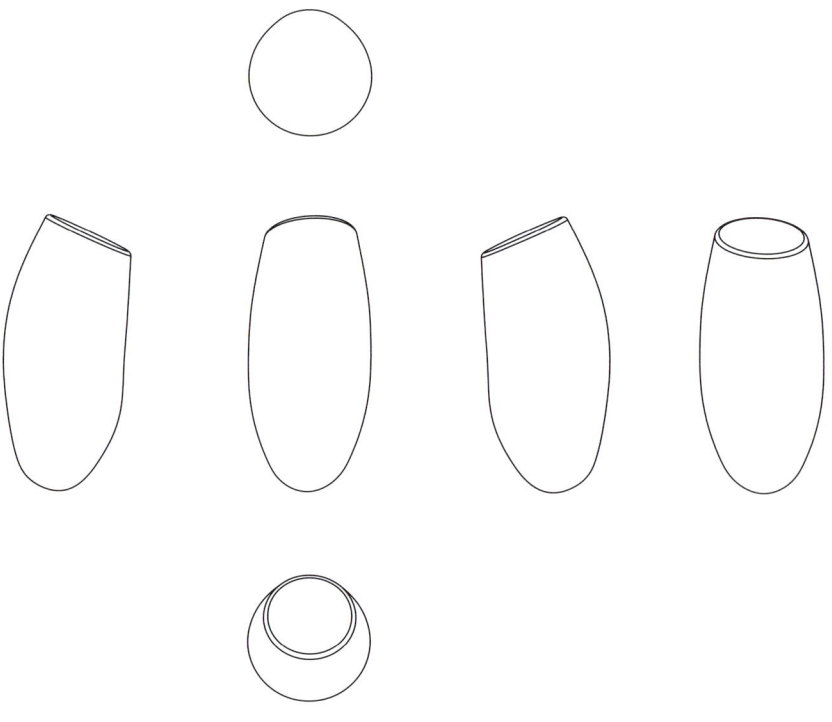

图七 普米族石臼·石杵六视图

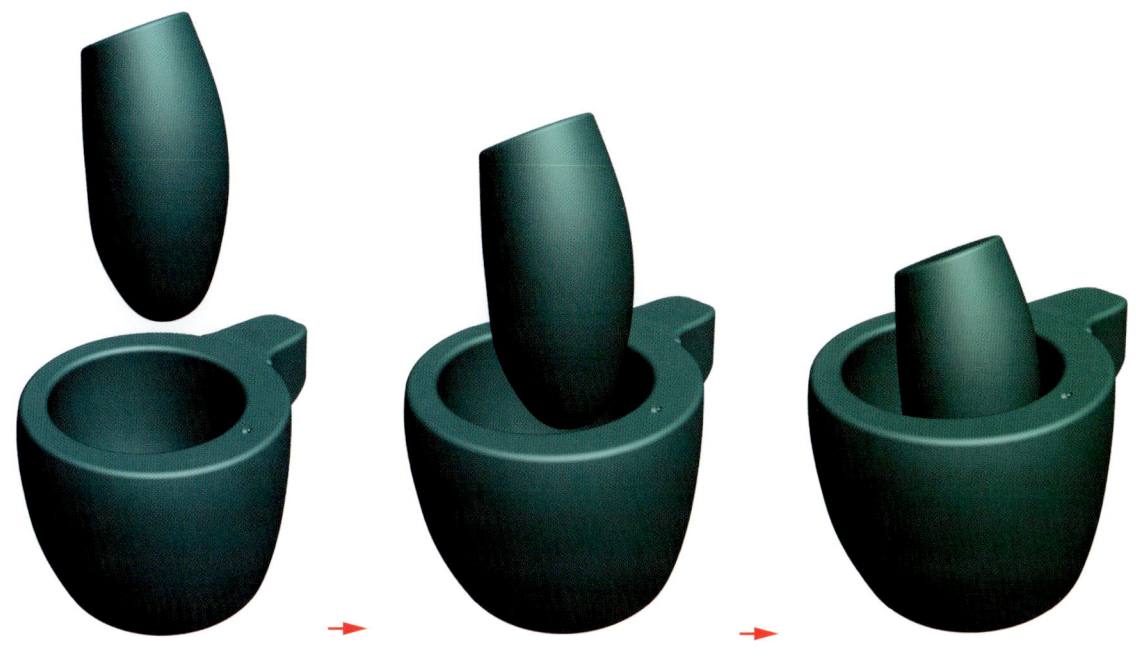

图八 普米族石臼使用分析图

普米族木肩板

图一　普米族木肩板主图

本案例采选自云南省兰坪县罗古箐村。木肩板由三部分组成：肩板、捆扎绳和宽肩带。肩板长50厘米，宽16厘米，厚3厘米，中间锯一个半圆形洞，直径为17厘米，圆形切口并不是上下一致的，而是下宽上窄，而且刻意裁去了圆形两侧与木板边缘形成的棱角，这些设计与制作的细节充分考虑到器具与人体的和谐性。木板两侧边缘各钻两个小孔，捆扎绳的两头各穿过这两个小孔，捆扎绳留得很长，方便捆缚竹篓。肩带比较宽大，是考虑到宽大的带子对脖子的危害性较小，设计充分预设了事物危险性的一面，并采取了安全的对策措施。肩带连接在两根木棍上，而木棍又通过绳子分别连接着捆扎绳。

木肩板一般是与竹篓配合着使用。使用前，先将捆扎绳套在竹筐上，拦腰将其捆好，然后人蹲下，将木肩板连同竹篓提起，肩板平置于肩膀上，中间的半圆形洞套于脖子上，宽肩带置于胸前，手持宽肩带往下拉。

木肩板的使用减小了重物对肩膀的压力，将竹篓中物体的重力分别依靠双肩的平托、脖子的后靠，以及手对宽肩带的下拉作用力分解了，减少了身体的承重力。木肩板无疑是一个成功的设计案例，它充分考虑到物的重力与人体承受力之间的矛盾，并采用一种人性化的设计缓解了这种冲突，充分地体现了人在劳动工具的制作、使用中的主体地位。

图片来源
图一　胡春涛　摄影
图二至图八　蔡克中　制图

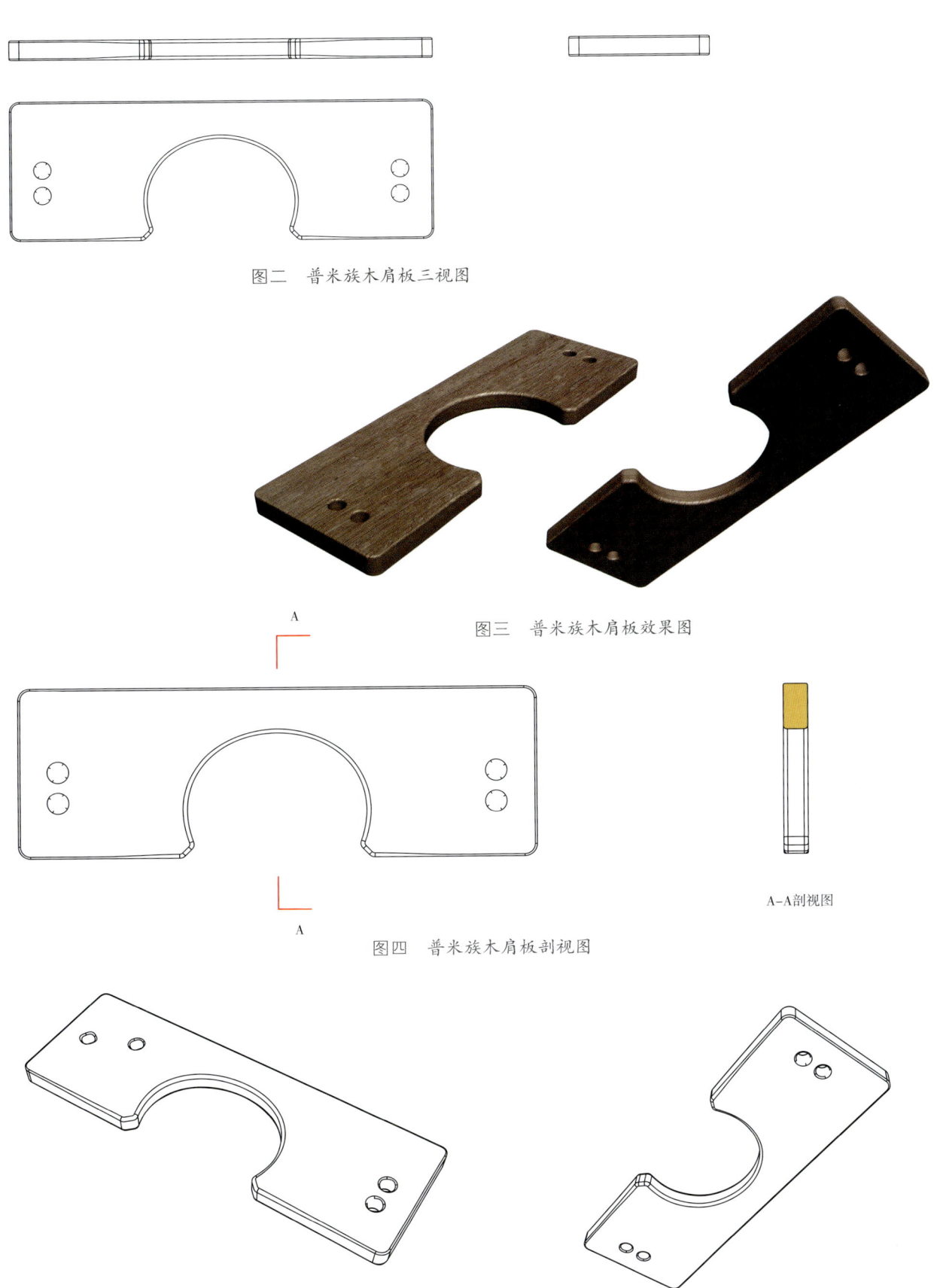

图二 普米族木肩板三视图

图三 普米族木肩板效果图

A–A剖视图

图四 普米族木肩板剖视图

图五 普米族木肩板线描图1

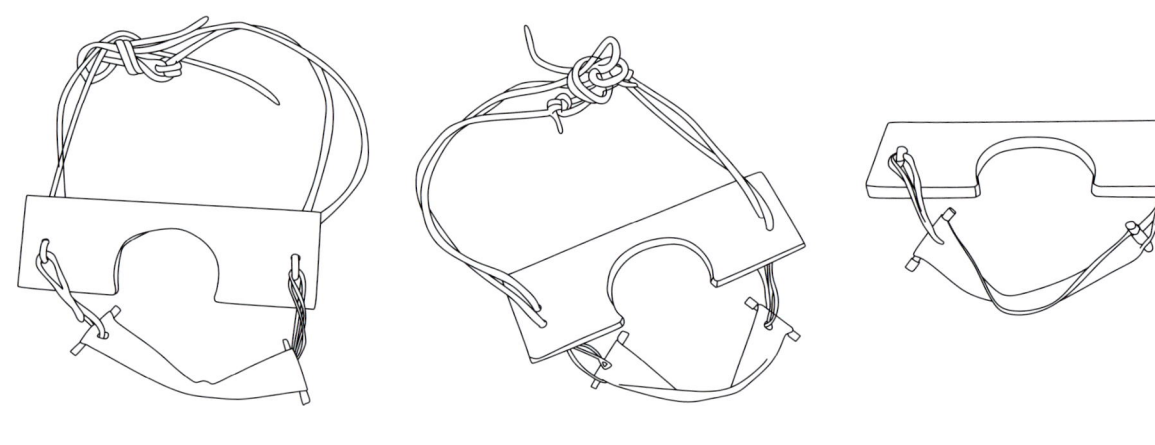

图六　普米族木肩板线描图2

图七　普米族木肩板绑绳过程示意图

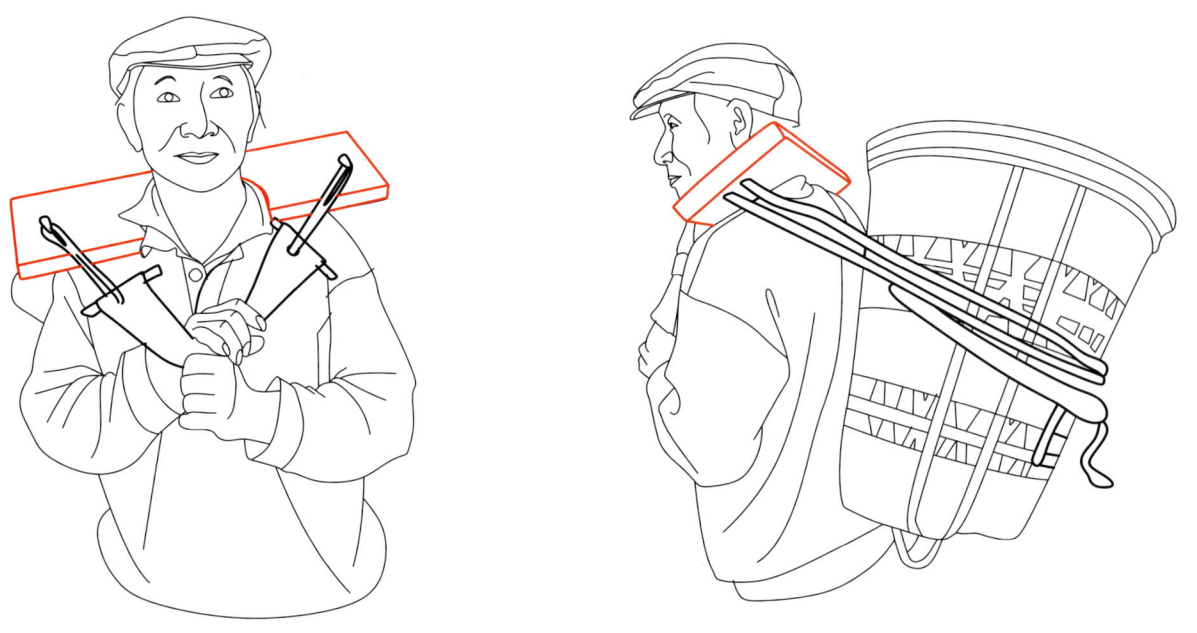

图八　普米族木肩板使用情境图

第六章 普米族传统民俗和宗教造像

普米族成丁礼

图一　普米族成丁礼主图

依照古老习俗，普米族有一个特殊的成人仪式，叫成丁礼，也叫成年礼。普米族人不论男女，在满13岁以前，一般不穿裤子或裙子，只穿麻布长衫，腰系一条布带。男孩、女孩满13岁后，就要举行穿裤子、穿裙子的成年仪式，举行仪式以后，就意味着他们已经正式成为社会的成员，可以参加社会的主要劳动和集体活动了。

仪式一般是在大年初一的早上举行，地点是在普米族正房中柱前。仪式要经过韩规念经，穿裤子、换裙子，行礼，请神，祭宗巴拉，跳锅庄舞等。举行成丁礼之前要请韩规念经，所念经文一般都是祈祷或祝福类的经文。在成丁礼举行前，一般有两个韩规，一个敲钹，一个击鼓。接着举行穿裤子、换裙子仪式，男孩、女孩双脚分别踏在猪膘肉和一袋粮食上，父亲或舅舅给男孩穿上右襟短衫、长裤，母亲给女孩换上新的短上衣、百褶裙。礼毕，男孩或女孩要向祖先、家长和宗巴拉神像行礼，最后全家人向韩规行礼表示感谢。之后韩规带领全家端着供品在家门口喊四方神灵，喊完四方神后，韩规回到屋里，在火塘边祭灶神（宗巴拉）。仪式结束后，全家人在院坝载歌载舞，也会请亲朋好友、街坊邻居前来会餐并联欢，以此庆祝家里的孩子成年。

成丁礼是普米族人生礼中重要的礼节，通过举行仪式，普米族男孩、女孩才获得了社会认可的成人身份，而且在服饰特征上有了相应的改变。

图片来源
图一至图五　贺雪岚　制图
图六　胡春涛　摄影

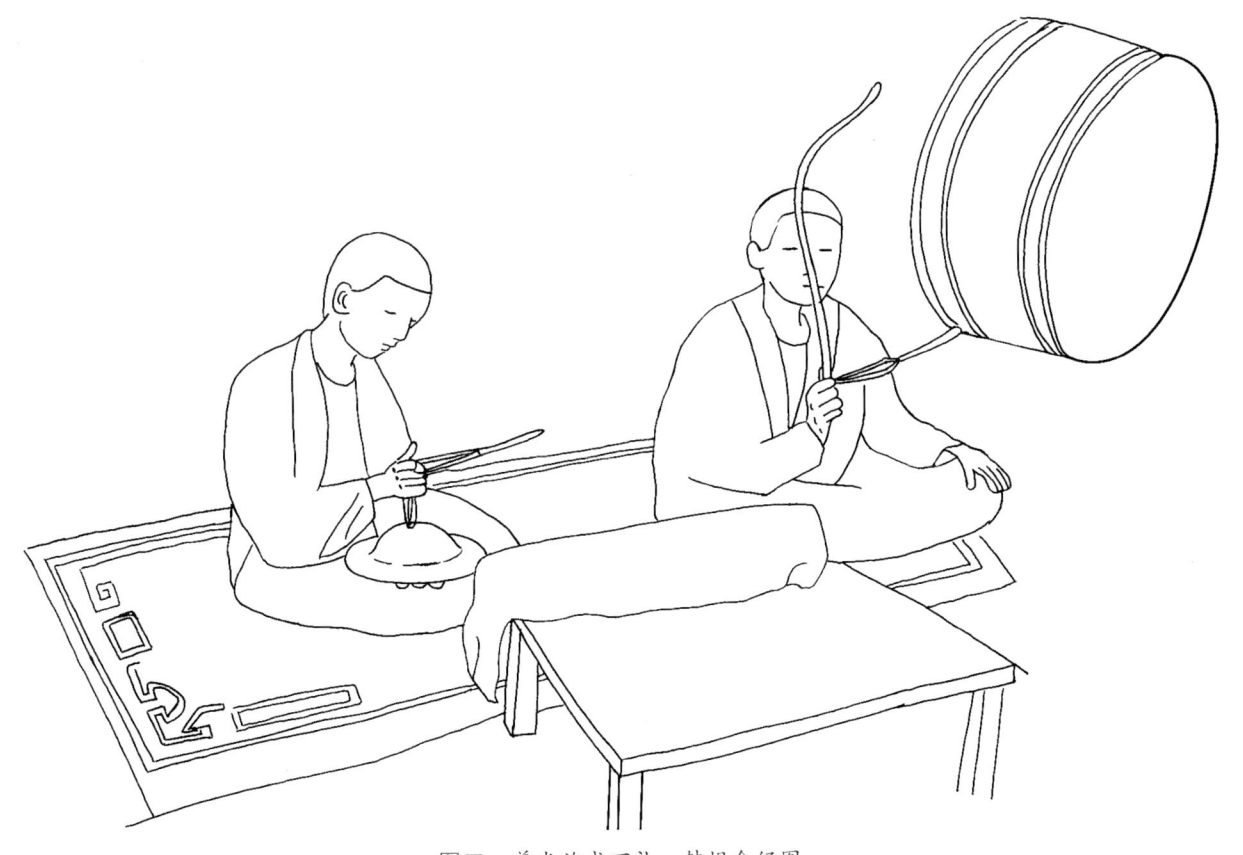

图二　普米族成丁礼·韩规念经图

图三 普米族成丁礼·男孩换裤子仪式

图四 普米族成丁礼·女孩换裙子仪式

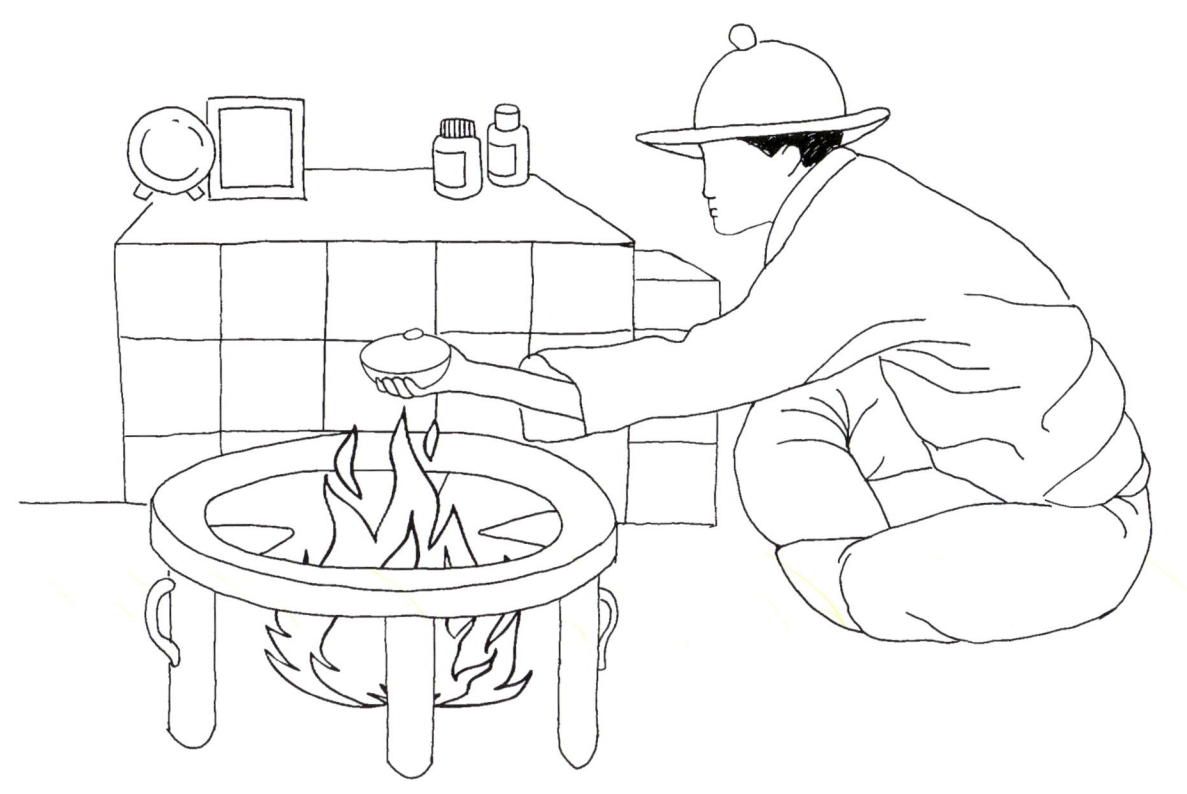

图五 普米族成丁礼·韩规祭宗巴拉

图六 普米族成丁礼·跳锅庄舞

普米族丧葬仪式

图一 普米族丧葬仪式主图

云南宁蒗地区与纳西族、彝族杂居的普米族实行火葬。仪式由韩规主持,所用法器有铜铃、皮鼓、牛角号、锣、镲、钹等。还有烧酒、镰刀、松明火、竹弓箭、竹长矛、松明枝等道具作为辅助道具,丧葬服饰颜色以黑、蓝、白为主。丧葬仪式分为灵堂法事和敬羊仪式两大部分,灵堂法事又分装殓和出殡两个环节。

装殓。死者经沐浴净身,用麻布将尸体裹住,使其呈蹲踞状,装殓于一个边长约0.7米,高约1米并绘有飞禽走兽图案的方形木柜中。装殓完毕后,将木柜停放于家庭堂屋的夹壁内。

出殡。请韩规择日出殡。丧家事前准备一只白羊,如果死者是男性就准备白公羊,如果是女性就准备白母羊。在院中置一木桌作为灵台,将装殓尸体的木柜抬到院子里,并举行祭奠仪式。韩规首先念诵开路经。开路仪式完毕后吹海螺、鸣土枪,开始出殡。在出殡队伍前列,有小巫师跳舞,跳舞者四人，头戴纸帽，顶插雉尾羽，身披铠甲，肩挂长刀，肘缠藤圈，膝裹革筒，腰系牛尾巴，臀挂一串大响铃，左手持一小白旗，右手挥舞大长刀。边舞边走，走向火葬场地。将装殓尸体的木柜抬到火葬场地后，置于预先备好的松木柴堆上焚烧，韩规念超度亡灵经。尸体火化后，第二天拂晓才能去火葬场收殓骨灰，用陶罐装殓。殓完骨灰，在火葬场地垒一个圆堆作为坟，之后要把装有骨灰的陶罐送往本氏族共同存放骨灰罐的祖骨山（又称罐罐山）。

敬羊仪式。时间无定规，有的在死后几年，有的要十几年，仪式由声誉较高的韩规主持。祭祀之日，在装有骨灰罐的地方立一神案，插上香条，敬献猪头、猪腰、青稞酒和糖果等供品。死者的家属、子孙在神案前跪拜、磕头，完毕后起身站立于四周。韩规头戴羊角冠，也有戴五佛冠，身穿缀金边的大襟衣，从左肩至右肩斜挎一根宽大的黄带，手持法铃举行仪式。仪式最后，将骨灰罐取出，送往本氏族共同存放骨灰罐的祖骨山洞里。

维西普米族实行火化，不殓骨灰，就地垒坟，少数富裕人家也学习当地汉族人建立墓碑。靠近白族的维西地区既行火葬，也行土葬。

图片来源
图一、图四、图六至图八　胡春涛　摄影
图二、图三、图五　贺雪岚　制图

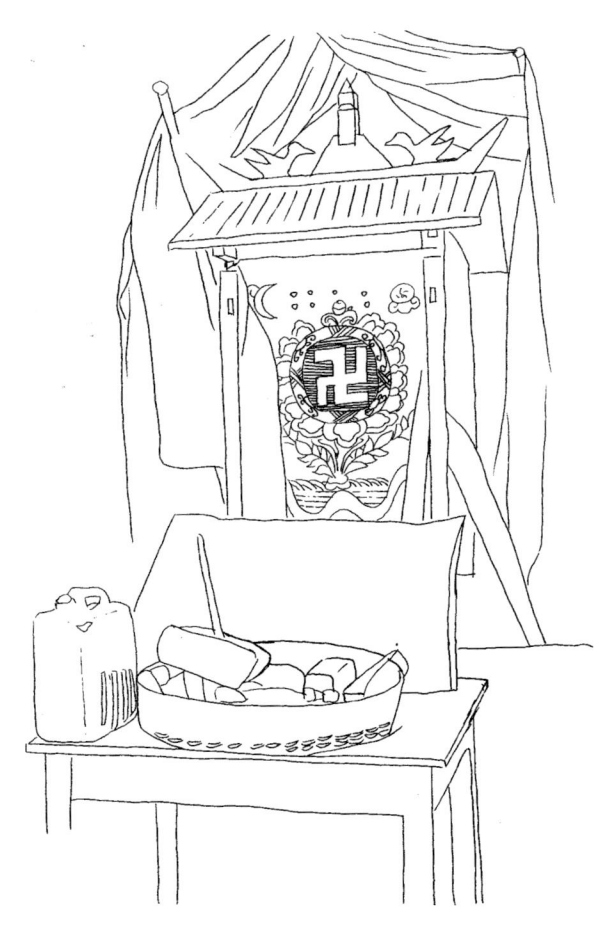

图二　普米族丧葬仪式线描图

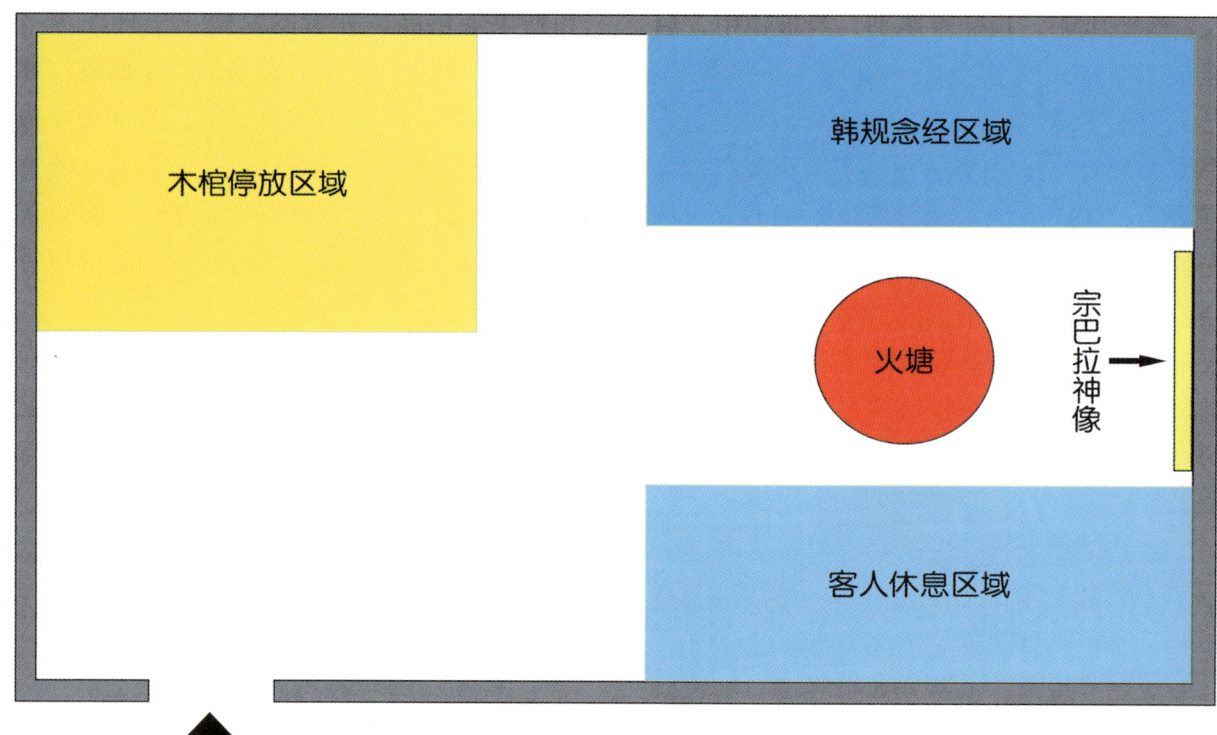

图三　普米族丧葬仪式中灵堂法事仪式分布图

图四　普米族丧葬仪式·做法事的韩规

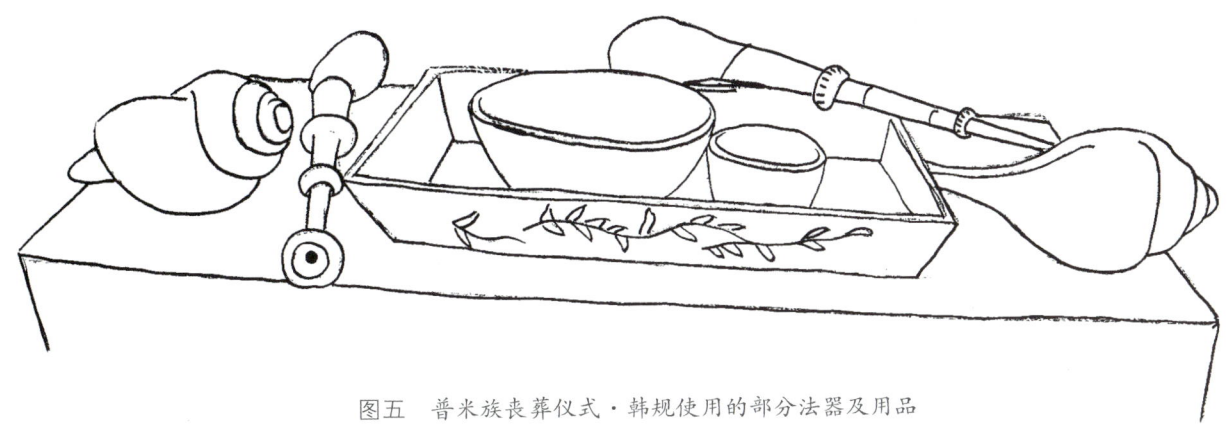

图五　普米族丧葬仪式·韩规使用的部分法器及用品

图六　普米族丧葬仪式·用纸板遮盖的宗巴拉神像

图七　普米族丧葬仪式·参加丧礼的来客

图八　普米族丧葬仪式·招待来客的菜式

普米族韩规经

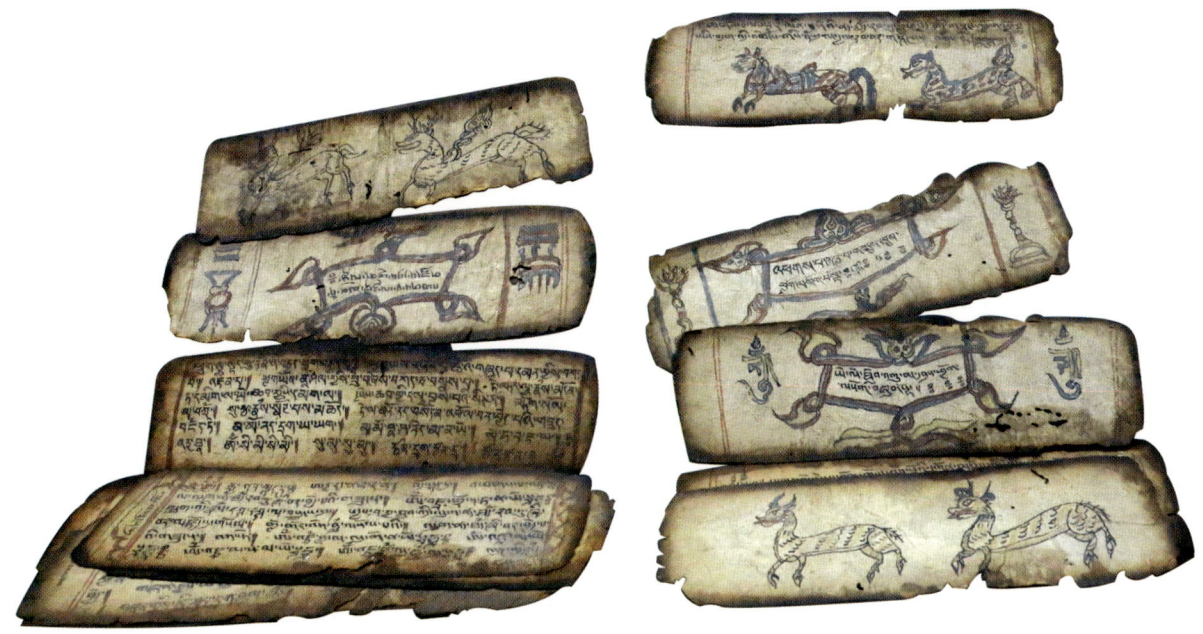

图一　普米族韩规经主图

韩规经是普米族祭司韩规使用的宗教典籍，是韩规文化的核心部分。从目前掌握的情况来看，韩规经卷有近1000种3000多册，内容包罗万象，如：山神经、风神经、龙神经、除秽经、丧葬经、祭羊超度经、消灾经、安神经、防口舌是非经、驱瘟经、求寿经、招福经、祝贺经、历算择日经、占卜经、家谱经等。可以说，韩规经是古代普米族的百科全书。

从装帧形式上看，韩规经属于梵夹本形式，这种形式由印度梵文贝叶经演化而来。造型多为长条形，其特点是活页装帧，即将抄有文字的活页依次重叠起来，不进行装订，上下用两块木板作为前后封面，翻阅的时候采用横卧纵翻的方式。现存的韩规古籍全为手抄本，从左至右书写，两面书写，书写的文字为古藏文草体，使用的书写工具为竹笔，材料有构皮纸、墨汁、朱砂等。韩规经具有经久耐用的特性。

韩规经保持了比较浓郁的普米族风格，版面布局合理，疏密有致；图文结合，变化多端；书法技术纯熟高超；插图造型简洁，色彩明快。韩规典籍还在不断地进行整理和挖掘中，其中所蕴含的平面设计风格，对丰富、充实中国传统书籍装帧艺术的形式和内容有着重要的价值和意义。

图片来源
图一　胡春涛　摄影
图二　王慧　制图
图三、图四、图六至图九　杨爱俊　制图
图五　谢涛　制图

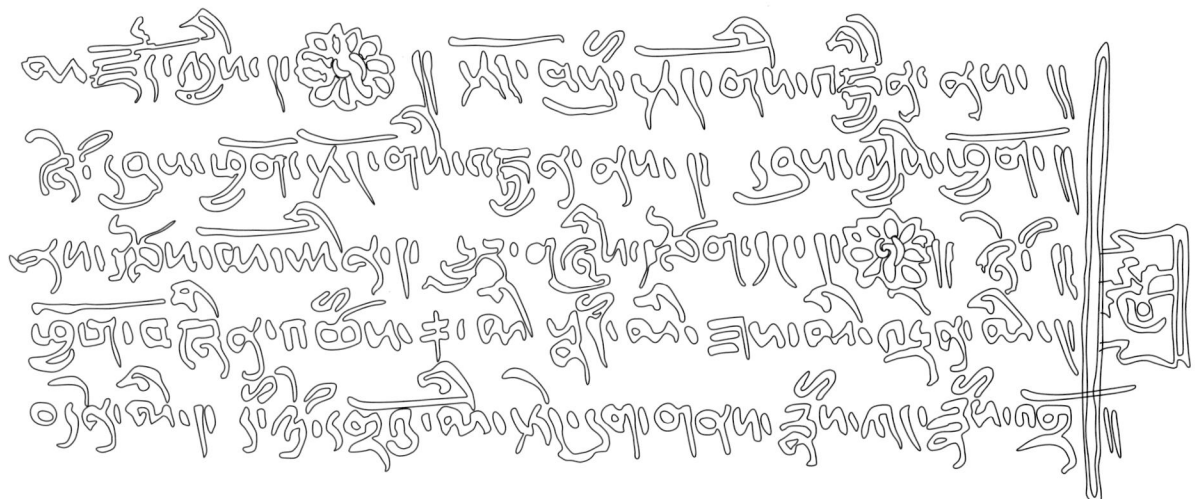

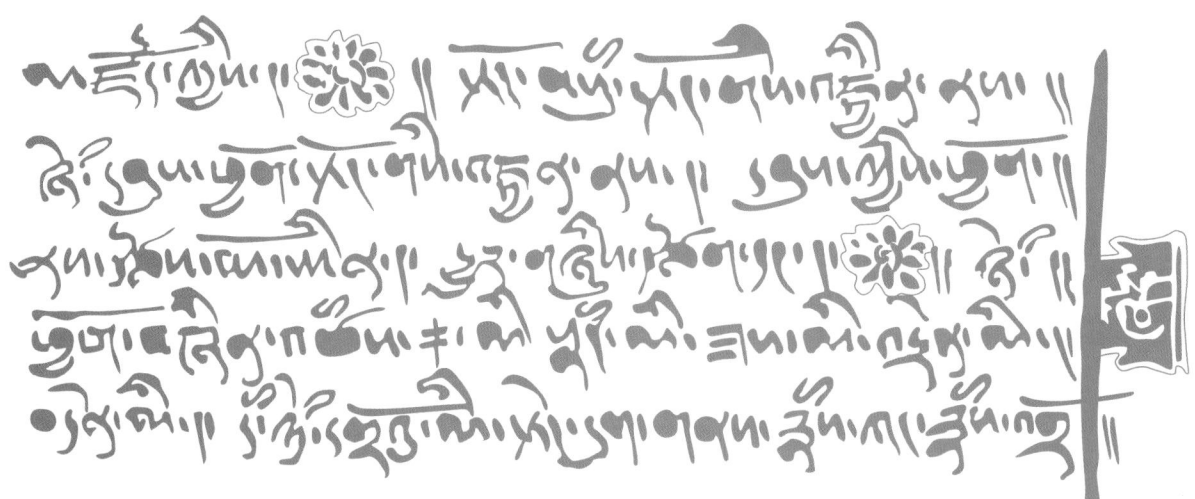

图二　普米族韩规经文字分析图

图三　普米族韩规经抽象图案分析图1

图四　普米族韩规经抽象图案分析图2

图五 普米族韩规经动物插图分析图

图六 普米族韩规经整理情境图

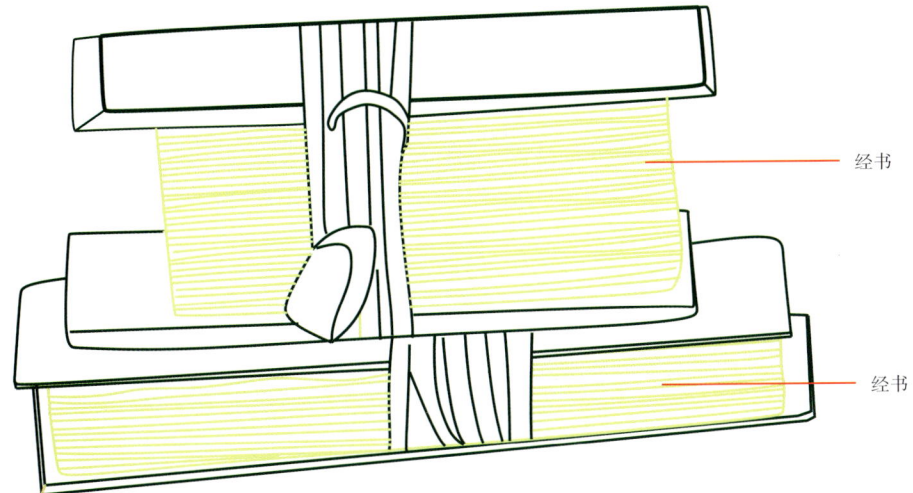

图七　普米族韩规经捆扎示意图

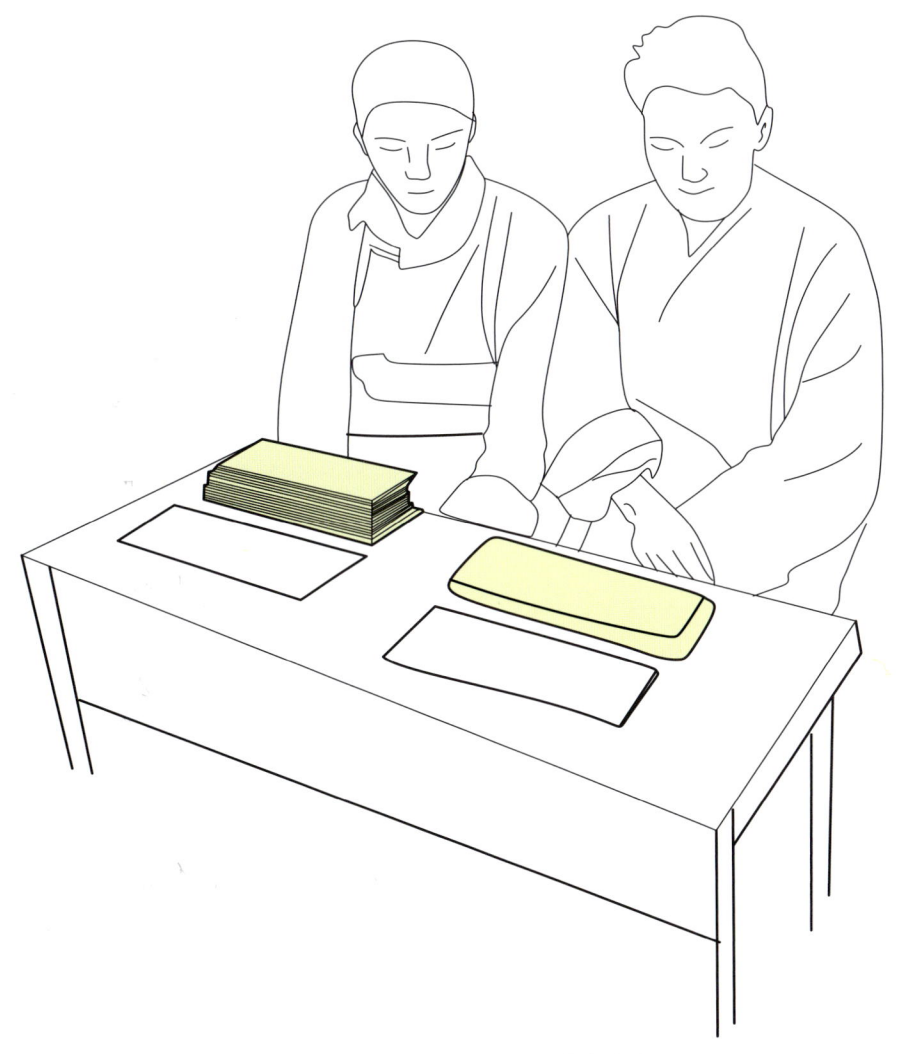

图八　普米族韩规经阅读情境图

图九　普米族韩规经晾晒示意图

普米族丘组拉

图一　普米族丘组拉主图

丘组拉是普米族祭司韩规使用的法器，也叫巫棒。本案例为云南省宁蒗县拉伯乡黑尔甸村韩规作法时使用的法器。长35厘米，宽3厘米，厚约1厘米。制作丘组拉的材料必须是核桃木，整体形状有四棱和六棱两种，各个面上刻有不同的神鬼图。四棱形上的图案为：第一面为自然物鬼神图案，如日、月、山、川、风、雨、雷、电、岩、树、花、草等；第二面为动物图案，如虎、豹、熊、猴、野猪、鹿、麂、獐、岩羊、狗、狼、鹦鹉、箐鸡、大雁等；第三面为呈各种伤残病态形状的人类诸鬼图案；第四面为祭祀神鬼的供物，有牛、羊、猪、鸡及各种水果。六棱形巫棒增加了两面神鬼图案，一面为人神，有男女24具氏族或部落的首领模型；另一面为在人神的管制之下呈各种生产劳动姿态的24具小鬼模型。法器丘组拉主要用于驱邪镇魔，使用的时候，事先准备好酥油拌糌粑面，揉成湿面团。用面团在需要祭祀的神鬼模型中模印出面偶，制作好的神鬼模型供奉在法坛上祭祀。（熊永翔、殷海涛《普米族宗教祭司的法器与服饰艺术》）

有学者认为丘组拉的用材、形制、功能与道教法尺一致（见熊永翔、牛凌燕《道教对普米族韩规教的影响》）。道教的法尺也有四面和六面之分，有的刻有吉祥图案，有的刻有日月、二十八宿、三星、北斗七星、南斗六星等星象图案。与普米族韩规教的丘组拉确有异曲同工之妙。

图片来源
图一　胡春涛　摄影
图二至图十二　蔡克中　制图

图二　普米族丘组拉三视图

图三　普米族丘组拉正面线描图

图四　普米族丘组拉正面效果图

图五　普米族丘组拉正面图案分析图1

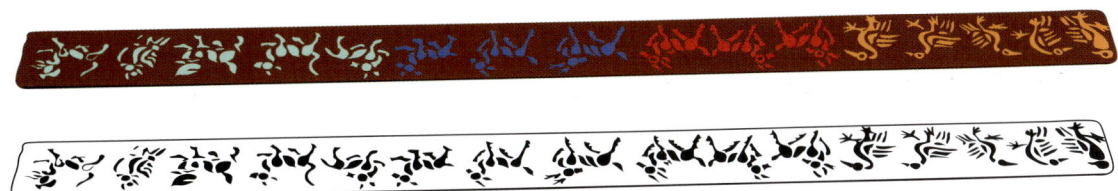

图六　普米族丘组拉正面图案分析图2

图七　普米族丘组拉背面线描图

图八　普米族丘组拉背面效果图

图九　普米族丘组拉背面图案分析图1

图十　普米族丘组拉背面图案分析图2

图十一　普米族丘组拉细节图案分析图

图十二　普米族丘组拉使用情境图

普米族大鼓"缯"

图一 普米族大鼓"缯"主图

"缯",汉语作大鼓、太鼓。本案例采选于云南省宁蒗县拉伯乡黑尔甸村,为当地韩规做法事时使用的乐器。鼓为不规则的圆形,直径最宽处为61厘米,厚15.5厘米,鼓槌前端弯曲,两端点间距离为72厘米,截面为不规则圆形。普米族韩规和释毕使用的大鼓"缯"只有一种类型,其状多为圆形,大小无统一规格。

制作大鼓"缯"时,在材料选用上只限于上等、优质柏香木。选择一段原木,将树皮削除,内部掏空,留出一寸左右的外壁做鼓框,在正中间凿入挂钩,挂钩上有环,方便拴挂绳,其下方也要钉入一个挂钩。鼓框准备好后的工作就是选择吉日杀牛,牛要黄公牛,不要母牛和水牛。鼓面只限于用牛、羊皮制造,马皮等不得用作材料。按鼓的大小准备两张牛皮,不需要去毛。接下来的工作就是箍鼓,准备好两段细的牛皮绳将其搓成一股,在两张牛皮上钻上小眼,位置相互错开,用搓好的牛皮绳穿过两张牛皮绳上的小眼,一人在缝制的时候,另两人在不同的位置上扯牛皮,目的是将牛皮绷紧,整个鼓缝制好后,将针脚用木棒压实。这样,一个大鼓"缯"就完成了。最后需要在挂钩处捆上挂绳和勾绳。

敲鼓用的鼓槌用椿木枝制作,采回枝条后将其削皮,接下来要塑形,将其放到火炉边烤,烤到发热时弯曲树枝,当热退去时,又将其放于火上炙烤,然后再弯折,直到满意其形态为止。鼓槌的头部要缠上牛皮,用生漆粘牢,手柄处也要缠上绳子。

举行法事活动时,将大鼓挂在房屋木梁

上，右手握鼓槌，同时用其中一只手指勾住鼓下边的勾索，以使鼓不会晃动。用木槌敲击鼓，其声音十分浑厚凝重，连续敲击，有种摄人心魄的力量。普米族韩规教中的"缯"鼓主要用于祖祭献茶汤时长击一通，由侍司主之。此外，在其他诸如驱散邪魔等宗教仪式中则作为"警示神鬼"之用。

普米族大鼓"缯"以纯手工制作为主，选材考究、工艺精湛，整个制作过程需要很高的技术和丰富的经验。

图片来源
图一 胡春涛 摄影
图二至图九 蔡克中 制图
图十 蔡轩 制图

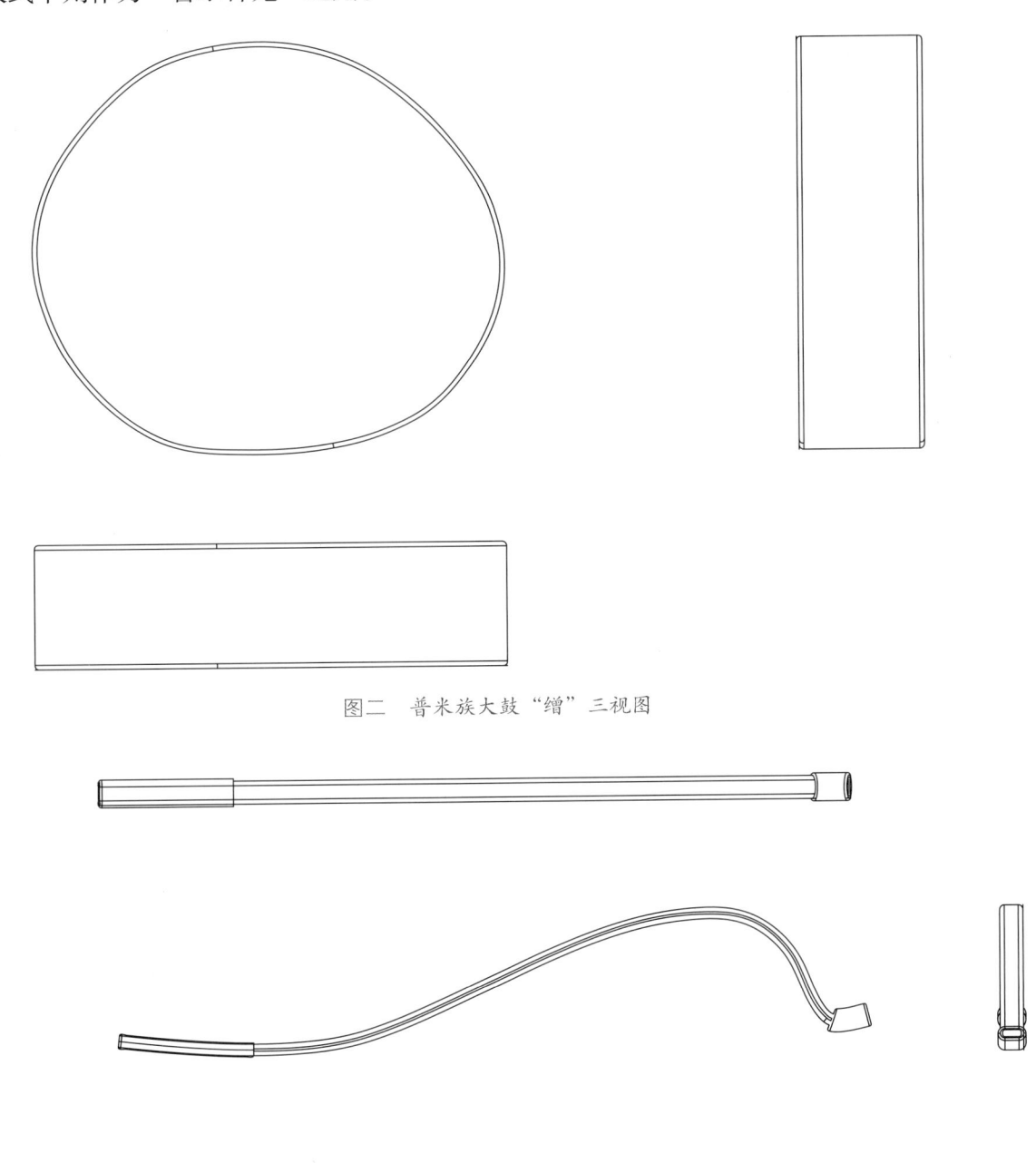

图二 普米族大鼓"缯"三视图

图三 普米族大鼓"缯"鼓槌视角图

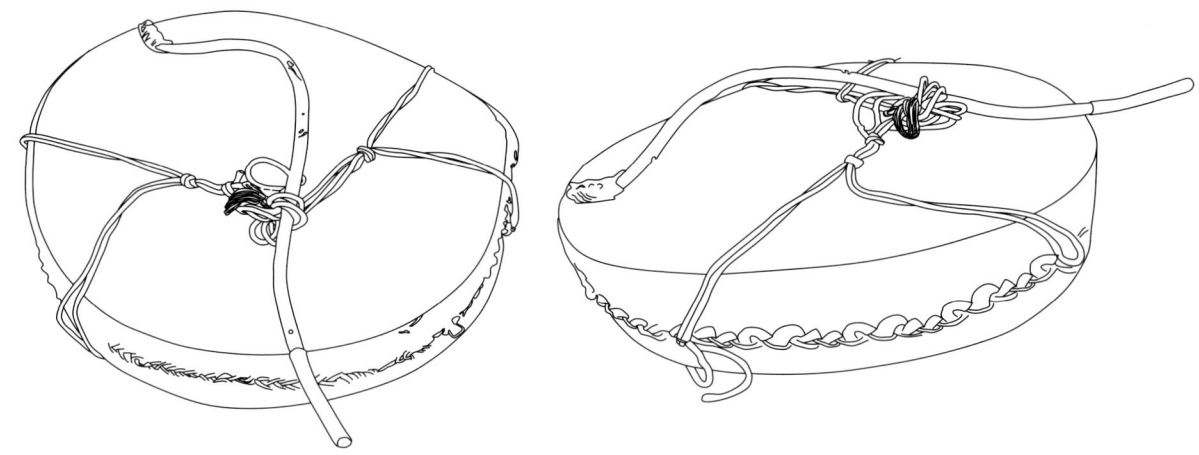

图四　普米族大鼓"缯"线描图1

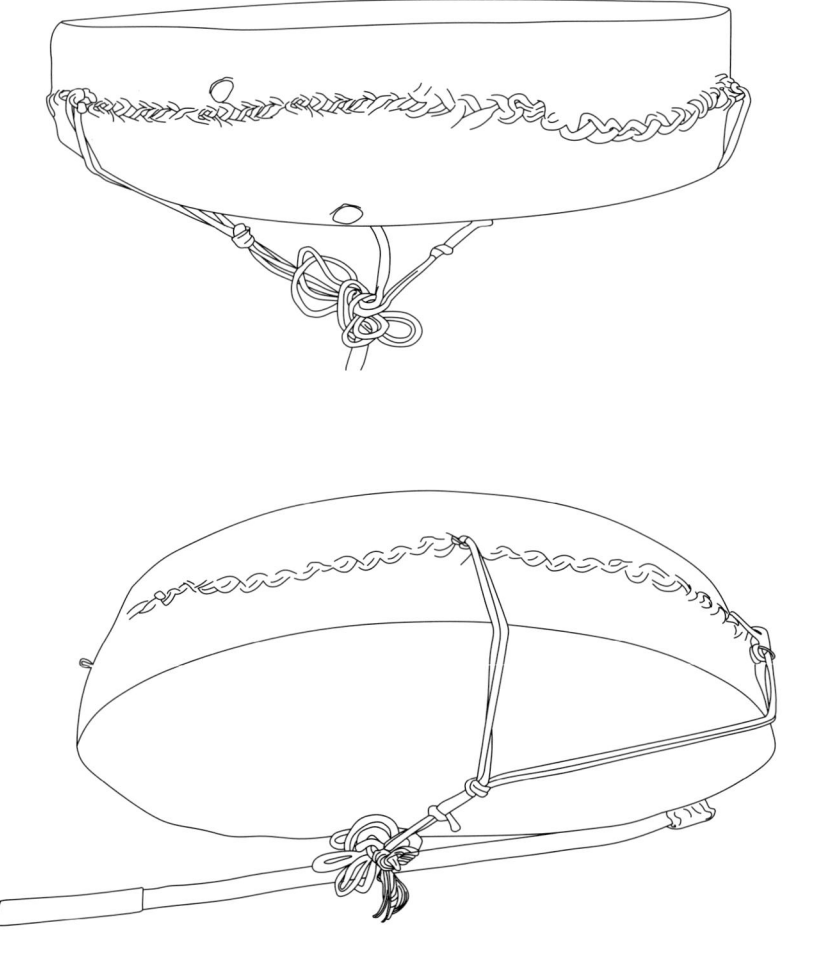

图五　普米族大鼓"缯"线描图2

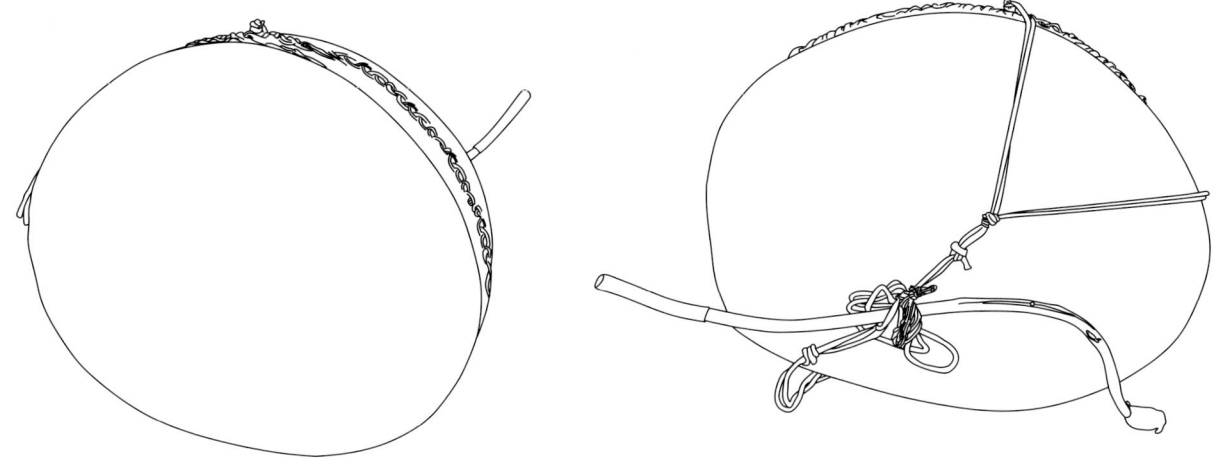

图六　普米族大鼓"缯"线描图3

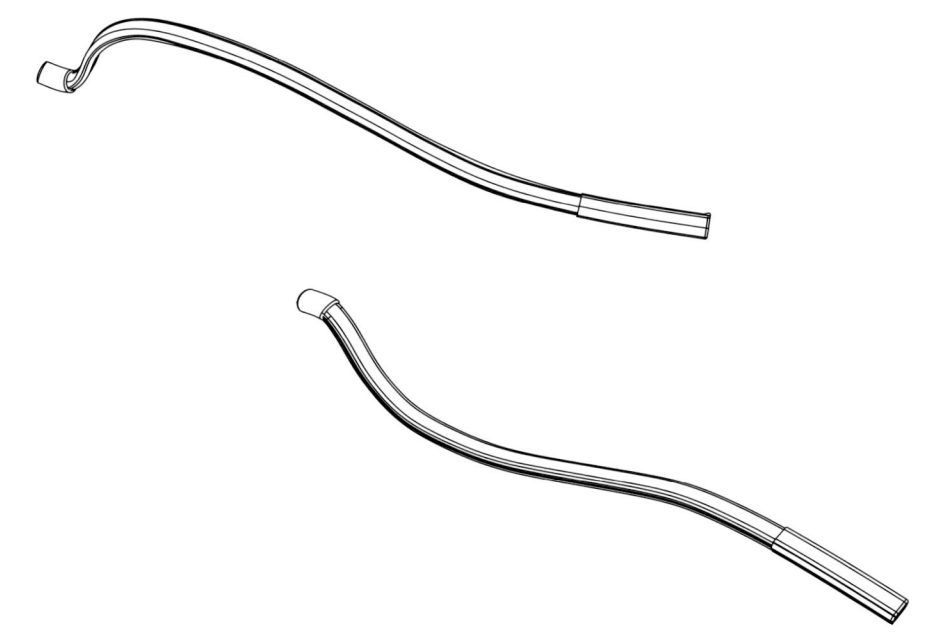

图七　普米族大鼓"缯"鼓槌线描图

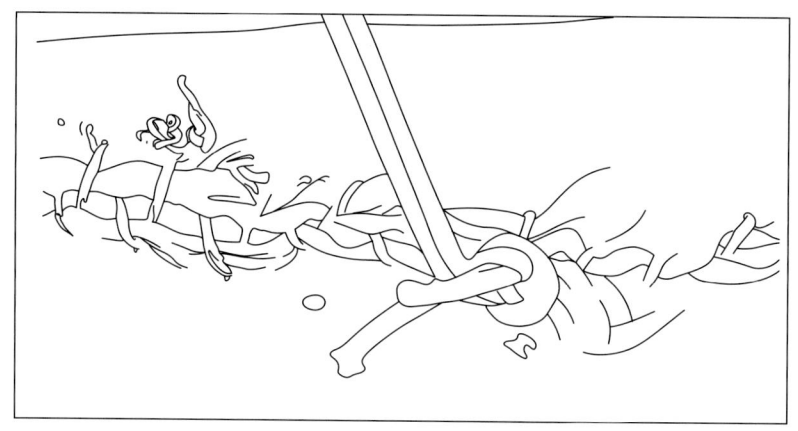

图八　普米族大鼓"缯"蒙皮缝制分析图

图九　普米族大鼓"缯"敲鼓示意图

图十 普米族大鼓"缯"在仪式中的使用情境图

第六章 普米族传统民俗和宗教造像

普米族铜钹

图一　普米族铜钹主图

普米族铜钹又称铜钹子或铜钵子，亦称铜盘、铙钹等。本案例采集自云南省宁蒗县拉伯乡黑尔甸村，为当地韩规举行法事活动中使用的乐器。铜钹一副两片，两片形制相同，都呈圆盘形，中央凸起如水泡，顶部穿一孔，内穿牛皮作为执手，钹高10厘米，盘径28.5厘米，脐径17厘米，脐高8厘米。两片铜钹之间夹有布垫子一副，外直径29厘米，内直径为19厘米，铜钹不用的时候就将其垫于两片铜钹之间，以防止搬运过程中铜钹相互摩擦。

制作铜钹以黄铜为材料，采用传统锤揲工艺，先将铜板锤薄，再用模压或锤子敲击成型，最后打磨而成。一般铜钹的演奏方法有两种：一为双手持钹，在胸前或左右或上下相击，摆动幅度较小；一为双手持钹在胸前相击，尔后迅速向上扬起，余音较前一种击法微长，力度稍大。但在韩规法事活动中铜钹一般是配合大鼓"缯"来使用的，通常韩规盘腿席地而坐，左手托一铜钹平放于腿上，右手持鼓槌，留小拇指勾另一铜钹的执手，右手一边敲鼓，一边提铜钹上下，以两手各持的一面铜钹互相撞击鸣奏。铜钹在不用时两片合住，两手执持平胸，用两大拇指与两食指压在铜钹边沿上面，其余手指托住它。

由于韩规所用的铜钹顶大而沿窄，与大鼓合奏起来震天动地。钹体受激后以钹沿部位的振动最为剧烈，钹顶则振幅较小，主要起共鸣作用。钹顶部分与钹沿部分之间的比例、钹体的厚度和大小，对钹的音量、音色、音高等有直接影响。

图片来源
图一　胡春涛　摄影
图二至图八　蔡克中　制图
图九　蔡轩　制图

剖视图

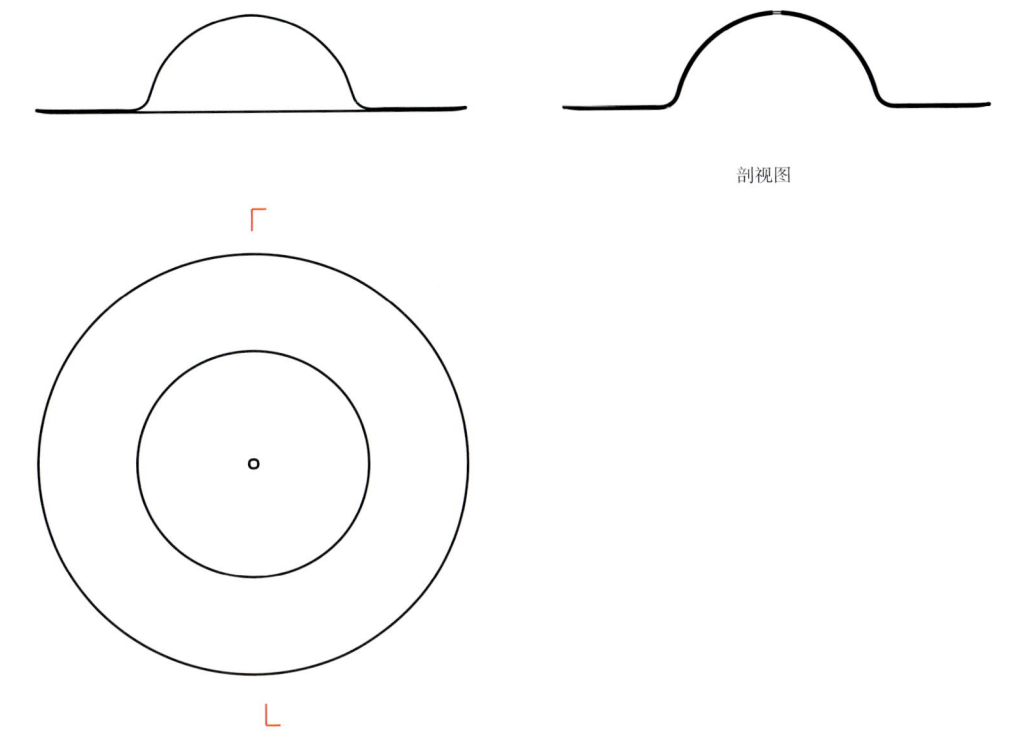

图二　普米族铜钹视角图

图三　普米族铜钹效果图

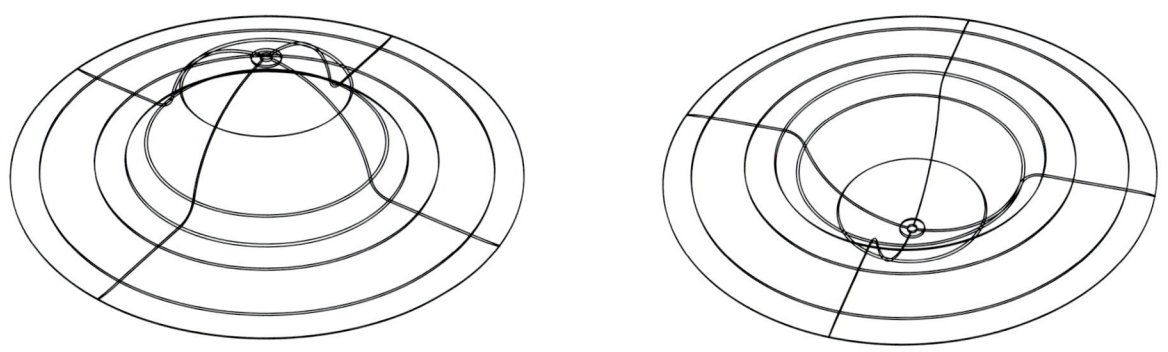

图四　普米族铜钹线描图

第六章　普米族传统民俗和宗教造像

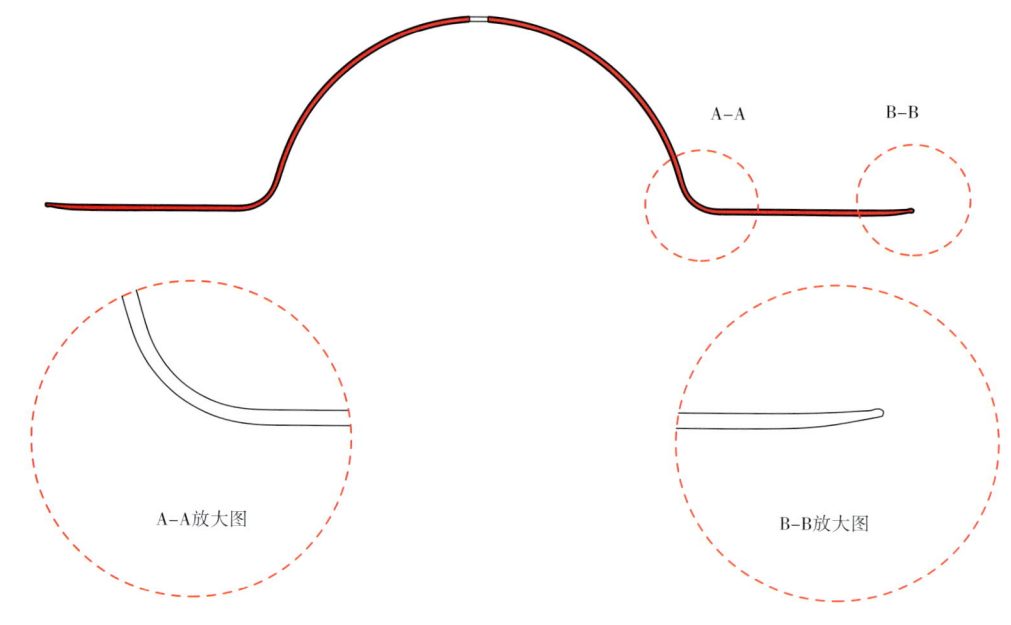

图五 普米族铜钹局部放大图

图六 普米族铜钹叠放示意图

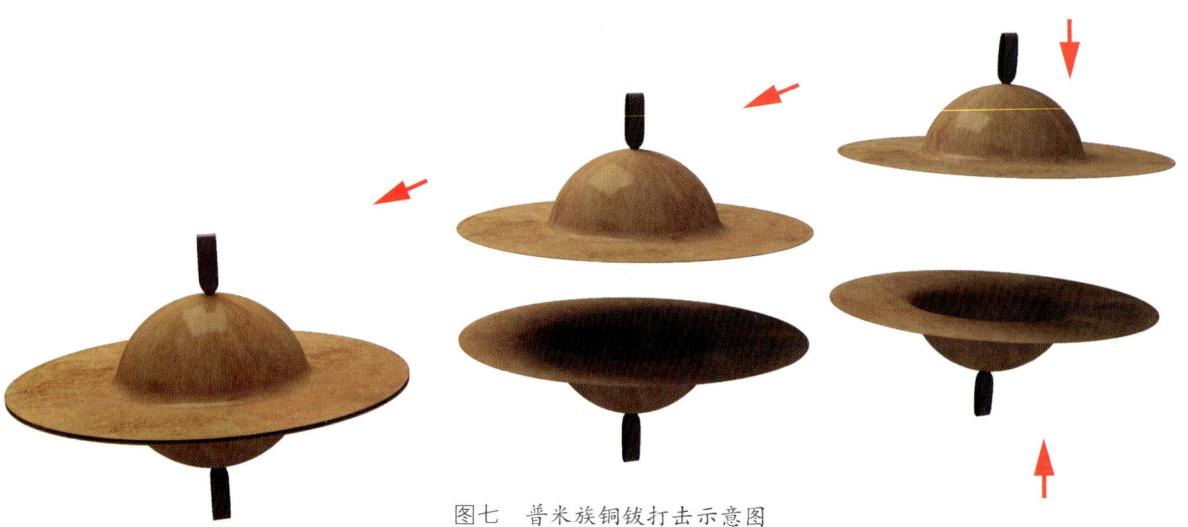

图七 普米族铜钹打击示意图

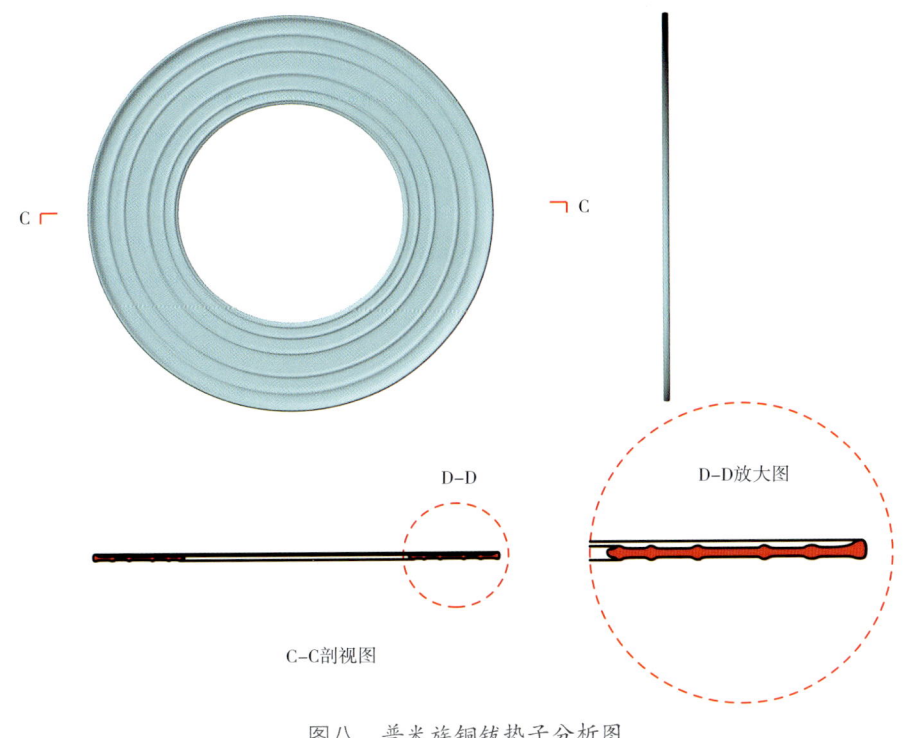

图八 普米族铜钹垫子分析图

图九 普米族铜钹在仪式中的使用情境图

第六章 普米族传统民俗和宗教造像

普米族雕花龙形铜号

图一　普米族雕花龙形铜号主图

本案例采选于云南省宁蒗县拉伯乡黑尔甸村，是当地韩规做法事时使用的铜管乐器。铜号总长40厘米，号身由上、中、下三节（少数为四节）号管衔接而成。上节最细，下节最粗。其基本组成部分有吹嘴、管身、各节（每节连接处鼓起部分）和喇叭口。吹嘴直径4厘米，厚0.8厘米。喇叭口宽处7厘米，窄处5厘米。铜号一般与其他乐器组合，在各种祭祀仪式中演奏，单独演奏的情况基本没有。

铜号采用了红铜、白铜为材料，主要采用锤揲与錾刻结合起来的方法加工制作。先按照不同的材料分段打造塑形，吹嘴、第二节、喇叭口是由红铜来打造的，其余部分采用的是白铜。将铜板放在已经制作好造型的锌模上锤打，打造出不同的形状后进行錾花刻线，装饰一些图案，制作出浮雕效果。此种技术主要应用在第三节以及第二节与第三节的连接处的鼓起部分，使用的工具是一把小锤和若干支錾子，装饰的花纹有花卉、几何纹。最精彩的还是喇叭口上部的龙形纹饰，龙口大张，龙须上扬。做凸雕是整个制作过程中难度最大的，也是最能考量匠人技艺的。喇叭口为白铜丝边。各部分完成之后采用对缝烧焊成一体。焊料用铜熔液，用口吹一特制的小管，将火吹到接缝处，使铜熔液和被焊接的部分很快凝固，最后用锉刀将焊接疤痕锉平并整体打磨，就完成了整个制作工序。

普米族韩规、释毕使用的法器种类繁多，不同的场合及不同性质的法事活动中的法器不同，这些法器所表达的含义亦不同。即使是相同名称的法器，也因为时代、地区的不同而在形制、材料及制作方法上有极大的差异。在韩规举行的丧葬法事活动中还有一种法器叫作宫咚，又作"弓聆"，宫咚法器长约30厘米，口径约8厘米。

图片来源
图一　胡春涛　摄影
图二至图十　蔡克中　制图

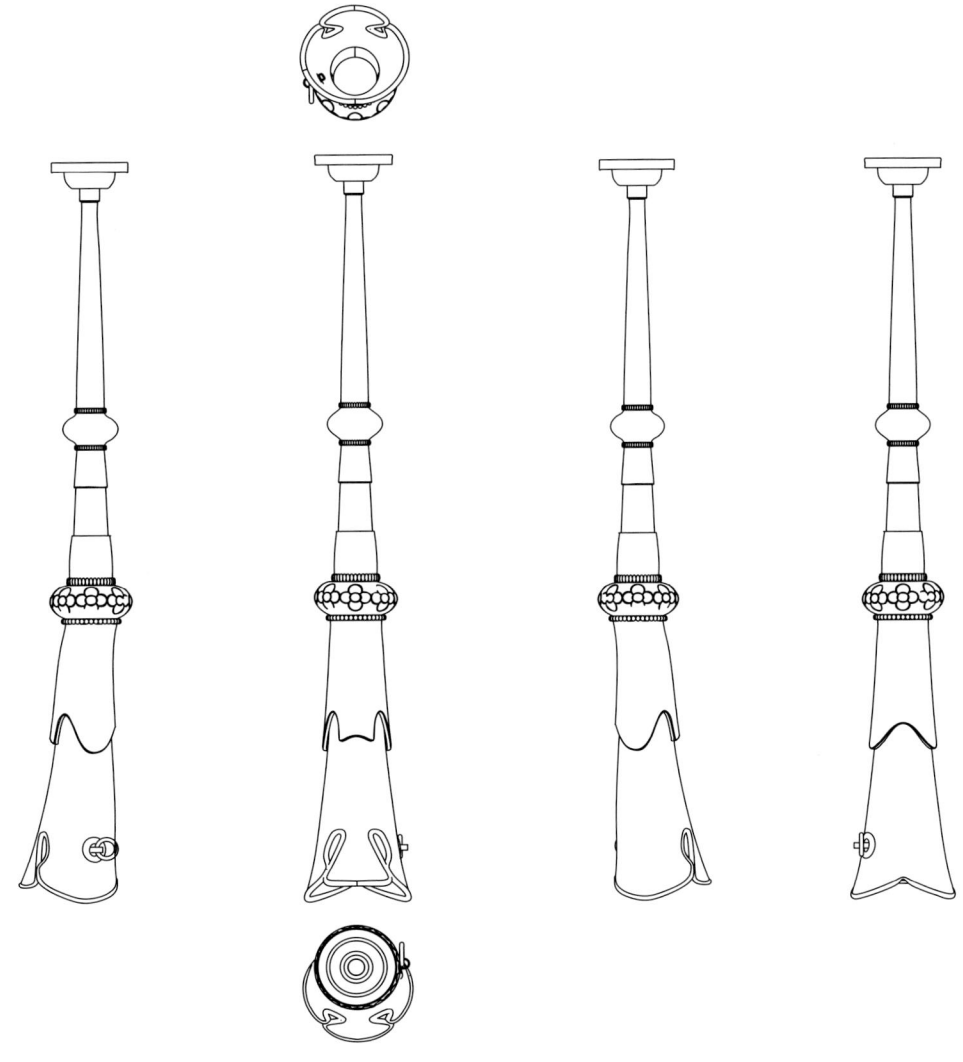

图二　普米族雕花龙形铜号六视图

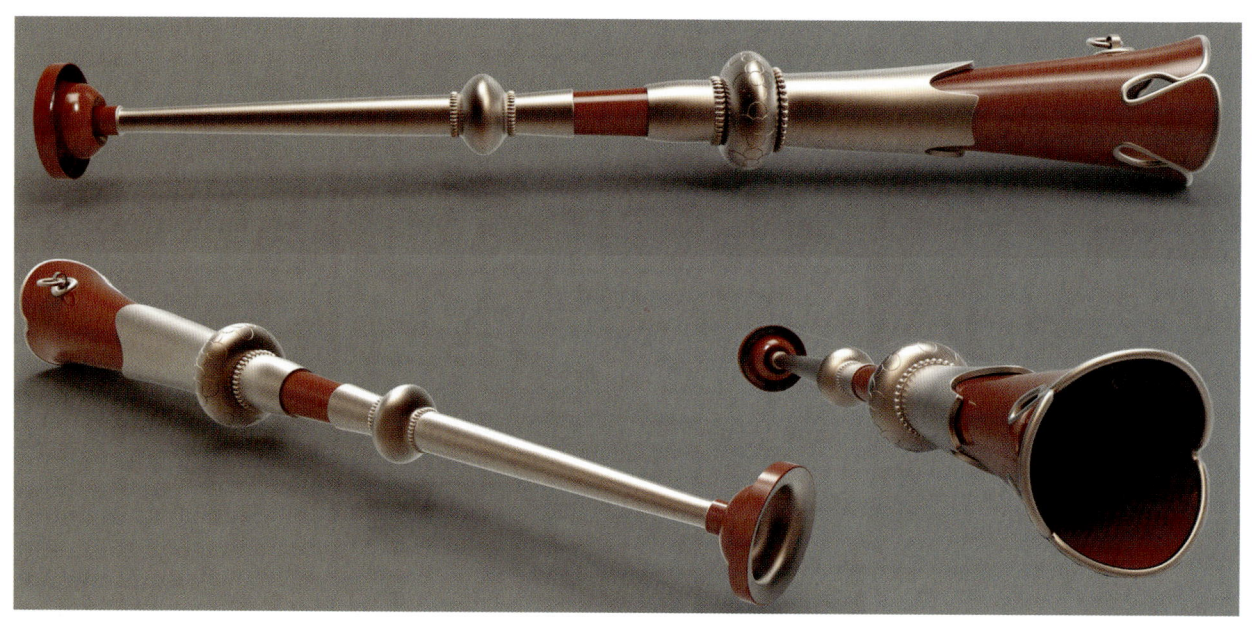

图三 普米族雕花龙形铜号效果图

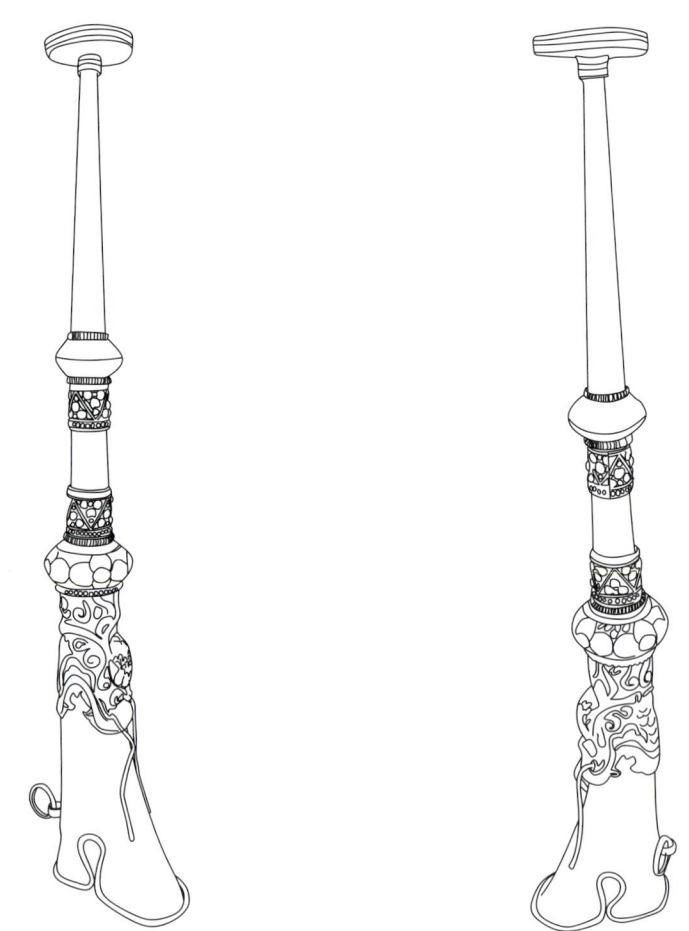

图四 普米族雕花龙形铜号线描图

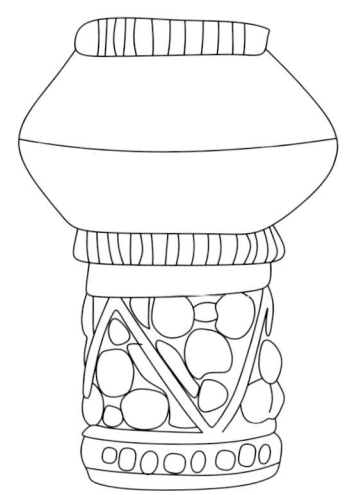
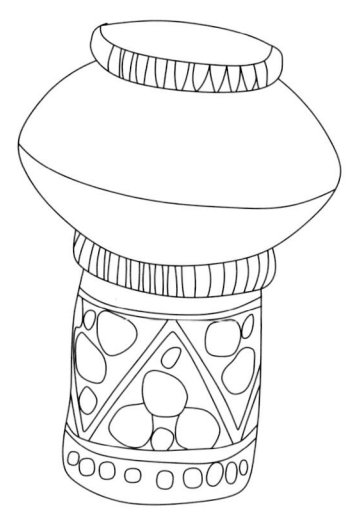

图五　普米族雕花龙形铜号图案分析图1

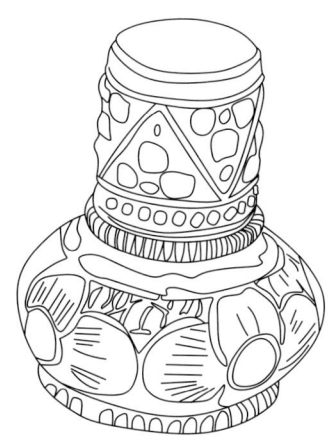

图六　普米族雕花龙形铜号图案分析图2

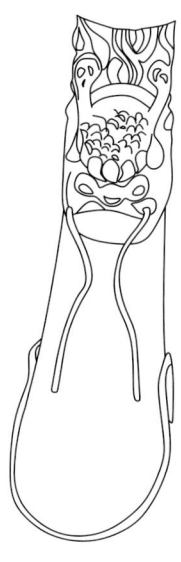
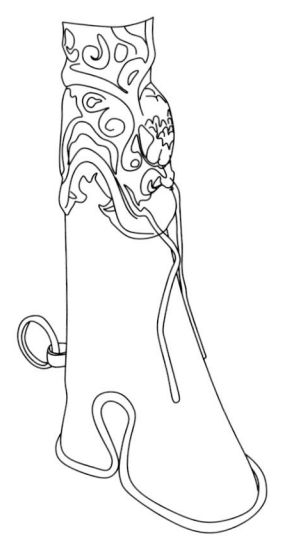
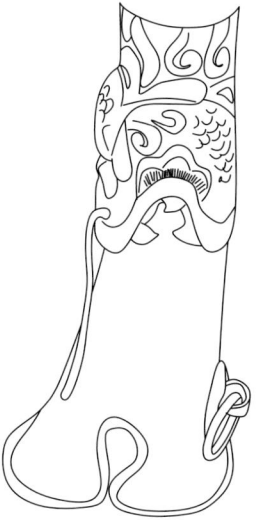

图七　普米族雕花龙形铜号图案分析图3

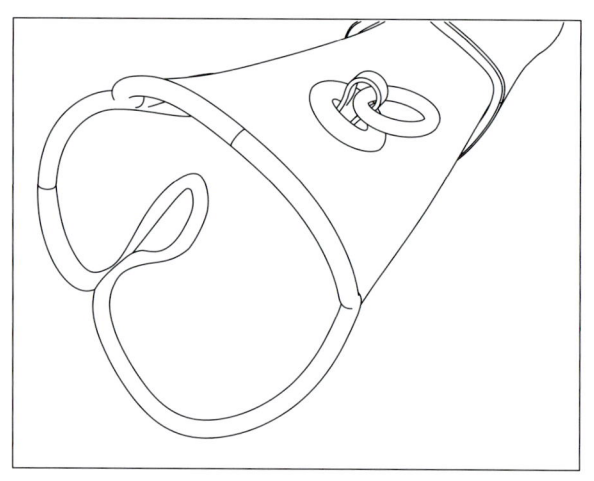 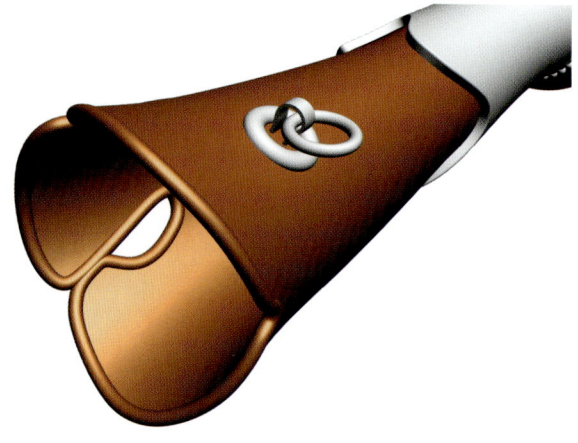

图八　普米族雕花龙形铜号底部放大图

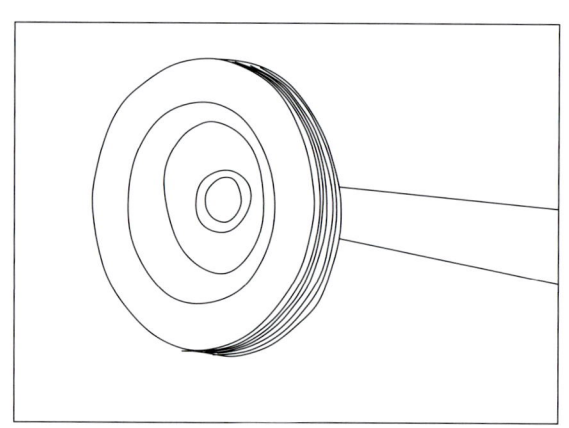 

图九　普米族雕花龙形铜号顶端放大图1

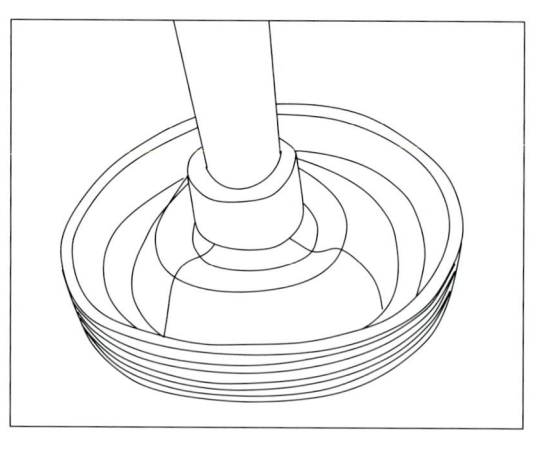 

图十　普米族雕花龙形铜号顶端放大图2

普米族土地神、山神石雕像

图一　普米族土地神、山神石雕像主图

本案例所提供的雕像是云南省兰坪县山神庙的供奉偶像。山神庙遍及多数普米族地区，是普米族供奉山神，举行祭祀山神活动的庙宇。

案例中的山神石雕像是兰坪普米族石雕艺术的一个代表，采用了浮雕加线刻的形式，在一块方形的石块上雕刻有两尊立像，左边的一尊头戴尖拱形毡帽，硕大的头颅，眼大而圆睁，眉毛如绳索般一直延伸到两侧发际，耳大如扇，直鼻梁，鼻尖呈三角状，下巴长修整的短须，上衣和裙的皱褶呈波浪状，双手前置，手中似执物，也似执裙衣角，足着靴，呈一字形向外撇，像旁有题刻字"土地扶持牧民客"，从文字可知所刻神像为土地神。

右侧神像头戴三山冠，面相与土地神相似，不同的是长着长胡须，服饰、双手姿势和身姿与左侧的山神相类似，只是双手不执物,左手抚须,像身右题刻文字"山神护佑康西人",由此可知所雕为山神。从形体大小来看,土地神要略小些。在土地神和山神之间卧一虎,只可见虎面与前肢。虎的形象设计在土地神与山神的中间,是由于普米人历来崇拜白虎,并喜欢以白虎为人或所居的村寨、山川命名,他们禁止打虎,并把虎当作祖先来崇拜。本案例整个雕刻洋溢着质朴古奥、粗犷率真、自然浑朴的风格。

从其灵感来源来分析,这方山神石雕在雕刻技法、风格等方面应该有以下几方面的取向:第一,本民族宗教偶像制作的惯例。普米族韩规雕塑擅长于以面、泥、木和酥油花来塑造神、人、鬼、兽的形象,这些偶像洋溢着稚拙、简单明快的民间气息。山神石

图二　普米族土地神、山神石雕像祭拜图

雕与普米族宗教信仰，以及韩规宗教偶像制作工艺有着一脉相承的联系。第二，汉藏偶像制作的影响。各地普米族所崇拜的山神形象不尽相同，有象征性的条石块，有虎、豹、鹿等动物形象的山神像，有一男一女两尊偶像的山神。对土地神的供奉本是汉族地区民间最为普遍的信仰，旨在保佑本乡本土家宅平安，添丁进口，六畜兴旺。供奉的土地公都是慈眉善目、白须白发的老人，有时会有土地婆陪祀，供奉土地神的土地庙大多比较简陋，因为土地神在神谱中是最低级的小神。普米族土地神的形象与汉族土地公形象大异，但组合方式与汉族的土地神、山神是一致的。这尊石雕刻更能体现普米族的造型观念。第三，兰坪本地民间雕刻风格。以石雕的表现方式来塑造偶像在云南兰坪地区最早出现于明天顺、成化年间，如白族的火葬墓梵文碑，碑额上雕刻着佛像、塔的图像。清代，这一地区的石雕工艺水平有所提高，除了金鸡寺的弥勒佛像外，还留存不少乾隆至光绪年间的民间石雕像，如墓碑上的武士、战马、麒麟以及墓道上的翁仲、华表等。本案例的土地神、山神石雕刻的造型以及雕刻手段、方法与兰坪本地的石雕保持了一定的联系。

图片来源
图一　胡春涛　摄影
图二至图十　杨爱俊　制图

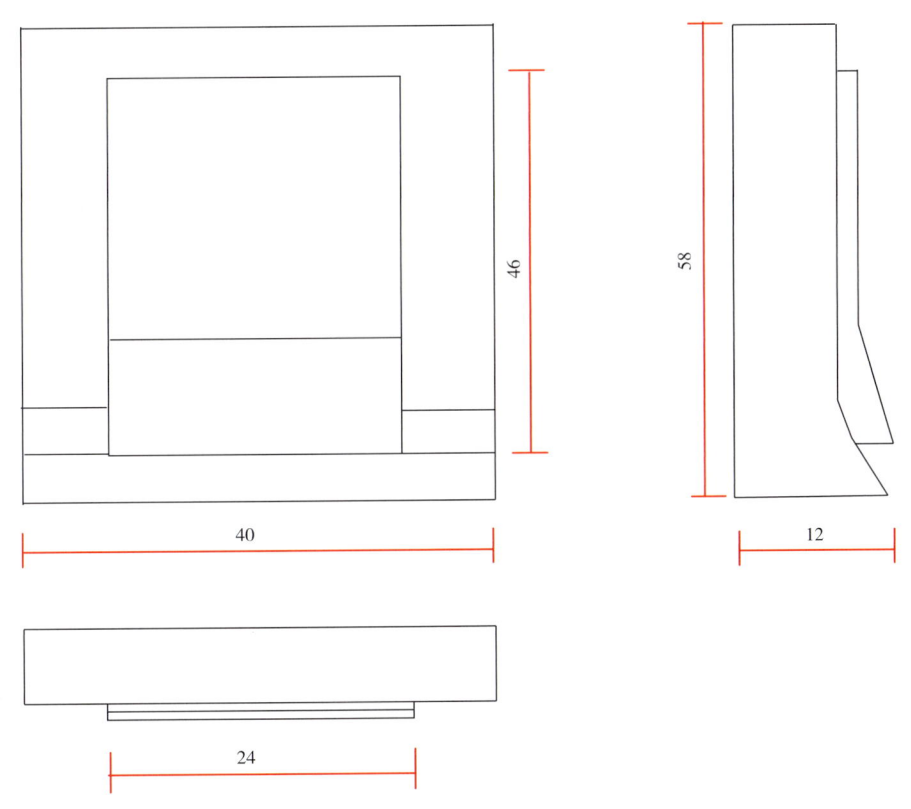

图三　普米族土地神、山神石雕像视角、尺寸图（单位：cm）

图四　普米族土地神、山神石雕像透视图1

图五　普米族土地神、山神石雕像透视图2

图六　普米族土地神、山神石雕像正面分析图1

图七　普米族土地神、山神石雕像正面分析图2

图八　普米族土地神、山神石雕像人物分析图

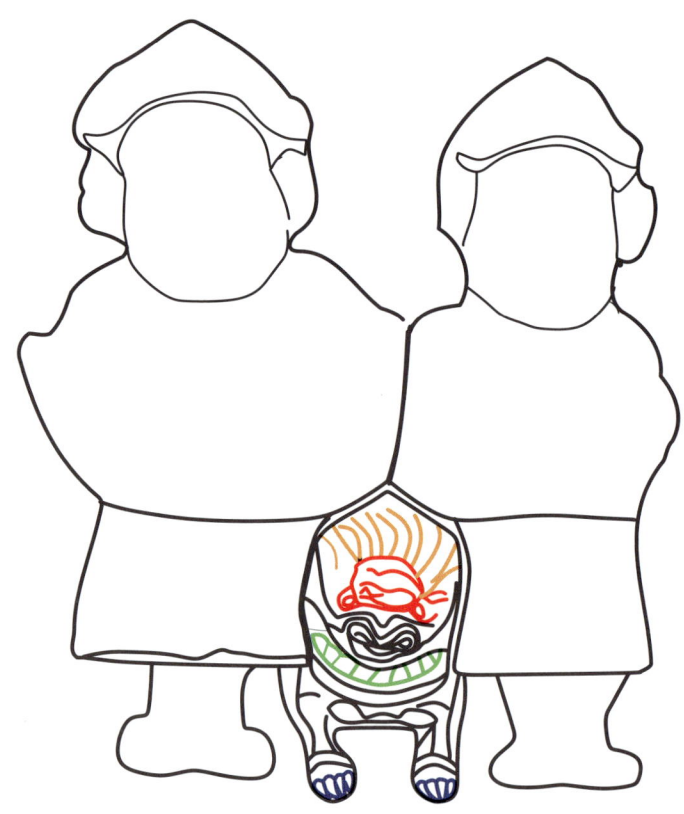

图九　普米族土地神、山神石雕像动物图腾分析图1

图十　普米族土地神、山神石雕像动物图腾分析图2

兰坪普米族墓葬石雕

图一　兰坪普米族墓葬石雕主图

此案例采集于云南省兰坪县罗古箐村。墓为清末建造，坐北朝南，整体平面呈长方形，由红砂质条石堆砌而成。该墓为合葬墓，右侧墓四周的条形红砂石散落，左侧墓保存较好。墓门保存完整，为双拱券形，每个拱楣中央都雕有凸起的双鱼纹。墓门为神位，上书碑文，左侧墓门两侧各雕狮子一只，右侧墓门两侧及上部为浅浮雕花卉纹饰。墓门外部两侧及中央雕有"福""禄""寿"三星，墓的台基上从左至右雕有三种动物：马、狮子和鹿，中间狮子稍大，都为高浮雕。

罗古箐村后山上还有一座清代建造的墓门比较具有代表性。门楣为五边形，上剔地浮雕带状缠枝纹，朝左右延展，中间为圆形阴阳鱼。墓门为三门神位牌楼，第二层中间为三门神位牌楼，明间置墓碑，小筒瓦屋面，双落翼悬山顶，山花刻悬鱼，屋脊刻"万"字和花卉纹饰，两端置鲤鱼吐水吻，十分少见，牌楼檐柱、次间及山墙置石碑，碑上刻有挽文。通过碑文可知，石雕所刻时间为晚清癸丑年。牌楼两侧连砌花板，上刻麒麟送子等图案。左侧高浮雕一男子，骑象，左手抚象，右手高举扇，其后题铭："是训是行缵乃祖先"；右侧为一女子，左手高举，右手环抱一婴儿，身后有题铭："有典有则贻厥子孙"。左侧书"遐"，中间书"山清水秀"，右侧书"昌"。上面还有一块石匾牌，上刻"垂裕后昆"。左右侧壁还浮雕有花卉纹。底层中间浮雕有麒麟和仙草，其后雕有羊、牛。其前雕带马鞍的马，应该还雕有一种动物，但石头已损坏。

从雕刻技法来讲，兰坪罗古箐村墓前石雕基本有两种方法，一种是剔地浅浮雕，一种是高浮雕。整体造型朴拙，人物形象大都有程式化的趋向，而动物体现生机的气象，如气宇轩昂的麒麟，用后蹄挠嘴的鹿，扭头朝天的牛等等。

普米族的丧葬方式有火葬和土葬两种。在与纳西族、彝族杂居的宁蒗地区自古实行火葬。而兰坪县的普米族则习惯土葬，由此而发展起来的墓前石雕成为当地丧葬习俗中的一部分。兰坪罗古箐村后山上还有几座清末至民国时期的石雕墓葬，今天罗古箐村的普米族基本还延续这种土葬风俗。下葬后，封土四周以条石围绕，正面雕刻神仙、动物、花卉等形象。新葬的墓前石雕相对简略一些，但几座清代的墓门均雕刻有"福""禄""寿"三星、马、羊、鹿、麒麟和狮子，还有精致的花卉纹饰。从图形来源的角度分析可知，这些墓前的图像保持了与汉族文化的紧密联系，也生动地反映了普米族人希望子嗣绵延、生命永恒的朴素愿望，正如一些墓葬对联所展示的那样："蒸尝千秋永，禴祀万古新"，"福寿兴隆地，荣华茂盛基"。

本案例对于研究清代普米族丧葬习俗、建筑风水、石雕技艺具有一定价值。

图片来源
图一　胡春涛　摄影
图二至图四　徐江华　制图
图五　沈开婧　制图
图六至图八　刘花弟　制图

图二　兰坪普米族墓葬石雕线描图

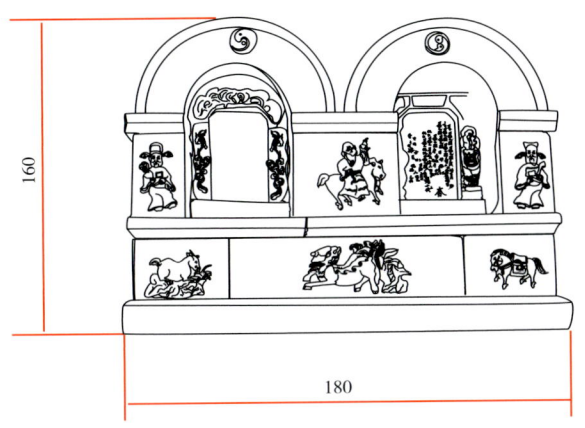
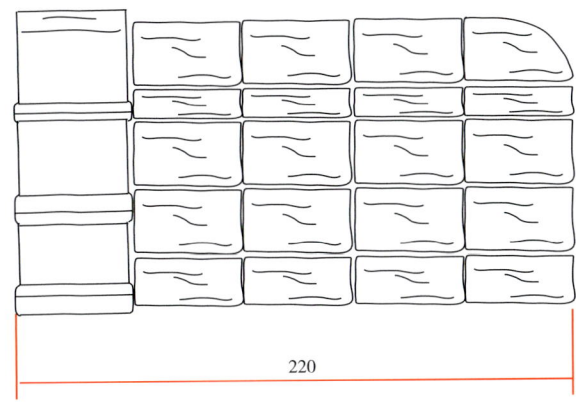

图三　兰坪普米族墓葬石雕尺寸图（单位：cm）

图四　兰坪普米族墓葬石雕视角图

图五　兰坪普米族墓葬石雕福禄寿三星与陕西清代三星比较

图六　兰坪普米族墓葬石雕局部视图·鹿

图七　兰坪普米族墓葬石雕局部视图·狮子

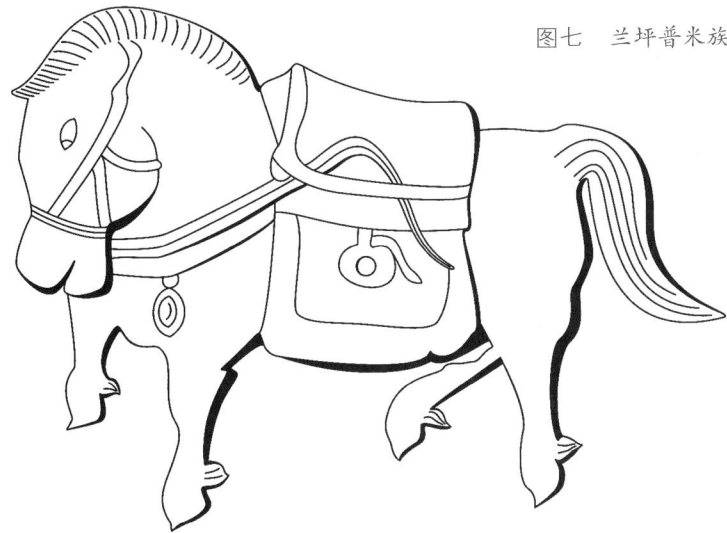

图八　兰坪普米族墓葬石雕局部视图·马

普米族宗巴拉神像

图一　普米族宗巴拉神像主图

　　普米族古老宗教信仰中的神灵，又称"锅庄神""灶神"。每户普米族家庭正房的右方都设有火塘，上支铁三脚，铁三脚的正上方有神龛，内供奉宗巴拉神像。有些村寨的普米族不在锅庄的正上方供宗巴拉，而是立一块条石，称为"锅庄石"，是祭祀的圣物。

　　本案例采集于云南省宁蒗县拉伯乡黑尔甸村。整体为一块长方形的木板，高1米，宽66厘米，上面的图像以剔地浮雕的方式制作而成。画面正下方是一朵红色莲花，红色象征火，莲花寓意普米族传说中的人类诞生的母体。莲花上方为一锥形花蕾，上面是四层重叠的9朵花蕊，象征茂盛、兴旺。锥形花蕾左、右和上方，是九岔的火焰，"九"象征至尊。火焰四周空白处，刻绘有象形文字符号,白云拱托的日、月以及海螺等。左右边缘为藏传佛教中的吉祥八宝，左侧从上至下为白海螺、吉祥结、胜利幢和金法轮，右侧从上至下为宝伞、双鱼、宝瓶和莲花。莲座下有一朵盛开的莲花托举，其下有荷叶，左侧有一束莲蕾和一只灰鼠（鼠鼬），右侧立白海螺和一束半开红莲。画面底部有海水，海水上排列有白色珍珠。底部两侧有巨大叶形海浪向中间翻卷而来。画面主体为红黄绿白四种色,画面上部分的背景为蓝色,下部的背景为青灰色,画框为红黄色。整个画面深邃悠远,充满了神秘气息。

从宗巴拉神像的表现方式来看,普米族还没有发展起一整套成熟的偶像化造像系统,它采用了一种更具隐喻与象征意义的图形化符号手段,将普米族关于远古的创世神话予以展现出来,图形本身充满了神秘色彩,而图形化的设计方式更反映出普米族的民族心理与特点。

图片来源

图一、图二、图七、图八　蔡克中　制图

图三至图六、图九　蔡克中、贺雪岚制图

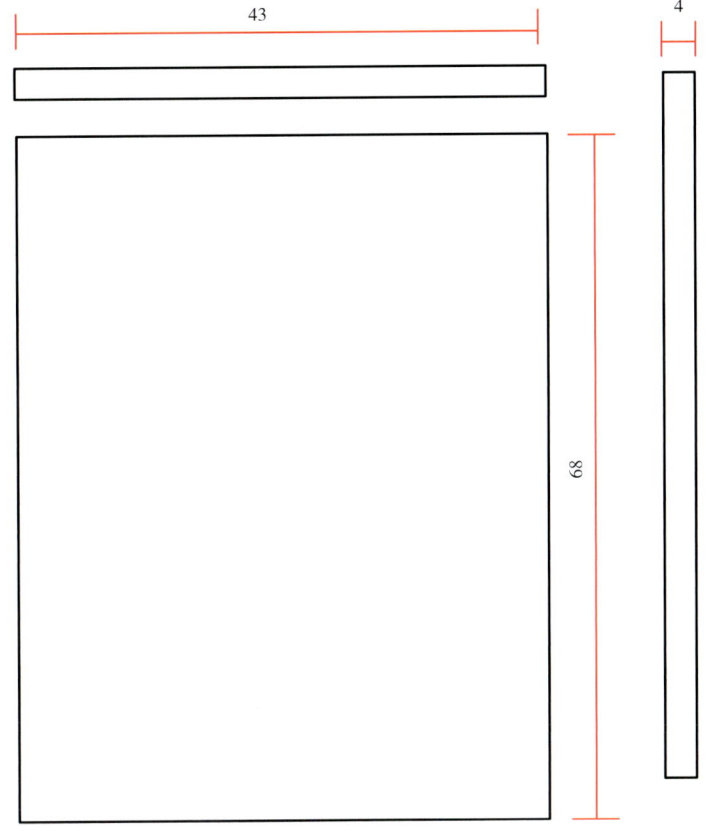

图二　普米族宗巴拉神像视角、尺寸图(单位:cm)

图三　普米族宗巴拉神像线描图

图四　普米族宗巴拉神像图案分析图1

图五　普米族宗巴拉神像图案分析图2

图六　普米族宗巴拉神像图案分析图3

图七　普米族宗巴拉神像图案分析图4

第六章　普米族传统民俗和宗教造像

图八　普米族宗巴拉神像图案分析图5

图九　普米族宗巴拉神像图案分析图6

声　明

　　本书编写时收入的个别图片，因条件所限，未能同相关著作权人取得联系，获得授权，敬请谅解。请相关著作权人及时与编者联系，以便奉上稿酬。谢谢！